講談社選書メチエ

813

徳川海上権力論

小川 雄

MÉTIER

はじめに——「江戸図屏風」の船行列

まずは、本書の導入として、「江戸図屏風《びょうぶ》」という絵画作品を取り上げてみたい。

これは、国立歴史民俗博物館の所蔵であって、科学的な分析（炭素14年代測定法）によって、一六四〇年代に入る前後に制作されたと考えられている。一六四〇年代とは、徳川将軍家の三代目にあたる家光《いえみつ》の治世が少なからぬ問題を抱えながらも、まさに円熟を迎えていた時期だ。制作者には諸説あるが、家光までの将軍家歴代がもたらした繁栄を視覚的に主張する意図から描かれたとみなされている。江戸城と城下町の景観を緻密に描写しているため、政治史・社会史・文化史など、様々な分野から注目され、書籍や論文でも頻繁に引用される作品である。

この「江戸図屏風」の左隻には、徳川将軍家が保有する軍船で構成された船行列も描かれており、そのスペースは、全六面中の三面にまで及んでいる。近年では、この船行列の描写を掲載した日本史教科書もある。一般に、江戸時代は泰平の世であって、水軍などの軍備は、無用の長物として、解体されたかのように考えられがちである。しかし、実際には、徳川将軍家が水軍を解体などせず、依然として編成を継続していたことを物語る景観だろう。

船行列の各船には名札が貼られているが、大龍丸《だいりゅうまる》や天地丸《てんちまる》など、実在を確認できる船名の他に、架空の船名も少なくない（図）。そのため、船名は制作当時ではなく、後代に貼付《ちょうふ》されたものと考えた方が妥当だろう。また、家光の代に完成して、上覧も幾度かおこなわれた巨船の安宅丸《あたけまる》が描かれておらず、成立時期や主題について、家光の治世であることを否定する説、あるいは安宅丸の建造以前の

年代まで遡らせる説もある。但し、著者の認識では、安宅丸はもともと行列に加えて運用する用途の船舶ではない。安宅丸の不在は、成立時期・主題を確定する論拠にはならないと考えている。

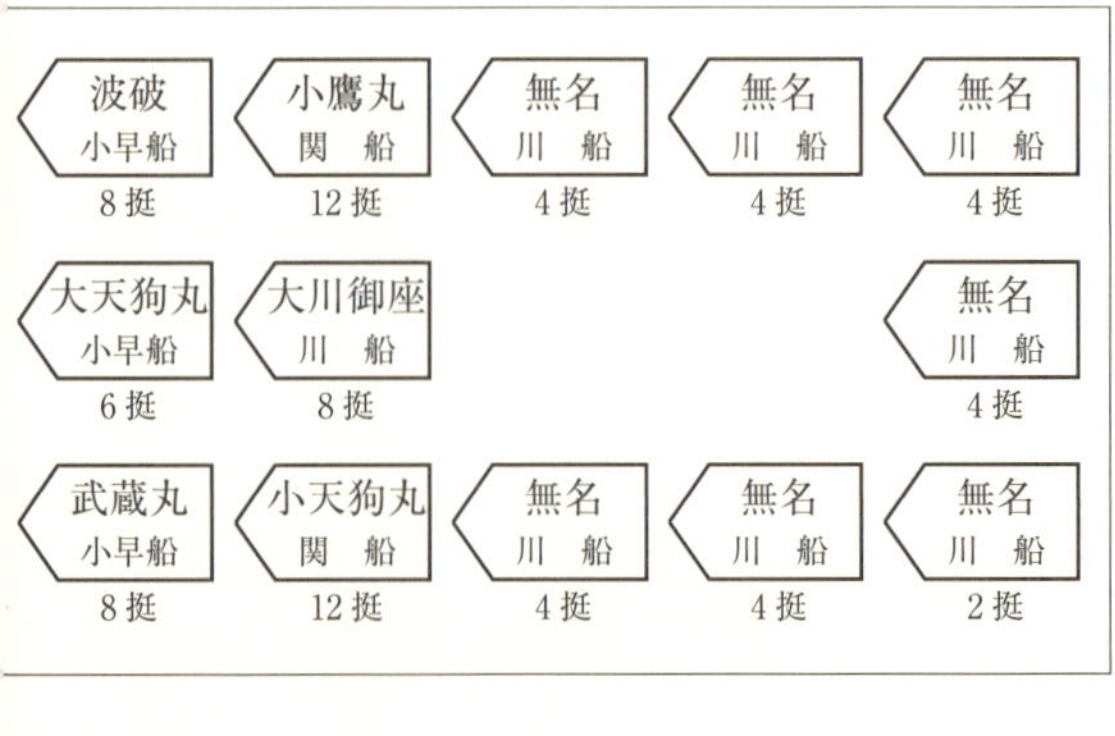

「江戸図屛風」（左隻）の船行列　国立歴史民俗博物館

		三浦一丸 関船 14挺	大漣丸 小早船 8挺	隼 小早船 8挺	庖丁丸 関船 12挺	大一丸 関船 12挺
日吉丸 小早船 8挺	小燕 小早船 8挺	異風丸 小早船 8挺	小虎丸 関船 14挺	小龍丸 関船 16挺	大龍丸 関船 18挺	天地丸 関船 14挺
		江戸丸 関船 14挺	小漣丸 小早船 8挺	小指羽 小早船 8挺	相模丸 関船 不明	国一丸 関船 不明

図　船行列の船名

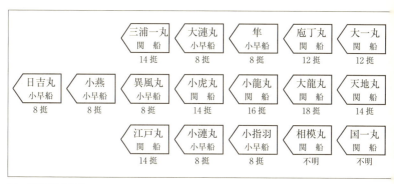

また、「江戸図屏風」の各所には、江戸の周辺（目黒・碑文谷《ひもんや》）やより遠方（川越・鴻巣《こうのす》）での狩猟・馬術鍛錬も描かれている。これらは、多人数を動員して実施する軍事演習の性格が濃厚であり、家光の場合、船団運航を組み合わせた狩猟にも強く拘《こだわ》った。「江戸図屏風」が船行列の描写に大きなスペースを割いているのは、軍事的カリスマとしての家光を表現する手段でもあったとみられる。

家光はすでに徳川氏が覇権を手中にしていた時期に出生したことから、しばしば「生まれながらの将軍」と表現される。たしかに、祖父の家康、父親の秀忠と違い、家光本人が戦陣に立つことはなかった。しかし、その治世はただ泰平を楽しむものではなかった。そもそも、徳川将軍家は軍事政権であって、軍事力の優位に依拠しながら、諸大名の統合体制（幕藩国家）を運営しており、さらに家光政権の場合、「鎖国」による対外的緊張にも直面していた。

そのため、家光は自己を「偉大」なる家康の再来（「二世権現《ごんげん》」）に擬《なぞら》えながら、治世初期から最晩年に至るまで、狩猟や武芸の鍛錬・上覧などを大規模な形でおこない、実戦に代わり、自己を傑出した軍事指導者として演出するマスゲームとした。そして、江戸城下に常駐していた将軍家の直轄水軍も、そのツールに組み込まれ、「江戸図屏風」でも、家光の武威の象徴として扱われたのである。

このように、「江戸図屏風」に注目すると、徳川将軍家の権力なり権威なりにとって、軍船に代表される海上軍事（船舶・港湾などの軍事的運用）がきわめて重要な役割を果たしていたことを読み取れる。

さて、「江戸図屏風」から確認できる徳川将軍家と海上軍事の関係を踏まえて、本書の目的を示しておきたい。それは、一六世紀後半から一七世紀中頃までの徳川権力（本書では、東海地域の一勢力だった岡崎松平氏の段階から、全国政権の盟主となった徳川将軍家の段階に至るまでの総称として用いる）のあり方について、海上軍事から読み解いていくことにある。

戦国期の日本列島には、自立的に領国・家中を運営する数多《あまた》の「国家」が群立した。現在、こうした「国家」のうち、①現在の市町村規模（場合によっては複数の市町村）の領域を支配したものが国衆《くにしゅう》、②多くの「国家」を束ねて、現在の都道府県以上の規模の領域を支配したものが戦国大名と呼称されている。これらは、一七世紀以降の幕藩体制を構成する藩の原型となった。その中でも、徳川氏は西三河《みかわ》の国衆から始まり、戦国大名や豊臣大名（全国政権下の一大名）の段階を経て、日本列島全体の領域権力を統括する政権（徳川将軍家・江戸幕府）へと昇華した。単体で国衆・戦国大名・豊臣大名・中央政権に関する議論を網羅できる点こそ、徳川権力論の魅力であるといえよう。

また、統一政権としての徳川権力は、織田氏・羽柴氏（豊臣氏）の織豊政権に後行する存在だが、それだけに両権力が到達できなかった段階に至った。織田氏にしても、羽柴氏にしても、経緯に若干の差異はあるものの、徳川氏と同様に、領域権力から統一政権に昇華した。しかし、織田氏の場合は、足利将軍家に代わる政治秩序を創出する道筋をつけたものの、統一政権としての実体を整える前に崩壊してしまった。その一方で、羽柴氏の場合は、列島全域の「国家」を従属させたが、対外戦争の失敗や、後継者問題の迷走から、僅か二代（秀吉・秀頼）で政権を失い、やがて滅亡することになった。徳川権力を考察する意味として、織豊政権と比較した場合の優位点を見出すとすれば、体制の創出にとどまらず、安定までの試行錯誤を検証できることだろう。

そもそも、歴史学の醍醐味の一つは、様々な事象（政治・経済・社会・文化など）をめぐって、長期的な視座から考察できることである。そして、著者は徳川権力こそ、日本史における中世・近世という二つの時期区分の境界に相当し、中近世移行期とも称される、一六世紀後半（中世末期）から一七世紀中頃（近世初期）の時代性をよく体現した存在であると認識している。

しかし、現状の徳川権力論は、時期区分が隔壁となっており、本来の利点を十分に活かせていないように感じられる。中世史研究者は一七世紀以降に政治秩序を運営した徳川権力に、近世史研究者は一六世紀以前に国衆・戦国大名として存立した徳川権力に、十分な関心を向けていないのである。今後、徳川権力論をより発展させていくには、時期区分に由来する隔壁を取り除き、中世史・近世史双方の研究成果を総合させることこそ、重要な課題になるだろうと考えている。

勿論《もちろん》、徳川権力の論点は多岐に及んでおり、全体像を整理・提示することは容易ではない。同時にこの点は、本書が海上軍事をテーマに設定する意図でもある。徳川権力は東海・関東で領国を運営していた時期（国衆・戦国大名段階）から、水軍の編成をおこない、領国の成長に応じて、水軍運用の規模・範囲も拡大していった。さらに一七世紀に入り、徳川権力が①列島最大の領域権力として、②列島全体の領域権力を総括する盟主になった時期（全国政権段階）から、水軍運用のあり方も、①江戸をはじめとする直轄領域の海上防備と、②個別領域の枠組を越えた広域活動に分かれていった。

このように、徳川権力の性格の変容は、海上軍事の分野で、とくに顕著に表出している。時期区分によって生じている隔壁を克服するには、海上軍事を軸として、長期的な視座から、徳川権力の動向を追い、描き出すことがきわめて有効な方法論になるはずである。

その一方で、海上軍事をめぐる議論も、戦国期における海賊の存立状況が関心を集めつつ、近世以降の展開を十分に提示できないでいる現状がある。すなわち、中世や戦国期の海賊について、自由と自立という文脈で論じるあまり、領域権力（将軍・大名）に組み込まれた近世の海賊や、編成や運用に新たな様相をみせる近世の水軍には、積極的な検証が加えられていないのである。

だが、本書でこれから論じていくように、近世の海賊・水軍は、中世段階とはまた違った活動をみせており、研究対象としての魅力はけっして衰えていない。むしろ、中世・近世を縦貫した視点を持つことによって、前近代の海上軍事論はより豊かな像を描き出せるように感じられる。

以下、本書では、海上軍事という論点を通じて、徳川権力が一六、一七世紀に辿った変容（国衆→戦国大名→豊臣大名→中央政権）をみていく。これによって、日本史上で中近世移行期とはいかなる時代だったのか、その中に徳川権力をどのように位置付けるべきか、さらにより広く、一六、一七世紀の日本史と世界史の関係（たとえば「大航海時代」と「鎖国」の相関性）などについて、読者諸賢が持っている理解に新たな地平をひらくことができれば幸いである。

目次

文中地図　さくら工芸社

序章　徳川権力にとって海上軍事とは何か

「はじめに」でみたように、徳川将軍家は泰平の世にあっても、水軍の編成を維持していた。さらに将軍家だけではなく、諸大名もそれぞれ水軍を編成していた。じつのところ、水軍に関わる船種や装備などは、戦国時代よりも江戸時代の方が具体像を描きやすいほどである。そこで、徳川権力の海上軍事の形成過程を年代順に追っていく前に、あらかじめ到達点を示すことにする。

但し、この到達点は、あくまでも戦国時代から江戸時代初期にかけて、時々の状況に応じながら形成されたものであった。読者諸賢におかれては、徳川権力や戦国大名・織豊政権がある到達点に向け、意識的に海上軍事を展開したわけではないということに注意していただきたい。

それでは、「はじめに」で取り上げた「江戸図屏風《びょうぶ》」に描かれた船行列に再び注目して、江戸時代における軍船の船種や、水軍のあり方などについて、よりくわしく確認していくことにしよう。

江戸時代の軍船①――安宅船が使われなくなった意味

「江戸図屏風」で船行列を構成する軍船は、関船《せきぶね》と小早船《こばやぶね》、及び川船《かわぶね》に大別される。これらは、戦国期から運用されてきた船種であり、現実の将軍家直轄水軍の運用状況とも概《おおむ》ね合致している。また、将軍家に限らず、諸大名の水軍も、関船と小早船を戦力の基幹としており、その状態は幕末まで継続した。水軍が維持されたといっても、泰平の中で、装備の更新が停滞したのは事実である。

但し、戦国期との相違として、江戸時代の水軍では、安宅船《あたけぶね》が運用されていなかったことがあげられる。戦国期においては、安宅船こそが最大の軍船であり、巨体に由来する堅牢性と火力の積載量から、攻防に威力を発揮していた。前述した安宅丸の名称も、安宅船に由来するものだった。戦国期の水軍と近現代の海軍を比較して、安宅船を戦艦、関船・小早船をそれぞれ巡洋艦と駆逐艦にたとえることも多い。しかし、徳川将軍家は慶長《けいちょう》一四年（一六〇九）に西国大名から五〇〇石《こく》（約七五トン相当）積を超える規模の船舶を接収して、その後は軍船の新規建造に五〇〇石積以下という制限をもうけることで、安宅船の所有を実質的に禁じた。商船については、早い段階で五〇〇石積以下の制限が取り払われており、やがて千石船の隆盛をみたものの、軍船に関する積石数《つみこくすう》の制限は長く続いた。

もっとも、諸大名のみならず将軍家も、安宅丸を例外として、安宅船を建造しておらず、「江戸図屛風」で描かれたように、関船・小早船を水軍の主力に位置付けていた。つまり、諸大名の水軍編成について、一方的に制限を課すのではなく、自らも安宅船をほとんど運用しなかったのである。

じつのところ、軍船の船体を五〇〇石積以下に制限したといっても、戦国期の水準と比較して、規模が極端に小型化したわけではない。たとえば、徳川将軍家が幕末まで保有していた天地丸《てんちまる》は、全長が三四メートル、肩幅が七・六メートルであって、織田信長が安芸《あき》毛利氏の水軍に対抗して建造したことで知られる大船（鉄船）の寸法（『信長公記』〈尊経閣文庫本〉では、全長三二・四メートル、肩幅一〇・八メートル、『多聞院日記』では、全長二三・四メートル、肩幅一二・六メートル）と比較すると、たしかに肩幅は狭くなっているものの、むしろ全長は上回っているほどである。実際、制限一杯に建造された関船は、安宅船との区別が難しく、政治事件化することもあった。

朝鮮出兵の時期に、豊臣政権が諸大名に増産を指示した安宅船の寸法（全長・肩幅）は、『信長公記』

に記された大船の寸法とほぼ一致しており、織田信長が建造させた大船も、安宅船であったと考えられている。そして、全長と肩幅を三：一程度とする比率は、他の安宅船とも共通する。たとえば、徳川将軍家が建造した安宅丸の船体は、全長が四七・四メートル、肩幅が一六・二メートルだった。

その一方で、関船は全長・肩幅の比率を四：一程度に設定していた。小早船の場合は、五：一から六：一である。つまり、安宅船の船体は、肩幅を厚くしたために大型化していたのが実情で、全長に限れば、小早船はともかく、大型の関船とさほどサイズは変わらなかったのである。

ところで、前近代の日本の船は、船種を問わず、帆走《はんそう》（風力）と艪走《ろそう》（人力）を動力としており、船体に比例して、必要となる（積載しうる）帆は大きくなり、艪の数も増えていく。そのため、帆の大きさや、艪の数は、「〇端帆《たんほ》」「〇挺立《ちょうだて》」といったように、船体の規模を示す指数となった。

しかし、安宅船の構造では、関船と比較して、多数の艪を装備できず、動力の確保や増強には、おのずと限界があった。安宅丸については、その巨体による鈍重さから、実用性の低さを指摘されることが多いが、むしろ安宅船という船種自体に当てはまる評価だろう。織田信長の大船にしても、『信長公記』で勝利を強調されている第二次木津川口海戦の後、毛利水軍を大坂湾周辺から排除できておらず、戦況に与えた影響は存外に小さい。たしかに、安宅船は特定の拠点をめぐる防衛・封鎖などには有用であったものの、機動的な運用には不向きだったのである。

こうした問題点があったからこそ、徳川将軍家は安宅船ではなく、関船・小早船を水軍戦力の基幹としたのであろう。また、「江戸図屏風」が安宅丸を描かなかった理由としても理解できよう。

江戸時代の軍船②——関船・小早船の構造や武装

「江戸図屏風」の描写によると、関船は一二〜一八挺の艪、小早船は六〜八挺の艪で操船されているが、実際には、関船は四〇〜七〇挺、小早船は一〇〜三〇挺ほどの艪を装備していた。

「江戸図屏風」の小龍丸・大龍丸・天地丸　国立歴史民俗博物館

関船と小早船の相違としては、艪数の他に、総矢倉の有無をあげることもできる。総矢倉とは、船首から船尾にかけて、垣立《かいだて》（垣根のような囲い）を設け、楯板と甲板で覆った構造物であり、漕手などの乗員を投射兵器（鉄砲・弓）から保護しつつ、高所の利を占め、射撃戦をより有利にする効果があった。安宅船や関船の場合、上部構造のほぼ全体に矢倉を立てることができたが、小早船は船体が小型であるため、乗員の防備には、半垣造り（簡易な身隠し）を施すにとどまった。

もっとも、「江戸図屏風」中の関船は、総矢倉から楯板を外し、幕を張って装飾している。当然、防弾性は低下するが、江戸城下の武士・民衆に、徳川将軍家の威光を分かりやすく「見せる」ために、視覚を優先したのである。水軍運用が実戦を離れ、マスゲームと化していたことが窺われる。

さらに総矢倉の上に屋形を設置して、「楼船《ろうせん》」

と呼称される船もあった。屋形の用途は、眺望を高く広くとり、指揮を執りやすくすること、あるいは、華美な装飾によって、権力者の威光を可視的に表現することにあった。「江戸図屏風」では、大《だい》龍丸《りゅうまる》と小龍丸《しょうりゅうまる》に屋形の存在を確認できる。

なお、小早船は総矢倉を設置できない一方で、安宅船・関船と比較して、軽快な操船が可能であり、建造や維持にかかるコスト（費用・資材）も低いため、数を揃えやすいという利点もあった。但し、射撃戦での脆弱《ぜいじゃく》さはいかんともしがたく、積載する火器の数と大きさにも制約があるため、火器の発達とともに、陳腐化の度合は深まりやすかった。動乱の終息による軍事革新の停滞が、小早船という船種を一七世紀以降も生き残らせたと評価すべきであろう。

さて、将軍家持船（関船・小早船）の武装については、天保《てんぽう》四年（一八三三）に書写された『御関船之記』（国立公文書館所蔵）が詳しく、すでに解体されていた安宅丸なども含め、一六艘分の諸道具が記載されている。当時の将軍家（家斉《いえなり》政権）は、対外情勢の緊迫（ヨーロッパ船舶の日本接近）に応じて、長らく凍結状態にあったマスゲームとしての海上軍事をある程度再起動する動きをみせていた。その一環として、積極的に運用された時期の直轄水軍の装備を調査していた模様である。無論、実態から乖離《かいり》した数字もあるだろうが、参考として用いたい（表1）。

『御関船之記』によると、各船の武装は、火器（大砲・鉄砲・弓）と刀槍《とうそう》に大別される。火器・刀槍の比率は、多少の異同があるものの、安宅丸や五〇挺立以下の関船や小早船では、ほぼ同率となっており、陸上戦闘と比較して、遠戦（火器による制圧）の志向が強かった模様である。水上戦闘では、白兵戦（接舷戦闘）は相対的に生じにくいという認識によるものであろう。

一六艘のうち、大砲（大筒）を装備しているのは、六〇挺立以上の船に限られ、最も大型の安宅丸

船名	艪	剣	槍	持槍	大筒	鉄砲	小筒	弓
安宅丸	130	60	50	10	5	20	30	80
天地丸	100	40	50	10	4	10	20	50
大龍丸	70	32	50		4	8	15	30
日吉丸	70	32	90		4	8	15	30
八幡丸	60	23	40		3	8	15	25
龍王丸	60	23	40		2	8	15	25
難波丸	50	18	30			8	15	20
天神丸	50	18	30			8	15	20
光陰丸	40	12	20			5	10	15
鳳凰丸	40	12	20			5	10	15
国市丸	40	12	20			5	10	15
孔雀丸	30	10	10			10		10
吉岡丸	30	10	10			10		10
大市丸	30	10	10			10		10
泰平丸	30	10	10			10		10
麒麟丸	20	5	10			5		5

表1　『御関船之記』に記載された船名と艪数・武具

でも、装備数は五門にとどまった。しかし、織田信長が建造した「鉄船」も、大砲の装備数は一艘につき三門であり、戦国期とほぼ同じ水準ではある。大砲の生産・運用が未熟だったことに加え、戦闘時は主に艪走で操船することから、舷側ではなく船首に大砲を配置したため、装備数も少なくなったのである。安宅丸を除く大砲装備の関船（天地丸・大龍丸・日吉丸《ひよしまる》・八幡丸《はちまんまる》・龍王丸《りゅうおうまる》）は、いずれも火器の装備率が武具全数の五割を切っているが、大砲の配備や操作に空間や人員を割いた結果であろう。

また、砲弾の重量は、二〇〇匁《もんめ》（約〇・七五キログラム）〜五〇〇匁（約一・八七キログラム）だった。朝鮮出兵では、より小型の一〇〇匁（約〇・三八キログラム）の砲弾にて、朝鮮水軍の楯板を貫通している例もあり、二〇〇匁以上の砲弾ならば、さらに大きな威力を出しえたとみられる。

但し、比較対象をヨーロッパまで広げると、また評価も変わってくる。一五八八年のアルマダ戦争において、イギリス艦隊は軽量・長射程のカルバリン砲を活用したものの、スペイン艦隊に有効打を与えられなかった経験から、重量型の大砲に切り換えていったとされる。一五七〇年代後半にイギリスで刊行された砲術教本によると、カルバリン砲の砲弾重量は一七ポンド（約七・七キログラム）が基準であり、日本（及び東ユーラシア）の戦場では、むしろ桁外れの巨砲にあたった。すでに一六世紀後半の段階で、ヨーロッパと日本の海上軍事力は、攻防ともに大きな格差がついていたといえよう。

もっとも、火器に関しては、大砲よりも数量の多い鉄砲の方が重要な役割を果たした。たしかに、鉄砲の威力では船舶を撃沈できないが、楯板の薄い箇所を貫通して兵員・水夫を殺傷するなど、戦闘力や航行能力を低下させる効力は有したのである。

織田信長の鉄船も、大砲三門の他に、大型の鉄砲を多数装備しており、『信長公記』の記事を読む限り、第二次木津川口海戦で、毛利水軍を相手に猛威を振るったのは、大砲よりも鉄砲の方だった。また、甲斐《かい》武田氏がその水軍の中心的存在だった小浜景隆《おばまかげたか》に対して、鉄砲の鍛錬に励むあまり、操船の訓練を疎《おろそ》かにしないように指示した定書も残っている。文禄《ぶんろく》・慶長の役で日本水軍と戦った朝鮮水軍の李《り》舜臣《しゅんしん》をはじめ、鉄砲による被弾を死因とする海戦の戦没者も少なくない。戦国期の海上戦闘で、鉄砲を用いた射撃戦が盛んだった状況が窺える。

なお、『御関船之記』では、鉄砲と小筒《こづつ》を区別しており、鉄砲は一〇匁玉（約三七・五グラム）〜三〇匁玉（約一一二・五グラム）の銃弾、小筒は三匁玉（約一一・三グラム）〜六匁玉（約二二・五グラム）の銃弾を使用したとする。一〇匁以上の鉄砲は、「侍筒」とも称され、士分に配備される傾向にあったが、『御関船之記』は、威力（船板・楯板の貫通効果など）を重視する観点から、これらを鉄砲と規定して、小筒と区別したのであろう。さらに小早船は、小筒を装備しておらず、関船よりも限られた武具積載数を活かすうえで、一〇匁以上の大型鉄砲を優先していたとみられる。

さらに『御関船之記』によると、弓の積載数は、鉄砲よりも多い傾向にあった。泰平の世にあって、装備が陳腐化していた証と捉える向きもあるだろうが、戦国期の海上戦闘において、弓矢は人員の殺傷の他に、火矢による船体・帆の炎上も目的としていた。鉄板による装甲、漆による塗装などの防火策もあったが、万全とはいかなかった。むしろ、実戦を重視しているが故に、たとえ紙上の数字であっても、弓矢の積載数を多く設定したと理解することもできる。

江戸時代の軍船③——川船の運用

「江戸図屛風」にて、川船が船行列に加わっていることは、江戸を本拠とする徳川権力の海上軍事の特色がよく顕われている。もともと、江戸は隅田川下流の右岸（西）に立地しており、徳川氏は一五九〇年代から造成を繰り返してきた。そのため、隅田川の河口部は、マスゲームとしての海上軍事の舞台となり、川船も関船・小早船とともに軍事的に運用されたのである。

川船は関船や小早船の補助に用いられるだけではない。大川御座《おおかわござ》・小川御座《おがわござ》は、将軍の座乗船として建造され、船体上部を総矢倉の構造としていた。徳川家光や次代の家綱《いえつな》は、江戸城の和田倉門《わだくらもん》から乗船し、隅田川の河口に出たうえで、千住・浅草・深川などに遡上して、狩猟に興じることも多く、家光はより遠方（中川周辺など）まで出向くこともあった。しかし、関船・小早船では航行が難しく、大規模な川船が用意されたのである。なお、「大川」は隅田川の別称であり、大川御座は隅田川で運用される御座船であることを由来とする船名で、小川御座はその対をなすものだった。

右／「江戸図屏風」の大川御座　国立歴史民俗博物館
上／「隅田川図屏風」の大川御座（図中左）と深川船蔵（図中右上）
江戸東京博物館

大川御座は「江戸図屏風」にも描かれており、他の川船よりも大型で、小早船とほぼ同規模となっているが、総矢倉などは省略されている。そのため、大川御座の形状や運用については、江戸東京博物館所蔵の「隅田川図屏風」の方がより参考になる。同屏風は、浅草寺《せんそうじ》付近の隅田川両岸を西側から俯瞰《ふかん》したものであり、一六六〇年前後に成立した両国橋や竪川《たてかわ》が描かれている。また、隅田川を遡上しての移動は、家綱が好んだ狩猟スタイルであり、その情景を題材にしたものとみられる。

「隅田川図屛風」における大川御座は、二階構造の総矢倉を立て、両舷には、合わせて一〇挺の艪が装備されている。供船も随伴しており、「江戸図屛風」ほどの規模ではないが、船団が組まれていたことを描き出そうとする内容である。さらに隅田川東岸には、将軍家の持船を陸揚げして格納するための深川船蔵《ふなぐら》も描かれている。大川御座を用いた徳川将軍の航行は、隅田川の両岸に及ぶ水上軍事体制の点検という意味合いも含んだことを示唆する描写だろう。

なお、幕末の事例だが、一二代将軍の家慶《いえよし》は、嘉永《かえい》二年（一八四九）三月に下総《しもうさ》国小金原《こがねはら》で鹿狩を挙行するにあたり、両国橋から大川御座に乗り、多数の供船とともに千住大橋まで遡行している。また、亀有《かめあり》から中川を越えた際、金町から利根川を越えた際には、いずれも船橋を架けて通行したが、中川では小川御座、利根川では麒麟丸《きりんまる》（小早船）が待機し、船橋に支障が生じる事態に備えた。そして、帰路は松戸から乗船して、両国橋で下船している（『小金原御狩記』）。

このような、隅田川やその東方（中川・利根川）で、乗船も交えたスタイルの狩猟は、家光の代にしばしば実施されていた。家慶政権もその先代の家斉政権と同様に、より厳しさを増す外患（欧米船舶の接近増加、阿片戦争で明らかとなった兵器性能の格差拡大など）への対応を課題として、不十分ながらも海防の整備を志向しており、将軍自身が範を示すべく、マスゲームとしての海上軍事の再興をそれなりに進めていた。その一環として、小金原狩猟の行程にも乗船を組み込んだのである。

船手頭という役職

徳川将軍家が所有する軍船や川船は、船手頭《ふなてがしら》によって管理・運航されていた。船手頭とは、将軍家の直轄軍団を指揮する役職の一つで、旗本から数人が任用されて、水主《かこ》同心（俸禄を支給されていた士分扱いの船員）や船舶を預けられ、それぞれが船隊を形成していた。

「船手」という文言は、水軍を意味しており、戦国期から使用されていた。但し、戦国期に水軍を表現する文言としては、むしろ「海賊（衆）」「警固（衆）」の用例が多く、東国では「海賊」、西国では「警固」が使用される傾向にあった。このうち、「海賊」文言は、中世の水軍が海賊（海上活動を存立の主要基盤とする武士勢力）を主な担い手としたことを由来とする。本来は、東西とも「海賊」文言が使用されていたものの、室町時代には、西国海域を往来する外国使節や遣明船《けんみんせん》などの警固を海賊に委託することが多く、戦国期の西国では、水軍を「警固」と呼称するようになった。その一方で、東国の場合は、国際的な外交・貿易が相対的に低調で、警固の対象でもなかったため、字義通りの無法活動をしていたかどうかとは無関係に「海賊」文言の使用が続いたのである。

「船手」文言については、瀬戸内海東部にて、「警固」文言と並行して使用されており、やがて豊臣政権（羽柴氏）のもとで、水軍を表現する文言として全国に広まっていった。もともと、羽柴氏は織田氏の重臣だった時期から、大坂湾地域の一隅（播磨《はりま》国など）で支配領域を形成して、水軍も独自に編成しており、当該地域に存在した「船手」文言を使用していた。そして、豊臣政権に従属した諸大名も、政権から課される軍役を履行する中で、水軍を「船手」文言で表現するようになったのである。徳川氏の場合は、東海地域で「海賊」文言を使用していたが、豊臣政権に従属すると、「船手」文言に切り換え、政権を手中にした一七世紀以降も継続し、役職名にも用いるという経緯を辿った。

ところで、「江戸図屏風」にみえる軍船のうち、ひときわ大型の大龍丸・小龍丸には、「む」の旗が掲げられている。これは、将軍家船手頭の筆頭格にあたる向井氏の旗印を意味する。そもそも、「江戸図屏風」の船行列は、「向井将監《むかいしょうげん》武者舟《むしゃぶね》懸御目候所《おめにかけそうろうところ》」の札が貼られているように、向井氏が軍船（武者舟）を将軍の上覧に供するために編成した船隊を描写したものだった。実際には、向井氏の他にも、数人の船手頭が同時に在任し、各自が船隊を指揮していた。それでも、「江戸図屏風」で向井氏の船隊のみが取り上げられていることは、向井氏の特別な地位を示している。

当初、将軍家の船手頭には、向井氏をはじめ、戦国期の海上勢力（海賊や沿岸部の中小領主）の系譜に連なる旗本が任用されていた。代々培ってきた海上活動の技量（操船・造船）によって、将軍家の海上軍事体制を支えたのである。だが、年代の経過とともに、海上勢力をルーツとしない旗本も任用されるようになり、船手頭を世襲する家は、やがて向井氏のみに限定されるに至った。巨視的には、船手頭が属人性を脱し、職制として確立したといえよう。

徳川氏は一五九〇年代頃から水軍諸将の配下に俸禄を給付して直臣化するなど、海上勢力の活動能力を吸い上げつつ、その自立性を解消する施策をとってきた。その帰結として、海上勢力の系譜を引く旗本に船手頭を世襲させる必要がなくなったのである。また、世代交代とともに、旧海上勢力の技量も低下しており、船手頭としての職務を果たし難くなっていたという事情もあった。

大名並の水上部隊

前述したように、将軍家船手頭の兵力は、配属された水主《かこ》同心を基本としていた。水主同心は各船手頭の指揮下に属しつつも、俸禄は将軍家から支給される直臣の身分であった。水主同心の中でも、幹部級のものは「上乗《うわのり》」と称された。町奉行所などにおける与力に相当する。将軍家が積極的に直属水軍を活用していた一七世紀前半の段階では、六人から八人ほどの船手頭が在任しており、それぞれが基本的に三〇人の水主同心を預かっていた。但し、向井氏については、最盛期に一三〇人の水主同心が所属しており、直属水軍における卓絶した地位が窺われる。

この他に、船手頭が召し抱えていた家臣や、将軍の水上移動の際に深川などから動員される人員が加わった。また、大坂の陣では、安房《あわ》国館山《たてやま》の漁師が徴発されており、武蔵《むさし》国神奈川や上総《かずさ》国木更津にも同様の伝承があるように、動員の範囲は、必要に応じて江戸城下から広げられた。

徳川将軍家が江戸城下で保有し、船手頭に運用させた船舶（関船・小早船・川船など）について、最盛期の全容を明らかにすることは難しい。そこで、関連する諸記録のうち、成立が比較的古い『五組御船手書上《かきあげ》』（国立公文書館所蔵）を参考にしてみる。同史料は、正徳《しょうとく》二年（一七一二）に作成されたものであり、各船手頭の指揮下にあった船舶五二艘が記載されている。当時の徳川将軍は、六代家宣《いえのぶ》であり、政治顧問の新井白石の提案によって、五代綱吉《つなよし》の段階で縮小していた直轄水軍の再整備を進めようとしていた。その現状把握のために、『五組御船手書上』をまとめさせたのである。

「五組」とあるように、当時在任していた船手頭は五人であって、それぞれが一組の船隊を指揮していた（**表2**）。船手頭の人数は、綱吉政権期に五人に減員されていたが、最大時（一六五〇年代前半）には九人が在任しており、将軍家はより多数の船舶・水主同心を抱えていたことになる。

最大規模の船隊は、やはり向井氏の組であり、五艘の関船と、五艘の小早船を基幹とした構成となっている。『御関船之記』の武具数を参考にすると、満載時には、一二〇〇人以上の人員で行動することを想定していた模様である。また、向井氏以外の各組には、一、二艘の関船と、三、四艘の小早船が配備されており、同様に『御関船之記』の基準を当てはめると、満載時の人員は、一組につき五〇〇人程度であった。三人役（一〇〇石で三人の軍役）で計算した場合、向井氏の組は四万石、他の組も一、二万石の大名の動員力に匹敵する。船手頭の水主同心と家臣、動員された水夫などの総計にしては、やや過大な印象もあるが、『御関船之記』の武具数は、他の番方（将軍家直轄軍）を乗せることを想定した数字かもしれない。いずれにせよ、旗本の身上《しんしょう》で編成しうる規模の軍事力ではないが、将軍権力に直結する立場によって、大名並の水上部隊を運用することが可能となっていたのである。

なお、『五組御船手書上』によると、正徳二年頃に将軍家が保持していた関船のうち、艪六〇挺立以上の規模のものは、天地丸・大龍丸・光陰丸《こういんまる》の三艘であった。前述したように、『御関船之記』で確認される基準では、六〇挺立以上の規模の関船が大筒を装備することになっており、六〇挺立の場合は二門か三門、七〇挺立や一〇〇挺立の場合は四門であった。この基準をあてはめると、六〇挺立の大龍丸と六二挺立の光陰丸がそれぞれ二門か三門、七六挺立の天地丸は四門を装備していたことになる。

そして、こうした大型（六〇挺立以上）で大火力（大筒装備）の関船三艘のうち、天地丸と大龍丸は、向井氏の組に所属していた。あるいは、直轄水軍が有する大筒八門から一〇門のうち、六門か七門が向井氏の組に配備されていたともいえる。当時の向井氏は、全盛期と比較して、その勢力（水主同心の人数など）を低下させていたものの、依然として直轄水軍の中心たる立場は維持していたのである。

組	船名	艪	剣	槍	大筒	鉄砲	小筒	弓
大河内又十郎 49人	八幡丸 伝馬船	50 14	18	30		8	15	20
	龍王丸 伝馬船	52 8	18	30		8	15	20
	武内丸	32	10	10		10		10
	延宝丸	32	10	10		10		10
	波割丸	16	5	10		5		5
	犀丸	8						
天野佐左衛門 45人	天神丸 伝馬船	52 12	18	30		8	15	20
	難波丸 伝馬船	52 12	18	30		8	15	20
	犀鵨丸	32	10	10		10		10
	飛鳥丸	32	10	10		10		10
	常盤丸	28	10	10		10		10
	不詳	6						
	小鷹丸	22	5	10		5		5
堀七郎兵衛 48人	鳳凰丸 伝馬船	44 8	12	20		5	10	15
	孔雀丸	36	12	20		5	10	15
	浅草丸	32	10	10		10		10
	橘丸	30	10	10		10		10
三淵縫殿助 43人	光陰丸 伝馬船	62 8	23	40	2or3	8	15	25
	国市丸	42	12	20		5	10	15
	上総丸	28	10	10		10		10
	住吉丸	32	10	10		10		10
	蒼隼丸	18	5	10		5		5

組	船名	艪	剣	槍	大筒	鉄砲	小筒	弓
向井将監 57人	天地丸 伝馬船	76 12	32	60	4	8	15	30
	大龍丸 伝馬船	60 10	23	40	2or3	8	15	25
	日吉丸 伝馬船	50 10	18	30		8	15	20
	吉岡丸	46	18	30		8	15	20
	大市丸	42	12	20		5	10	15
	麒麟丸	30	10	10		10		10
	小麒麟丸	30	10	10		10		10
	鳥船（一）	2						
	鳥船（二）	2						
	三浦丸	34	10	10		10		10
	泰平丸	32	10	10		10		10
	駕籠船	18						
	御菓子船	10						
	小川御座	16						
	一葉丸	20	5	10		5		5
	鵜羽丸	8						
	鳥船（一）							
	鳥船（二）							
	鳥船（三）							
	鳥船（四）							
	鳥船（五）							

表２　『五組御船手書上』で確認される各船手頭の船隊構成　武具については『御関船之記』（表１）を参考とした。『御関船之記』に不記載の船は、艪数が近い船の武具数を入れた。また、『五組御船手書上』と『御関船之記』で同じ船について艪数が異なる場合は、前者を優先し、『御関船之記』で艪数が近い船の武具数を入れた。

徳川権力は水軍を軽視していない

ここまで、徳川権力が江戸時代に展開していた水軍運用のありかたを概観してきた。

ところが、一部の論者は、徳川権力が水軍を軽視（または忌避）して、編成や運用に消極的で、むしろ解体を進めたとみなす傾向にある。その論拠としては、安宅船などの大型船舶の所有を禁止したこと、織豊政権の海上軍事に参加して大名に成長した志摩九鬼《くき》氏を内陸に転封《てんぽう》したことなどがあげられている。さらに幕末まで続いた「鎖国」（対外交流の限定）について、戦国期に諸大名のもとで水軍の構成要員となっていた海上勢力（海賊など）と相性が悪いという印象もあるのだろう。

しかし、すでにみたように、安宅船の所有が禁じられた後も、関船・小早船の建造や運用は継続しており、水軍が解体されたとはいえない。また、九鬼氏の内陸転封は、深刻な家中対立を収拾するためにとられた措置であって、徳川権力が九鬼氏の水軍大名としてのあり方を忌避して転封したという事実は見出せない。「鎖国」にしても、初期段階では、禁教令に従わずにキリスト教の布教を援助するイベリア両国（スペイン・ポルトガル）に対する警戒態勢を本質としており、水軍はむしろ必要であった。日本の「鎖国」について、前近代の東アジアでしばしばみられた「海禁」（国家による外交・貿易の統制）と言い換える議論もあるが、「海禁」の本場ともいうべき中国の明・清は、相応に水軍を整備して、「海禁」維持の暴力装置としている。このように、徳川権力が水軍を軽視・忌避したという議論は、やや実態から乖離した先入観に基づいており、十分な有効性を持ちうるものではない。

そもそも、徳川氏発祥の地である三河《みかわ》国は、関東・東海と畿内近国の海上交通が交差する環伊勢海地域（伊勢湾・三河湾の総称）の一角を占めており、徳川氏は三河国から太平洋沿岸に領国を伸張させていった。好むと好まざるとに拘《かか》わらず、水軍に無関心ではいられない環境であり、遅くとも一五七〇年代には水軍を編成し、物資の輸送や要地の警備などに用いていた。さらに一五八〇年代には、対立関係にあった甲斐武田氏の水軍を帰属させ、海上軍事力を大幅に充実させた。羽柴秀吉と対決した天正《てんしょう》一二年（一五八四）の小牧の陣において、徳川氏の水軍は、志摩《しま》海賊を統率する九鬼氏を与同させた羽柴方の水軍と互角に渡り合っており、その力量は相応に高い水準に達していた。

また、徳川氏の本拠は、戦国大名・豊臣大名として領国を拡大していった時期に、岡崎城（三河）→浜松城（遠江《とおとうみ》）→駿府城（駿河《するが》）→江戸城（武蔵）の順に推移した。徳川氏にとって、江戸は海と直《じか》に接する最初の本拠であり、一七世紀以降は、江戸を「水都」として整備するとともに、直轄水軍を運用する空間とした。もっとも、江戸以前の本拠についても、岡崎時代には三河湾、浜松時代には浜名湖、駿府時代には駿河湾といったように、海上交通との接続が意識されている。こうした一貫した志向性の中で、水軍の編成と運用に取り組んでいたと理解することができる。

同時期に水軍を編成した諸大名と比較しても、徳川氏が水軍を軽視していたと断ずべき理由は見当たらない。むしろ、それなりに重視していたからこそ、動乱の収束後も、水軍の運用をマスゲーム化させて継続していたという見方も成り立つはずである。

海賊論の核心

徳川権力の海上軍事が過小評価される一因は、その主軸となった向井氏・小浜氏が自立性の高い海賊ではなかったことにある。戦国期の海賊については、戦国大名の権力から自立して、自由に振る舞っていたという文脈で論じられることが多く、とくに瀬戸内海の能島《のしま》村上氏や来島《くるしま》村上氏の事例がよく知られている。しかし、向井氏と小浜氏の場合は、伊勢湾を出自とする海賊ではあったが、徳川氏の傘下に入るだけではなく、その権力の歯車となることで、海上活動（海上軍事・交易事業など）を展開しており、能島村上氏・来島村上氏と同類型の自立性はあまり見出せない。自立性こそが海賊をめぐる議論の核心であるという視点に立つならば、たしかに物足りない存在に映るのだろう。

だが、著者はむしろ海上活動こそが海賊を論じる場合の核心であると考えている。向井氏と小浜氏は、徳川権力の中で活動の規模と幅を広げており、日本国内の軍事や海上交通にとどまらず、やがて国際的な外交・貿易にも関与をみせていく。活動のスケールは、むしろ村上氏よりも大きい。海賊のあり方とは、けっして一様ではなく、一個の独立勢力として、動乱の一プレイヤーとなることもあれば、大名権力の内部で海上軍事を担い、本来の勢力よりも大規模な活動を可能とすることもあったのである。いずれを意義あるものとみなすかは、あくまでも論者の志向の問題でしかない。

大名権力（あるいは将軍権力）と海賊の結合という事象は、徳川権力のみで進行したものではなかった。江戸時代の諸大名は、領国に沿岸部を含む場合、大なり小なり水軍を編成している。そして、徳川将軍家が船手頭に海上直轄軍団の指揮を委ねたように、諸大名の海上軍事力も、船奉行によって統括されていた。また、諸大名の船奉行には、戦国期の海上勢力の系譜を引く家臣が就任する傾向がみられた。戦国期には自立性を誇った能島村上氏にしても、江戸時代には、長門《ながと》毛利氏の船奉行をつとめることで、海上活動を継続していた。戦国・織豊期から江戸時代初期にかけて、大名権力が整備されていく中で、海上勢力の軍事官僚化も進行したのである。

海賊の自立性を重視する議論において、徳川将軍家や諸大名の権力機構に組み込まれた海賊の動向は、「陸《おか》にあがった」などと表現され、あまり関心を向けられていない。海賊の自立性が失われたという印象も、一部の論者が徳川権力や江戸時代をネガティブに捉える前提となっている。しかし、将軍家や大名家は、海上勢力の技能（操船・造船など）を権力機構に組み込むことで、より大規模な水軍の編成を可能にしたという構図も提示できる。海賊を自立性の高低によって論じるのではなく、上位権力との結合による海上活動の規模も見据えた議論を展開してこそ、中世から近世への移行期と位置付けられている一六、一七世紀の時代相を理解することに繋がるはずである。

本書の展望

ここまで、「江戸図屛風」に描かれた徳川将軍家の直轄水軍の姿を手掛かりとして、江戸時代における水軍の姿を素描してみた。平和とされる江戸時代にあっても、水軍はけっして無用の長物とはなっておらず、戦国期における海上軍事の展開を踏まえながら、相応の水準で維持されていた。こうした将軍家・諸大名の水軍編成は、関船・小早船の運用や海上勢力の海上軍事官僚化など、戦国期から連続した面もあれば、軍船の大型化抑制や海上勢力の自立性喪失など、中世から近世への移行期に断絶した面もある。次章以降では、徳川権力による水軍編成の移り変わりについて、一六世紀から一七世紀にかけての歴史の中で描き出していくことにしたい。

第一章
戦国大名・徳川氏と東海地域の水軍

＊国土地理院「陰影起伏図」をもとに、関連する情報を書き加えました。地形や海岸線、河川、湖沼の形状は現在のものです。(以下同)

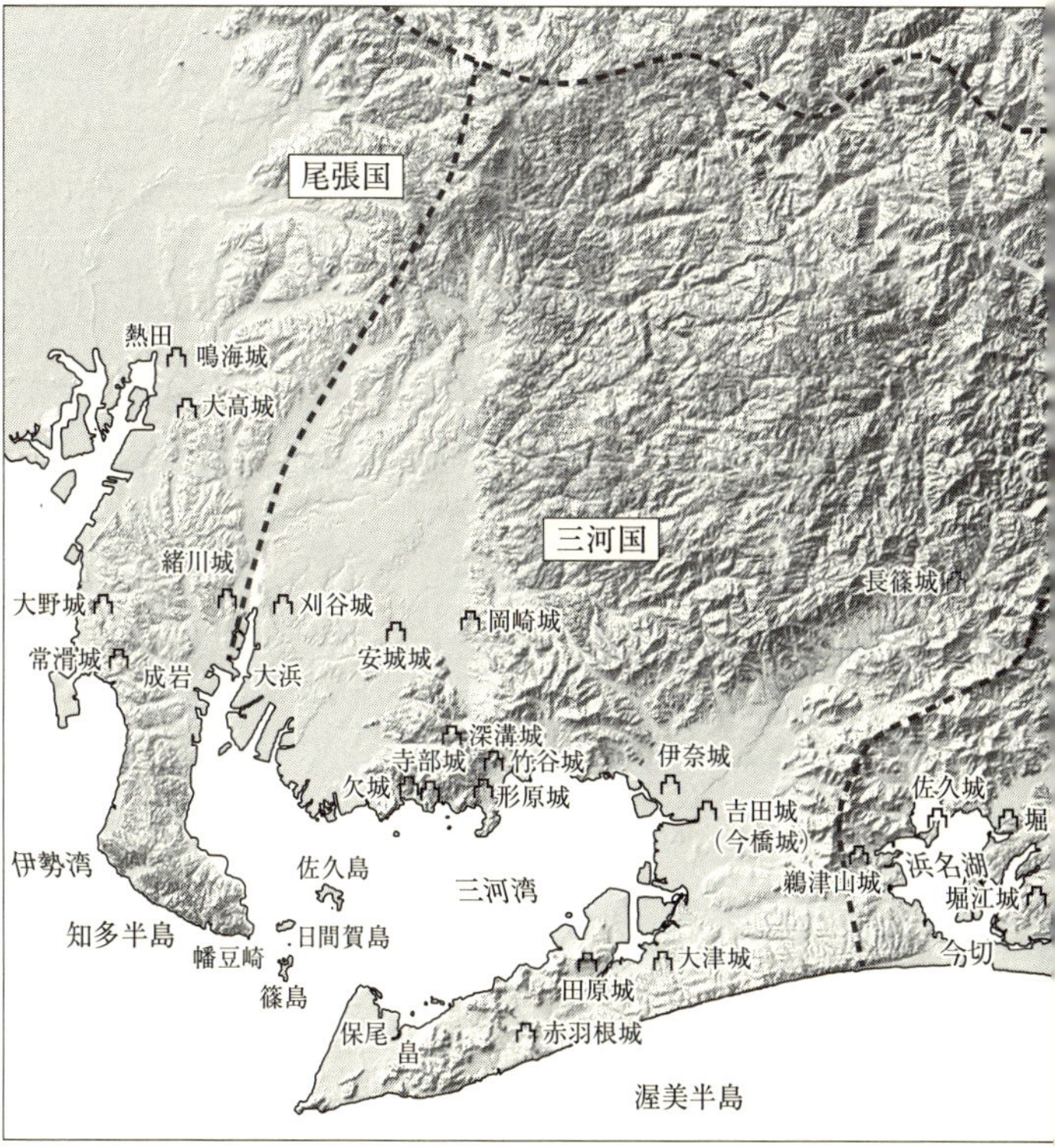
尾張国
三河国
熱田
鳴海城
大高城
緒川城
大野城
刈谷城
岡崎城
常滑城
安城城
成岩
大浜
長篠城
深溝城
寺部城
竹谷城
伊奈城
欠城
形原城
吉田城
（今橋城）
佐久城
堀
伊勢湾
佐久島
三河湾
鵜津山城
浜名湖
堀江城
知多半島
日間賀島
幡豆崎
大津城
今切
篠島
田原城
保尾
畠
赤羽根城
渥美半島

本章関連地図

まずは、徳川権力が三河国や東海地域で台頭していく過程を海上軍事という視点から読み解いてみたい。徳川氏が水軍の運用を本格化させるのは、東海・甲信を束ねる巨大勢力となった一五八〇年代以降のことだが、それ以前に海上軍事と無縁だったわけではなく、弱体なりに水軍を編成しようとする努力は払っていた。また、海上交通とのつながりを積極的に求めている一面もあった。

さらに徳川氏が東海地域で覇を競った駿河今川氏や甲斐武田氏は、それぞれ有力な水軍を編成しており、徳川氏は陸上だけではなく、海上でもたびたび苦杯をなめさせられた。徳川氏はこうした経験を積み重ねて水軍の重要性を認識し、後年に展開する海上軍事の糧としたともいえる。

三河松平氏と「伊勢海」

徳川氏の明確な出自は不分明だが、「松平」名字を称していた時期に、西三河で領域権力として出発し、中小規模の領域権力である国衆から、複数の領域権力の連合体である戦国大名へと成長した。

三河国は西の知多《ちた》半島と東の渥美《あつみ》半島に挟まれて、「三河湾」と呼ばれる内湾を形成しており、さらに佐久島《さくしま》・日間賀島《ひまかじま》・篠島《しのじま》などを境界とする形で、知多湾（西部）と渥美湾（東部）に分かれる構造になっていた。また、三河湾は知多半島によって隔てられながらも、伊勢湾と繋がっており、伊勢湾・三河湾を一つの海域とみなして、「伊勢海」と総称する地理概念もある。

内湾という環境は、概して外海よりも波や風が穏やかであり、地域内の海上交通を発展させつつ、外海を往来する船舶に風待港を提供して、広域に及ぶ海上交通を支える役割も果たした。とくに伊勢海は、太平洋海運を通じて、東国（関東など）と西国（畿内など）の経済活動が交差する海域となっており、伊勢・三河両国の沿岸に存立した勢力には、海上交通への関与（警固の報酬、襲撃による略奪）を志向する動向、または独自に海上交易を展開する動向がみられた。後に徳川氏の海上軍事体制を支える海上勢力も、小浜氏・向井氏をはじめ、伊勢海を出自とするものが多い。こうした三河国の地域性の中で、徳川氏は支配領域を形成し、その実力を蓄えたのである。

室町時代の三河国は、丹後《たんご》一色《いっしき》氏や阿波《あわ》細川氏が守護をつとめてきたが、戦国動乱の幕開けとして知られる応仁《おうにん》・文明《ぶんめい》の乱に先行して、守護を中心とする支配体制は動揺していた。一四六〇年代中頃には、西の松平氏と東の戸田《とだ》氏が足利将軍家から治安の回復を求められる一幕もあった。この松平氏と戸田氏は、いずれも足利将軍家の直臣である伊勢氏の被官《ひかん》（中世における家臣の表現）だった。伊勢氏歴代は将軍家のもとで政所《まんどころ》（財政などを管掌）の運営を担っており、とくに当時の将軍義政《よしまさ》は、自身を養育した伊勢貞親《さだちか》を篤く信頼していた。そのため、かならずしも頼りにならない守護ではなく、伊勢氏被官の松平氏・戸田氏に期待を寄せたという面もある。

本来、松平氏は加茂《かも》郡松平郷を名字の地とした家だが、伊勢氏と主従関係を結び、その権勢を背景としながら、次第に西三河の各地に一族を分立させていき、戦国期には、複数の家が領域・家中を自立的に運営する国衆として存立するようになった。このうち、徳川氏の前身にあたるのは、安城《あんじょう》松平氏と岡崎松平氏であった。両家とも沿岸部を支配領域の中心とする勢力ではなかったが、幡豆《はず》郡西部沿岸の大浜を外港とすることで、海上交通との繋がりを確保していた。

大浜は、三河・尾張《おわり》両国の境に位置する衣《ころも》ヶ浦《うら》の港湾都市であって、紀伊熊野神社の分社が勧請《かんじょう》されていた。また、南方の洲崎が「熊野崎」（『紹巴富士見道記《じょうはふじみみちのき》』）と称され、熊野参詣をおこなう渡航船の目印となっていたように、熊野神社が伊勢海周辺に広げていた海上ネットワークの一端を担う存在でもあった。

「諸国古城之図」の形原（片原）城　広島市立図書館

　安城松平氏と岡崎松平氏のうち、大浜を支配していたのは安城家であり、信忠（家康曽祖父）の代から、大浜を領国に組み込むようになった。信忠は安城家の相続前に大浜に居住しており、隠居後も大浜を居所としたほど、同地の掌握に注力していた。さらに信忠の子で岡崎家を継いだ清康（家康祖父）と、次代の広忠（家康父）によって、岡崎・安城両家の合同が進行して、大浜も岡崎家の支配下に入ったのである。また、徳川家康の長男信康が大浜熊野社の神官長田《おさだ》氏の一族である永井直勝を寵臣《ちょうしん》とし、家康も信康没後に直勝を側近に加えて重用したことは、いずれも大浜を通じて、熊野神社の海上ネットワークとの接続を強めようとする動向にあたるだろう。天正《てんしょう》一〇年（一五八二）の本能寺の変に際して、家康が滞在中の畿内から領国に帰還したうえで、「伊賀越え」で伊勢国まで踏破し、伊勢湾を渡海して大浜に入港したことからも、徳川氏と大浜の関係の深さが窺われる。

　また、他の松平一族では、形原《かたのはら》松平氏と竹谷《たけのや》松平氏が宝飯《ほい》郡沿岸部に支配領域を形成しており、徳川氏の海上軍事に関わっていくことになる。とくに形原松平氏が本拠とした形原城は、三河湾に突き出た丘陵に築かれて、海上の往来を監視しつつ、船舶を収容する船溜も備えて、発船・着船の拠点として機能する構造の海城だった。竹谷松平氏が本拠とした竹谷城の場合は、すぐ南側に犬飼湊が存在しており、竹谷家は同所を外港として、三河湾の海上交通に介在することができた。

さらに形原家は、海上活動の拠点として、支配領域の北方に鹿島《かしま》と拾石《ひろいし》、南方に西浦を抱え、宝飯郡に隣接する幡豆郡東部沿岸の須崎にも進出しようとしていた。もっとも、拾石については、深溝《ふこうず》松平氏と競合関係にあり、家康の裁定によって、深溝家に割譲している。深溝家の場合、本拠の深溝をはじめ、内陸部に支配領域を形成していたが、海上交通への接続を求めて、宝飯郡沿岸部に拠点を確保することを望んだのである。深溝家の当主家忠・忠利《ただとし》の日記でも、三河湾の海上交通や、三河湾沿岸の領主との交流に関する記事が少なくない（『家忠日記』『忠利日記』）。

このように、松平一族には、家康の登場以前から、海上交通を把握しようとする動向があり、家康の代に徳川氏が領国を拡大していく中で、海上軍事の整備も進める前提の一つとなった。

田原戸田氏の興亡

すでにみたように、松平一族が群立していた西三河に対し、東三河では、戸田氏が有力な国衆として存立しており、一五世紀中頃の京都政界では、松平氏と並び立つ実力者と認識されていた。

松平氏と同じく、戸田氏も伊勢氏と主従関係にあったが、三河国守護だった一色氏のことも主筋と仰いでいた。もともと、戸田氏の出自は、尾張国富田荘にあり、一色氏が守護を兼ねていた知多半島東岸の河和《こうわ》などに拠点を築き、その前後に一色氏と主従関係を結び、さらに同氏の東三河支配に参加することで渥美半島へ進出したとされる。つまり、伊勢氏との主従関係によって、中央とのパイプを確保しながら、地域権力としては、一色氏による知多・渥美両半島の支配を支えるという姿勢であった。結局、応仁・文明の乱を経て、一色氏の実効支配は丹後国《たんご》に限定されていくものの、戸田氏は渥美半島にとどまり、東三河の有力国衆へと成長することになった。

また、松平氏と同様に、戸田氏も渥美半島の田原城主家を宗家《そうけ》として、各地に一族を分立させ、各自が支配領域を形成していた。とくに宗家の田原城は、船舶を収容する船蔵《ふなぐら》を備えており、水軍の拠点としても機能する海城だったことが戦国期の古文書からも確認できる。

田原戸田氏はこうした構造の居城に拠って、三河湾の海上交通に大小の影響力を及ぼしながら、渥美半島のうち、太平洋側の赤羽根に関所を設けて、太平洋海運から相応の利得を収取した。さらに田原戸田氏の勢力は、渥美半島にとどまらず、知多半島にも及んでおり、南端の幡豆崎《はずさき》を大野佐治《さじ》氏と共同で支配することで、三河湾と伊勢湾の接合部を扼《やく》しうる環境を確保していた。

このような宗家のあり方に対応したものか、戸田氏の庶家も、渥美半島の大崎や、知多半島の河和・師崎《もろざき》に存立しており、一族総体で渥美半島・知多半島の沿岸部をおさえる形勢となっていた。松平氏と比較して、戸田氏は海上勢力の性格がより濃厚であったといえよう。

なお、田原戸田氏は渥美半島からの北上も志向して、東三河の牧野氏と激しく競合しており、戦国期の東三河動乱は、戸田氏・牧野氏の角逐《かくちく》を一つの潮流にした。牧野氏も一色氏被官の系譜を引いており、戸田氏との抗争は、一色氏勢力の縄張り争いという色合いも帯びていた。

牧野氏が本拠とした今橋は、東海道（陸上交通）と、豊川（奥三河の山中から三河湾に至る舟運の大動脈）の河口が交差する水陸の要衝であった。牧野氏はこの今橋を中心として、東三河南部で田原戸田氏と並び立つ支配領域を形成していたが、戸田氏にとっても今橋は、三河湾東部の支配をより確固たるものにしつつ、東三河全体に勢力を拡大するための橋頭堡《きょうとうほ》になりうる拠点であった。

田原戸田氏は駿河今川氏の三河国進出に情勢次第で対抗・同調しながら、牧野氏と今橋の争奪を繰り返した。三河国の戦国動乱には、一六世紀中頃まで、今橋をめぐる今川氏・戸田氏・牧野氏の三つ巴の対決に諸勢力が巻き込まれる構図で展開していた一面がある。

一五四〇年代においては、岡崎松平氏と田原戸田氏が同盟を結んだ局面もあった。岡崎松平氏は尾張織田氏の西三河侵攻、田原戸田氏は今川氏の東三河侵攻に対処する必要から連帯したのだ。そして、田原戸田氏が今川氏の攻勢に敗れる一方で、岡崎松平氏が窮地を打開すべく、今川氏への従属を選択したために、三河国の動乱は、今川氏・織田氏の対決という段階に移ったのである。

大久保忠教《ただたか》（彦左衛門）がまとめた徳川権力の創業史である『三河物語』には、幼年期の家康が今川氏への人質として岡崎から駿府に赴く途中で田原戸田氏に拉致され、尾張国の織田信秀（信長父）に身柄を引き渡されたという事件が描かれている。近年の研究では否定されている一件だが、作為だとしても、忠教が田原戸田氏の海上勢力としての存立形態を踏まえて創作したものだろう。また、家康が大御所として駿府で政務を執っていた時期の行動記録である『駿府政事録』によると、家康は幼年期を振り返り、戸田又右衛門というものに五〇〇貫で売られ、尾張国に在留したことがあると述懐している。田原家をはじめとする戸田氏の系譜には、又右衛門に該当する人物は見当たらない。戸田氏が「神君」家康の苦難に関わった人物の存在を意図的に抹消したか、家康の記憶違いであるのかは判然としない。しかし、岡崎松平氏は今川氏への従属に先行して、織田氏に一時的に降伏していたという近年の説も考慮すると、岡崎方が織田方に恭順を表明し、家康を人質に出す交渉にて、尾張国

(知多半島)にも勢力を有する戸田一族の人間が仲介に立ち、織田氏から謝金が支払われたというのが実態で、江戸時代に拉致事件として脚色されたのではないだろうか。

結局、戸田氏の宗家は、田原城を攻め落とされながらも、今川氏から従属を受け容れられ、二連木《にれぎ》を新たな本拠に設定して再出発した。この宗家の弱体化によって、戸田一族全体も衰勢に陥るが、けっして滅亡したわけではなく、後に徳川氏の海上軍事に参加する家もあった。

知多半島沿岸の国衆たち

三河湾と伊勢湾の中間に位置する知多半島には、戸田一族(河和家・師崎家)の他にも、複数の国衆が群立していた。とくに半島南端の支配を田原戸田氏と分け合った佐治氏や、緒川《おがわ》・刈谷《かりや》・常滑《とこなめ》などの諸家に分かれていた水野一族は、沿岸部を所領として、各自が水軍を編成していた。

佐治氏は知多半島西岸の大野を本拠としており、その南方に存立する常滑水野氏の領域を飛び越す形で、半島南端の幡豆崎を田原戸田氏と共同で支配していた。海上の連絡によって、陸上では接していない幡豆崎を維持していた模様である。また、志摩海賊のうち、千賀《せんが》氏は伊勢湾・三河湾の各地に勢力を扶植して、後に徳川氏の水軍に参加する孫兵衛家は、佐治氏の傘下に入り、幡豆崎周辺や沖合の篠島に所領を得ている。佐治氏も千賀孫兵衛家を従えることで、幡豆崎沖を航行する船舶への介在(警固など)を可能とする海上軍事力を充実させていたのだろう。

その一方で、常滑水野氏は支配領域を半島東部まで伸張させて、三河湾に面する成岩《ならわ》を領有していた。そして、知多半島を船で南回りに航行せずに、常滑・成岩から陸行することで、伊勢湾と三河湾の交通を接続する経路を形成した。常滑水野氏は天正二年(一五七四)に織田氏の伊勢長島一揆攻撃に参戦した際に安宅船《あたけぶね》を運用しているが、海上交通の保護者という性格を強調される瀬戸内海の村上一族は、一五七〇年代後半まで安宅船を所持・運用していなかったという説もある。常滑・成岩を軸とする交通路は、常滑水野氏に安宅船の保有を可能とするほどの経済力を与えていたのである。

なお、水野一族において、徳川氏と密接な関係にあったのは緒川家と刈谷家であった。とくに緒川水野氏は、家康の母伝通院の実家にあたる。緒川・刈谷の両水野氏は、尾張国と三河国の国境南部を挟み、向かい合うかのように支配領域を経営しながら、知多半島と三河国の碧海郡《へきかい》・幡豆郡西部沿岸が形成する衣ヶ浦の各所に所領を有していた。さらに一五六〇年代から、緒川家は刈谷家との合同を遂げて、知多半島南西岸の野間にまで支配を及ぼすようになった。緒川家も長島一揆攻撃に海上から参戦しており、常滑家と同様に、水軍の編成をおこなっていたことが窺える。

知多半島では、戦国期の前半から戸田氏・佐治氏・水野氏が鼎立《ていりつ》して、相互に協調しながら、渥美半島も合わせた地域秩序を形作っていた。そして、駿河今川氏の三河国進出によって、田原戸田氏が没落した後も、知多半島における鼎立と協調は、佐治氏と緒川水野氏・常滑水野氏を軸として継続していた。この秩序が崩れる一五八〇年代は、徳川氏の水軍編成が本格化する時期と符合しており、徳川氏は知多千賀氏（孫兵衛家）などを従属させ、海上軍事力の充実を進行させることになる。

駿河今川氏の西進と水軍運用

戦国期の今川氏は、遠江国《とおとうみ》をめぐって尾張斯波《しば》氏と対戦を重ねており、その過程で、浜名湖沿岸に船舶を召集・運用する拠点（鵜津山《うづやま》城など）を設定した。また、東三河に軍勢を急遽《きゅうきょ》出動させる場合にも、浜名湖沿岸で整備した船舶動員体制を利用した。

こうした船舶の軍事動員は、浜名湖だけではなく、今川氏領国の各地でおこなわれた。今川氏は被官・商人・寺社を問わず、持船に「海賊役」を課すことで、平時の諸役免除と引き換えに、戦時の軍事運用に供出することを義務付け、水軍を編成する方針を採っていた。あるいは、より軽い義務として、今川氏の用命に応じ、通信や運輸に携わる「立使役《りゅうしやく》」もあった。

そして、今川氏は海賊役によって参集させた水軍を運用する拠点を領国の沿岸各所に設定していた。浜名湖はその密度が最も濃い空間であった。さらに今川氏は、一五四〇年代に田原戸田氏を降伏させて、その勢力圏を解体すると、今橋城（吉田城）と田原城に城代を配置し、両城を東三河の支配拠点に位置付けるとともに、水軍の運用拠点に設定している。

今川氏の水軍編成の特徴は、特定の海賊や国衆に海上の軍役を課すのではなく、領国の各階層（被官・寺社など）から戦時に船舶を集めたことにある。また、沿岸の城郭には、海上勢力が在番（守衛）に参加して、集められた船舶の指揮を担っていた模様である。浜名湖の鵜津山城・堀江城に在番した中安《なかやす》氏、三河今橋城に在番した千賀与五兵衛《よごへえ》家などである。広く薄く船舶を動員しつつ、海上勢力に指揮権を委ね、本来の所領では編成しえない規模の水軍を運用させるというシステムは、近世の徳川将軍家や諸大名による海上軍事のあり方を先取りするものだった。

なお、今橋城在番の千賀与五兵衛家は、知多半島の千賀孫兵衛家（佐治氏被官）と同じく、志摩千賀氏の一族で、今川氏に従って渥美半島で所領を得つつ、一五八〇年代には、北伊勢沿岸の楠《くす》にも拠点を確保していた。志摩国から活動圏を広げていった千賀一族にあって、与五兵衛家は今川氏の西進という機会を捉え、三河湾への進出を果たしたのであろう。

しかし、今川氏が精緻な水軍運用のシステムを構築できたのは三河湾までだった。今川氏の領国拡大は、一五五〇年代に尾張国にまで及び、伊勢湾に臨む鳴海《なるみ》城や大高《おおだか》城を確保したものの、知多半島の大野佐治氏や緒川水野氏は、織田信長と結んで抵抗していた。とくに佐治氏が半島南端（幡豆崎や篠島）を支配していたことは、今川氏が伊勢湾側に船舶の動員体制を整えることを難しくした。

それでも、今川氏は尾張国海西《かいさい》郡の鯏浦《うぐいうら》（木曽川河口左岸）を拠点とした本願寺門徒の服部左京亮《さきょうのすけ》と結び、永禄三年（一五六〇）の桶狭間合戦では、大高城への兵糧補給の支援や、熱田湊に対する襲撃にあたらせた。『信長公記』が服部左京亮の戦力を「武者舟千艘ばかり」と記しているのは過大な表現だろうが、知多半島西部（伊勢湾側）に船舶の動員体制を構築できない不利を解決するうえで、今川氏が有力な海上勢力との提携を進めていた状況が窺える。

また、桶狭間合戦の段階で鳴海城の城将だった岡部元信は、遠江国河崎湊に通じる勝間田川流域を所領として、持船による商業活動を展開していた。今川氏もただ服部左京亮との提携に依存していたのではなく、伊勢湾方面でも、鳴海城を拠点とした水軍の編成体制を立ち上げることを見据えて、船舶の動員・運用に適性を有する元信を城将に起用したのであろう。

この岡部元信は、今川氏の没落後に甲斐武田氏に帰順して、その水軍の編成と統制に関与しており、さらに徳川氏の海上軍事にも少なからぬ影響を及ぼすことになる。

岡崎松平氏の三河国統合

田原戸田氏の敗退に前後して、岡崎松平氏も一五四〇年代後半に今川氏に帰順し、以後は今川氏の従属下で領域と家中を維持した。しかし、今川氏が桶狭間合戦に大敗すると、永禄四年（一五六一）に岡崎松平氏は今川氏から離反し、攻防を繰り返しながら、永禄八年に今川方の吉田城・田原城を開城させた。また、岡崎松平氏は国衆の従属も進め、三河国の政治的な統合を達成した。さらに永禄一〇年には、三河守に任官するとともに、名字を「徳川」に改称した。こうした一連の動向を経て、徳川氏（岡崎松平氏）は、国衆から戦国大名へと成長することになった。

永禄年間の三河国動乱では、今川方・岡崎方とも、水軍を運用した事例を明確には見出せないものの、沿岸部を支配領域とした国衆たちは、大なり小なり動乱の影響をうけている。

とくに顕著だった国衆が形原《かたのはら》松平氏である。前述したように、形原松平氏は宝飯郡の西南部沿岸に支配領域を形成しており、さらに南西の須崎（幡豆郡南岸）に進出しようとしていたが、ここは幡豆小笠原氏の支配領域東端に位置した。こうした競合関係もあってか、岡崎松平氏が今川氏から離反すると、形原松平氏は岡崎方に同調して、今川方の陣営にとどまった幡豆小笠原氏と交戦している。動乱に乗じて、須崎をめぐる幡豆小笠原氏との競合関係を制するのが、形原松平氏の目論見だったとみられる。もっとも、これも前述したように、形原領北方沿岸の拾石《ひろいし》は、深溝《ふこうず》松平氏も領有を望んでおり、その深溝家は同じく岡崎方の陣営に属していた。よって、岡崎松平氏は形原家と深溝家の緊張を調停しながら、両家を今川方との戦争に参加させる必要に迫られることになった。

結局、岡崎松平氏は永禄六年に形原家から深溝家に拾石を割譲させ、形原家には代替の所領を与えることで、緊張の解消をはかった。その一方で、永禄七年に幡豆小笠原氏が帰順すると、岡崎松平氏は本領をほぼ安堵（権利の承認）しつつ、須崎周辺に境界を設定することで、形原松平氏にも須崎の一部領有を認めた。つまり、拾石問題で形原家に譲歩させつつ、須崎問題では形原家の希望を部分的に叶えたことになる。形原家としては、拾石を失ったとしても、鹿島を維持して、領域北方の海事拠点は確保しており、さらに須崎への進出によって、領域南方の海事支配を充実させたのだ。岡崎松平氏もこうした従属国衆同士の競合について、なるべく禍根を残さないように裁定する実績を積み重ねていくことで、領域権力連合の盟主である戦国大名としての体裁を整えていった。

なお、形原松平氏は一貫して岡崎方の陣営にあったわけではない。幡豆《はず》小笠原氏などの攻撃に耐えかね、一旦は今川方に転向して、短期間で岡崎方に復帰するという経緯を辿っていた。そして、再度の離反に対する報復として、今川方は形原家が吉田城に差し出していた人質を船に乗せて、形原城の沖合で処刑したという。史実だとすれば、海上から形原城を攻撃・封鎖することを予告しつつ、翻意を求めるためのデモンストレーションだろう。あるいは、岡崎方との対戦が続く中で、今川方が整備してきた吉田城・田原城を核とする船舶の動員体制が機能していた状況も読み取れる。

その一方で、岡崎方が水軍を編成・運用した事例は、伝承のうえでも見出し難い。吉田城と田原城を攻略する段階でも、陸上から包囲を狭める戦略をとっていた。とくに田原城については、今川方が渥美半島太平洋側の赤羽根に物資を運び、同地から陸路で田原城に輸送していたことに対して、岡崎方はその遮断をはかるという局面もあった。当時の岡崎家は、沿海部に支配を及ぼしながらも、国衆や海賊に海上軍役を課す体制や、港湾・海村から船舶を動員する体制をまだ構築できておらず、陸上における優勢で、今川方の沿岸拠点を圧迫していたのであろう。

大津戸田氏の取り立て

岡崎松平氏（徳川氏）が今川氏を三河国から排除していく前後に、牧野一族の宗家格だった牛久保牧野氏と、戸田一族の宗家格だった二連木《にれぎ》戸田氏は、今川方から岡崎方に転じている。いずれも吉田城（今橋城）と田原城の本来の主であった。しかし、岡崎松平氏は牛久保牧野氏・二連木戸田氏を旧領に復帰させず、安城・岡崎譜代の中から、酒井忠次を吉田城、本多広孝を田原城に入れている。

酒井忠次と本多広孝は、家康よりも年長の重臣で、今川氏や反岡崎勢力との戦争でも、別軍の指揮や、外交・工作などで活躍してきた。家康はその実績を評価して、吉田城・田原城の守衛と周辺領域の支配を委ねたのである。以後、徳川権力は領国拡大の中で譜代家臣に対する領域分与を繰り返し、譜代大名の原型を形成するが、その最初期の事例が酒井忠次・本多広孝の城主登用だった。

但し、今川氏段階で吉田城・田原城を拠点として整備された船舶の動員体制が、新たに城主(または城代)となった酒井忠次と本多広孝のもとで継続したかどうかは不分明である。吉田城の開城に際して、在城衆の千賀与五兵衛(志摩海賊千賀氏の一族)は、今川氏のもとで給付されていた所領を岡崎方から安堵されたものの、以後の活動を具体的に確認できない。今川氏と比較して、徳川氏は領国支配のノウハウが不足しており、精緻な動員システムを維持しえなかったのかもしれない。

吉田城の酒井忠次は、後に子息の康俊を近隣の国衆である伊奈本田氏(後に「本多」に改称)に養子に出して相続させたが、この伊奈本田氏はもと田原戸田氏の配下ともされ、佐奈川下流左岸の湿地帯に築かれた伊奈城を本拠として、豊川河口の右岸に立地する前芝湊も支配することで、三河湾と豊川・佐奈川流域の接続点を扼していた。忠次が吉田城主という立場から、東三河沿岸の領主と誼《よしみ》を通じ、徳川氏による三河湾支配の安定に寄与しようとしていた状況を示していよう。もっとも、忠次と伊奈本田氏は、沿岸で支配領域を形成しつつも、徳川氏の水軍を構成していたわけではなかった。

徳川氏に従属した東三河の諸領主のうち、水軍への関わりを見出せるのは大津戸田氏である。

この大津戸田氏は、徳川氏が戸田一族の戸田忠次に大津を所領として与えることで成立した存在だった。大津は渥美半島沿岸(三河湾側)のうち、吉田と田原の中間に位置しており、中世前期には伊勢神宮の神戸《かんべ》（荘園）に設定され、伊勢湾と三河湾を往来するネットワークに連なっていた。渥美半島に進出した戸田氏が田原城に先行して本拠とした時期もあった。徳川氏はこうした大津に戸田忠次を配置することで、海上勢力としての戸田氏の性格を部分的に継承させたのである。

家康は三河湾上を通航する際に、しばしば大津を乗船の発着地としている。大津を東三河沿岸における水上移動の拠点に設定し、戸田忠次に管理させたという面もあるのだろう。

戸田忠次の出自は、田原戸田氏の一族とも、河和《こうわ》戸田氏の一族ともされ、よく分かっていない。『三河物語』には、岡崎松平氏と三河本願寺教団が対決した三河一向一揆に際し、忠次が一揆方の寺院から脱出し、岡崎方に転向したという記事があり、忠次の子孫も、家譜に採用している。戸田一族が今川氏に敗れて衰退していく中で、当人か先代が牢人となり、西三河の動乱に乗じて、まず本願寺教団と結び、次いで岡崎松平氏の家中に参加することで、立身する機会を得たという構図が想定される。

これから本書で縷述《るじゅつ》するように、徳川氏の諸戦役で、戸田忠次は幾度か水軍として出動し、また沿岸拠点の攻略や接収、木材の廻漕（船による運送）に参加することもあった。大津領の経営を通じて、船舶の運用能力を培い、徳川氏からも海上の課役に応えうると認識されていたのである。

さらに戸田忠次は、沿海領主や海上勢力との間に縁戚関係を広げている。

忠次の子息のうち、嫡子尊次《たかつぐ》は深溝松平家忠の妹と結婚しており、『家忠日記』では、婚姻後に深溝領・大津領の間で、たびたび船の往来があった状況を確認できる。深溝松平氏の支配領域は、内陸部を中心とする構造だったが、形原松平氏から宝飯郡南部沿岸の拾石を割譲されていた。そこで、大津戸田氏と深溝松平氏は、縁組を結ぶことで、三河湾上の活動に関する相互扶助をはかったのだろう。

また、忠次の三男政吉は、渥美半島の西端に位置する保尾《ほび》を所領とする清水政晴の養子となっている。清水氏は天正二年（一五七四）一二月から保尾に居住して、近隣（西北）の中山郷で漁業経営の権益も与えられていた。この保尾は、三河湾に注ぐ免々田川《めめだがわ》の河口部左岸（西側）にあり、甲斐武田氏に同調する一族もいた間宮氏が拠点とした畠《はたけ》と川を隔てて対峙する地勢であった。徳川氏は天正二年の段階で武田氏と対戦中であり、半島西端の親武田勢力の動向を抑制・監視する意図から、清水政晴を保尾の領主に取り立てたのではないだろうか。そして、忠次も保尾清水氏と養子縁組を結ぶことで、間宮氏との対峙を支援しつつ、半島西端に影響力を及ぼそうとしていたと理解しておきたい。

この他に、近世後期に成立した『寛政重修諸家譜』によると、忠次の息女の一人は、武田氏の水軍から徳川氏の水軍に転じた小浜景隆と同一人物と思われる「小浜民部左衛門某」と結婚している。事実だとしても、景隆が徳川氏の家中に参加する天正一〇年以降に成立した婚姻のはずだが、ともに海上軍役の履行を求められる立場を共通項として、連帯をはかる目的があったとみられる。仮にそれが系図上の創作だったとしても、忠次を水軍の将と捉え、海上軍事に関わる家と積極的に縁組を結んでいたという構図を示そうとする子孫（譜代大名の宇都宮戸田氏）の意図が窺える。

戸田忠次は海賊ではなく、海上の軍役に専従していたわけでもない。だが、沿海部の大津を所領として与えられると、徳川氏や渥美半島をめぐる情勢に対応していくために、三河湾や海上軍事に適合した縁戚関係を組み立てていった。このように、家康は海上勢力や沿海領主をただ帰順させていくだけではなく、海上の軍役をつとめる能力と意思を持つ家も創出した。こうした姿勢は、徳川権力の海上軍事全体を見渡した場合に小さくない意味を帯びることになる。

幡豆小笠原氏と形原松平氏の和解

大津戸田氏よりもさらに深く長く徳川権力の水軍編成に関わっていく家、それが幡豆小笠原氏である。もともと、小笠原氏は甲斐源氏の庶流で、鎌倉時代から各地に一族を分出させていた。戦国期の三河国においても、小笠原一族が幡豆郡や宝飯郡に群立して、とくに寺部《てらべ》城を本拠とする幡豆小笠原氏が最大勢力となっていた。また、徳川氏（岡崎松平氏）に従属した段階では、庶家の新九郎家が宗家の安芸守《あきのかみ》家を支えながら、大きな存在感を示して、徳川氏からもほぼ同格に処遇された。

この幡豆小笠原氏の支配領域は、東の須崎、西の宮崎、北の小野ヶ谷川・八幡川《やわたがわ》の上流域を境界としており、幡豆郡南東部にあって、三河湾に面する空間をおさえる構造であった。また、宗家の安芸守家が在城した寺部城は、沿岸に立地しつつ、北側に縄張を厚く展開させて、南側に整備された港や屋敷地を防備することを志向していた。庶家の新九郎家が在城した欠城《かけ》については、遺構がほとんど残っていないものの、寺部城と同じく沿岸部に位置しており、その立地を意識したであろう「磯城」の別称も伝わっている。海事支配に適した寺部城と欠城を支配領域の中心に据え、須崎・宮崎を両翼として、幡豆郡沖合の海上交通に関わっていこうとする姿勢が窺えよう。

大永《だいえい》七年（一五二七）、幡豆郡・渥美半島・知多半島の中間に浮かぶ佐久島の筒島弁財天に一五体の童子像が奉納された際に、幡豆小笠原氏はその施主に参加している。もともと、弁財天はヒンドゥー教の水神サラスヴァティーが仏教に取り込まれたものであり、日本では、海上神の市杵嶋姫命《いちきしまひめのみこと》（宗像《むなかた》三女神の一）と神仏習合して、航海安全の女神という性格を備え、「七福神」の一柱に数えられていた。いわば筒島弁財天は三河湾上の海上活動を見守る海の女神であった。その保護に加わったことは、幡豆小笠原氏が海上勢力としての自意識を強く抱いていた証左となるだろう。

また、幡豆小笠原氏が西方の境界としていた宮崎では、漁業が営まれており、その技術は深溝松平氏から注文が入るほどの水準だった。幡豆小笠原氏が後に水軍として活動する背景には、海上交通の支配のみならず、宮崎などで培われた漁業に由来する造船・操船の技術もあったようだ。

さらに前述したように、幡豆小笠原氏は東方の境界である須崎をめぐって、形原松平氏と競合関係にあり、三河国動乱において、今川方の吉田城と連携して、形原領をたびたび挟撃したという。そこで、家康は須崎のうちに境界を定め、幡豆小笠原氏と形原松平氏の係争を調停している。

これと関連付けて注目すべきは、永禄七年四月に岡崎松平氏に従属した後、幡豆小笠原氏が同年一一月に菩提寺の安泰寺で客殿の普請を施行《せぎょう》し、知多半島の須佐村の安右衛門を大工棟梁としたことである。幡豆小笠原氏と知多半島の海を越えた交流が窺われるとともに、須佐村が知多千賀氏の所領だった点も重要である。知多千賀氏は大野佐治氏に属した海賊だが、当主の重親《しげちか》は、形原松平家広の女《じょ》婿《せい》にあたった。安泰寺の客殿普請は、幡豆小笠原氏が須崎の一部を除き、家康から本領を安堵されたことをうけて、今後も寺部城主・欠城主を核とする支配体制を継続していくことを内外に知らしめるための事業だった。その棟梁を形原松平氏と縁戚関係にある千賀重親の所領（須佐村）から招いた意図は、形原松平氏との和解と今後の連帯を表現することにあったのではないだろうか。

なお、知多千賀氏を従えていた大野佐治氏は、刈谷水野氏と婚姻関係を結んでおり、桶狭間合戦の後、緒川水野氏と刈谷水野氏は合同を遂げ、緒川家の信元（家康伯父）が刈谷家の元茂（母は佐治氏）を養子としていた。かつ緒川水野氏は、岡崎松平氏・形原松平氏と婚姻関係にあり、信元の姉妹のうち、伝通院は家康（岡崎家）の母、覚法院は家広（形原家）の妻だった。桶狭間合戦以降、家康は信元と提携するようになっており、その仲介で尾張織田氏とも和睦していた。幡豆小笠原氏が須佐村の大工に棟梁を依頼することは、知多千賀氏を介した形原松平氏との和解にとどまらず、緒川水野氏がつなげつつあった尾張・三河両国の政治的連合（織田・徳川同盟）の一幕でもあった。
そして、永禄七年以降の和解を前提としたものか、幡豆小笠原氏と形原松平氏は、知多千賀氏も交え、後に徳川氏の海上軍事において、しばしば行動をともにすることになっていく。

徳川氏の遠江国侵攻と海上軍事

徳川氏は永禄八年（一五六五）に三河国から今川氏を後退させたものの、ただちに遠江国に侵攻することはできなかった。今川氏が三河国で不覚をとったのは、遠江国衆が相次いで離反し、戦線を維持し難くなったことによる。しかし、今川氏は永禄八年頃までに遠江国の混乱を収拾し、さらに三河吉田城代だった大原資良《すけよし》を浜名湖西岸の鵜津山城に入れ、徳川方に対峙する領国西方の防衛線を再編していた。そのため、徳川氏は今川氏の前線を打破する機会を摑みかねていたのである。

この停滞した状況は、永禄一一年に徳川氏が甲斐武田氏との間に今川氏領国（駿河国・遠江国）の挟撃に関する協定を結んだことで打開された。本来、今川氏と武田氏は同盟関係にあったものの、永禄八年以降に武田氏が織田氏とも同盟を成立させたために冷却化していた。さらに織田氏は、将軍足利義昭の政権を支えるうえで、東方の敵性勢力である今川氏の排除を望み、武田氏・徳川氏の交渉を仲介して、今川氏領国に同時に侵攻することで合意させたのであった。

そして、永禄一一年一二月から、武田氏は駿河国、徳川氏は遠江国に侵攻した。

この時、徳川氏は井伊谷《いいのや》の三人衆（近藤氏・鈴木氏・菅沼氏）を味方につけ、浜名湖を迂回する形で、遠江国に侵入する経路を確保した。鵜津山城をはじめとする浜名湖沿岸の今川方諸城は、湖上水運を利用した相互支援態勢を構築しており、攻略は容易ではないと判断した模様である。

もっとも、徳川氏はやがて浜名湖周辺の平定に注力せざるをえなくなる。その理由の一つは、武田氏に敗退した今川氏真《うじざね》が本拠の駿府から遠江懸川城《かけがわ》に退避してきたことにある。徳川氏は武田氏から懸川城を攻略するように求められたが、氏真は懸川城から浜名湖沿岸の堀江城（東）・鵜津山城（西）と連絡を取り合い、持久戦を展開しようとしていた。こうした氏真の抵抗を頓挫させるには、浜名湖沿岸から今川方拠点を除去し、懸川城に籠もる氏真を孤立に追い込む必要があったのである。

また、今川氏と同盟関係にある相模《さがみ》北条氏も、駿河国東部で武田氏と対陣しつつ、海路から懸川城に援軍を送り込んでいた。こうした今川・北条両氏の海上ルートを用いた連携は、浜名湖方面とも連結する可能性があった。明応七年（一四九八）の大地震と大津波によって、地峡が崩壊したことから、浜名湖は海とつながり（今切《いまぎれ》）、海船も運用できる特殊な環境となっていた。然るべき中継港があれば、北条氏が浜名湖まで支援の手を伸ばすことも可能であった。

実際、遠江国侵攻に従軍していた渡辺守綱（後の尾張徳川氏重臣）の覚書によると、今川方は水軍を懸塚湊に展開させており、（おそらく陸上から）占拠をはかる徳川方と交戦したという。懸塚湊は、天竜川河口部の輪中《わじゅう》に位置し、太平洋海運の難所だった遠州灘にあって、伊勢湾・駿河湾をつなぐ役割を果たして、今川氏からも領国の主要港湾の一つとして扱われていた。懸川城に入った北条方援軍の着船地は不詳だが、今川氏が保持していた懸塚湊は候補地の一つたりうるだろう。

かかる状況から、徳川方は永禄一二年（一五六九）正月以降に懸川城の攻囲と並行して、浜名湖沿岸に点在する今川方諸城の攻略を進めていった。そして、北岸の堀川城は、三月頃に徳川方の強攻によって殲滅《せんめつ》されたが、東岸の堀江城と西岸の鵜津山城は、「海賊船」（「大沢文書」）で相互に支援しながら、懸川城が開城する前後まで持久した。とくに奮戦したのは、堀江在城衆の中安種豊で、堀江城と鵜津山城を往来して転戦した。もともと、中安氏は浜名湖開口部で渡船場も兼ねた関所の運営に参加しており、関銭（通行料）を徴収する権限も認められていた。船舶の運用について、相応の技量・経験を備えていたことから、拠点ごとに「海賊船」を集め、水軍を編成する今川氏の海上軍事体制にあって、堀江城と鵜津山城の「海賊船」を指揮する立場にあったのであろう。

なお、浜名湖周辺の平定において、徳川氏が水軍を用いていたという史料は見出し難い。堀川城の陥落も、一族が攻城に参加した大久保忠教《ただたか》の『三河物語』によると、干潮時に陸上から攻め込まれた結果だった。こうした陸戦による海事拠点の攻略戦術は、以後も繰り返されていく。当時の徳川氏は、沿岸部（三河湾）に領国を広げ、海上交通に介在する国衆などを従属させつつも、大規模な水軍を編成しておらず、陸上の優位で敵対勢力の海上軍事を無効化していたのである。

結局、今川氏真は五月に懸川城を開城して、北条氏のもとに身を寄せる。氏真は開城に先行して、堀江在城衆にこれまでの忠節を労《ねぎら》いつつ、徳川方に従属することを認めた。実際に、堀江城主の大沢氏や、在番の権太《ごんた》氏・中安氏は、徳川氏の浜名湖支配の一端を担うようになっていく。

もっとも、鵜津山城の大原資良は、徳川氏に帰順せずに、以後も今川氏領国の再建のために転戦している。浜名湖沿岸に根付いた勢力だった大沢氏・権太氏・中安氏と違い、大原資良は牢人から取り立てられ、城代として鵜津山城に配置されたに過ぎず、氏真の復権に賭けたのである。

その一方で、堀江在城衆のうち、鵜津山城にも赴いて力戦した中安種豊は、徳川氏から以後も鵜津山城を活動拠点とすることを認められた。徳川氏は大原資良の退去後も鵜津山城を維持しており、さらに浜名湖の支配を整えていく一環として、舟運に通じた中安種豊によって、堀江城・鵜津山城の湖上連絡を充実させる今川氏の方針をある程度引き継いだのであろう。

浜松城への本拠地移転をめぐって

徳川氏は元亀《げんき》元年（一五七〇）九月に本拠を三河岡崎城から遠江浜松城に移した。今川氏真が懸川城から退去するまでに、遠江国衆は相次いで徳川氏に従属しており、徳川氏の領国は、三河国・遠江国の二ヵ国に及び、以前よりも東方に大きく伸張する構造となっていた。しかし、岡崎城は西方に偏っていたことから、遠江国支配の強化も意図して、本拠を浜松城に再設定したのである。

また、徳川氏は懸川城攻囲の最中から、今川氏領国の挟撃で合意しつつも、遠江国内にまで進出しようとする武田氏に警戒感を抱いていた。一方で武田氏の側も、今川氏真が北条氏のもとに亡命することを認め、北条氏に駿河国制圧の大義名分を与えた徳川氏に不信感を募らせていた。元亀元年の段階で、徳川氏は武田氏に緊張の緩和を働きかけながら、越後《えちご》上杉氏との間に、武田氏を挟撃するための同盟に関する交渉を進めていた。浜松城への本拠地移転は、武田氏との係争地になりうる東遠江・北遠江の監視と統制も目的にしたものだったといえよう。

当初、徳川氏はより東方の見付《みつけ》に本拠を置こうとして、永禄一二年（一五六九）七月から城の普請も進めていたが、織田信長の意見によって、浜松に変更するという経緯を辿っていた。信長は武田氏・徳川氏の双方と同盟関係にあり、武田氏・徳川氏の緊張が高まることを避け、徳川氏の本拠地移転を容認しつつも、武田氏の勢力圏から多少なりとも引き離そうとしたのである。

もともと、見付は東海道の要衝で、かつ大井川と天竜川の間に位置しており、さらに南方には、河川を通じて、太平洋につながる今之浦や大池が存在した。陸上・水上の交通が交差する重要拠点であって、古代・中世に国衙《こくが》や守護所が置かれた前提でもある。室町期・戦国期には、今川了俊を祖とする堀越《ほりごえ》氏（遠江今川氏宗家）の本拠となり、同氏の没落後も、今川氏領国で有数の都市として発展を続けていた。徳川氏もこうした地勢に着目し、拡大した領国の中心に据えようとしたのだった。

徳川氏が見付に築こうとしたという城之崎《きのさき》城は、南側が今之浦の入江と接続しており、水上交通を意識しての選地だった。安城城や岡崎城を本拠とした時期には、大浜を外港としていたが、より直接的なつながりを求めたのであろう。見付の普請は、織田信長の意見で中止したものの、後に大池に近い中泉に陣屋が築かれ、広域に及ぶ政務の拠点として用いられるようになる。

但し、浜松城の場合も、西方に浜名湖とつながる佐鳴《さなる》湖があり、見付と同様に、水上交通との連環が意識された本拠であった。浜松城の石垣にも、浜名湖・佐鳴湖から舟で運搬した石が使用されたという。あるいは、築山殿（家康正妻）が岡崎城から浜松城に赴く途中、佐鳴湖畔で誅殺《ちゅうさつ》されたという伝承も、佐鳴湖が浜松城と浜名湖を接続する役割を果たしていた状況を示唆している。

なお、浜松城への本拠地移転に先行する動向として、幡豆小笠原広光に永禄一二年に渥美半島太平洋側の赤羽根を所領として加増したことにも注目すべきである。この加増は、親族の高天神小笠原氏を説得して、武田氏に従属しようとしていた同氏を翻意させ、徳川氏への帰順を選択させた功績に応じたものであった。また、赤羽根を海事拠点としていた田原戸田氏には、高天神小笠原氏と連絡を取り合っていた時期もある。小笠原広光に対する赤羽根の加増は、今後も高天神小笠原氏を徳川氏の従属下につなぎとめるうえで、広光に一層の尽力を期待して、その拠点を提供したものではないだろうか。実際、広光は居城を欠城から赤羽根城に移していたとされる。

徳川氏が浜松城を新たな本拠地としたことも、領国化してまもない遠江国を三河国と連結させるうえで、海上交通や水上交通により積極的に介在していこうとする意図のあらわれと考えられる。

徳川氏の浜名湖沿岸支配

今川氏は遠江国の経営、三河国への出兵を進めていく中で、浜名湖沿岸に精緻な水上軍事体制を構築したが、徳川氏も浜名湖の支配体制を整備していった。

とくに重要な課題となったのは、徳川氏の遠江国侵攻に際し、浜名湖沿岸における抗戦の中心となった鵜津山城と堀江城の扱いであった。このうち、堀江城については、城主の大沢氏が徳川氏に帰順して、国衆としての存立を保っていた。しかし、鵜津山城の方は、今川氏が城代を配置してきた経緯があり、徳川氏の支配下でも拠点として維持するには、新たな守衛体制を設定する必要があった。

そこで、徳川氏は元亀三年（一五七二）一〇月に竹谷《たけのや》松平清善を鵜津山城に入城させている。当時、清善は嫡子の清宗に家督を譲渡していたが、その経験を評価され、鵜津山城の守将に起用されたのである。もともと、竹谷松平氏の所領は、三河国宝飯郡の中部沿岸に展開しており、本拠である竹谷城から、南側の犬飼湊を支配していた。鵜津山城は、船舶の収容も可能とする構造であり、竹谷松平氏はその守衛に相応の適性があると判断されたのであろう。

この他にも、浜名湖北岸の佐久城に本多忠政（百助《ひゃくすけ》、庄左衛門）が入っている。この佐久城は、浜名湖内部で猪鼻《いのはな》湖を形成する大崎半島に築かれた城で、今川氏に従属していた浜名氏の本拠だった。年次には諸説あるが、今川氏没落の後、浜名氏は甲斐武田氏に通じて没落し、本多忠政が佐久城に配置されたという。なお、大津戸田氏（近世は宇都宮藩）の家伝によると、戸田忠次も浜名氏の攻略に参加しており、旧臣約三〇人を与力として付属されたという。忠次は渥美半島沿岸の大津城を本拠としていることから、沿岸部の拠点の攻め方も心得ており、浜名氏領の平定に動員されるとともに、浜名湖（猪鼻湖）の支配に参加するように求められたのであろう。
より明確に海上の軍役を課されたのは、浜名湖と佐鳴湖をつなぐ新川に近い高塚で知行地を与えられた中島重次（与五郎）であり、後に遠江国相良《さがら》沖での武田水軍との戦闘で討死している。浜松城から浜名湖に至る水路の警固をつとめつつ、外海での軍事活動も担っていたことが窺える。中島重次は尾張国出身で、織田・徳川同盟の一環として、家康の長男信康と結婚した信長の長女五徳の付人だったとされる。徳川氏が水軍の編成を志向しながらも、海上軍役の担い手を確保することに苦心しており、適性があると見込んだ国衆や家臣を海上軍事に組み込んでいた構図がみえてくる。また、中島氏が江戸時代まで船手《ふなて》をつとめているように、臨時的に課された海上軍役を家職とする動向も進行していた。

　さらに浜名湖の開口部にあたり、港湾と渡船場を兼ねていた今切（新居・舞阪）にも、複数の在番が配置されている。天正二年（一五七四）に伊勢国から駿河国に向かう大船を襲撃した寺島斧之丞や、天正一〇年に織田信長の今切渡航の「舟奉行」をつとめた渡辺弥一郎などである。今川氏の浜名湖支配では、中安氏が堀江城・鵜津山城に在番しながら、今切関の運営に携わっており、徳川氏からも堀江城・鵜津山城を引き続き活動拠点とすることを認められていた。しかし、その中安氏は、惣領の種豊が元亀元年（一五七〇）の姉川合戦で討死し、嫡子の満

大津城跡の遠景　著者撮影

千代は年少で、今川氏段階と同様の活動を維持できなくなっていた。そこで、寺島斧之丞・渡辺弥一郎が在番し、警固の弱体化を防いだのだろう。

このように、徳川氏は浜松城への本拠地移転に前後して、浜名湖沿岸の支配体制を整えていたものの、東三河の吉田城・田原城と同様に、今川氏が構築していた階層（被官・寺社・商人など）を越えた船舶の動員や、その拠点ごとの運用は踏襲できていない。新興勢力であるが故に、短期間で進む領国の拡大に対して、支配方式の充実・成熟が追いつかなかったのである。

甲斐武田氏の南下と水軍編成

徳川氏の水軍編成は、一五八〇年代から本格化するが、今川氏よりも、武田氏の方法論を取り入れて進展することになる。武田氏は内陸部の甲信地域で領国を拡大してきたため、海上軍事とは縁が薄いという印象があるかもしれない。しかし、武田氏は駿河国侵攻を経て、東海地域に進出すると、滅亡までの約一〇年間に水軍を編成しており、その規模は同時期の徳川氏の水軍を圧倒していた。今川氏の水軍編成は、戦国時代初頭から徐々に成熟させたものであり、徳川氏が領国の急成長に対応し、水軍編成を進めていくには、武田氏の方法論こそ、即戦力の確保に有効だったのである。

その武田氏の水軍編成は、徳川氏との開戦に先行して、今川氏の抵抗や北条氏の介入を排除しながら、駿河国を平定していた段階から始まった。その中心は清水湊であり、武田氏は久能《くのう》山《さん》城と江尻城を清水湊の支配・防備の拠点としつつ、さらに両城を水軍の運用拠点にも設定していた。

清水湊は巴川《ともえがわ》河口部の右岸に立地しており、左岸の江尻湊と合わせ、駿河湾の海上交通の心臓部、あるいは関東方面や伊勢湾との間を往来する廻船の発着地としても発展していた。そのため、今川氏は清水湊（及び江尻湊）を駿府の外港に位置付け、家臣の中にも、清水湊・江尻湊で屋敷を持つものや、海運を営むものが少なくなかった。そして、武田氏の場合は、久能山城と江尻城で清水湊を挟み込むことで、この海上交通の要衝を掌握し、さらに水軍運用の中心としたのである。

当初、武田氏は帰順した今川氏旧臣に海上の軍役を課して、水軍の編成をおこなっていた。とくに最初期の永禄一一年（一五六八）から活動した土屋杢左衛門《もくざえもん》は、久能山城の在番に加わり、「海賊之奉公」をつとめることで、各地の知行とともに、清水・江尻で屋敷地を給付されている。海上軍役の見返りとして、清水・江尻に屋敷を構え、海運に携わる権利を認められていた状況がみえてくる。

また、武田氏は元亀二年（一五七一）から伊勢湾の海賊に働きかけ、小浜氏・小野田氏・向井氏などを駿河湾に渡海させて、水軍の主力に位置づけた。同時期の伊勢湾地域では、織田氏が北畠氏領国（南伊勢・志摩国）を併合し、かねて気脈を通じていた志摩海賊の九鬼氏を引き立てていたが、反発する海賊の一部は、駿河湾に活動拠点を移し、武田氏のもとで捲土重来《けんどちょうらい》を期したのであった。

とくに小浜氏は、清水湊で屋敷を与えられ、後に伊勢湾と清水湊を往来する船について、一艘分の諸役賦課を免除された。小浜氏は駿河湾に活動海域を移しながら、伊勢湾とのつながりを保って廻船業を営んでおり、武田氏も引き続き伊勢湾の海上勢力に働きかける媒介として利用したのだろう。

なお、伊勢湾からの海賊招聘《しょうへい》は、今川氏旧臣の有力氏族だった岡部氏の元信・貞綱を仲介役として進められており、貞綱は自身も海上の軍役をつとめていた。岡部氏の一族は、太平洋の海運に携わっていたことから、伊勢湾の海上勢力と交流を持ち、武田氏より交渉を委ねられた模様である。

このように、武田氏は今川氏旧臣と伊勢海賊を複合させて、比較的短期間で相応の規模の水軍を編成した。今川氏と違い、領国の様々な階層から船舶を動員するのではなく、特定の家に海上の軍役を課す方式であった。もっとも、伊勢海賊については、駿河国沿岸の東西に広く分散する形で、知行地を給付されて、船材の伐採地も武田氏から指定されている。これは、伊勢海賊の活動に自立性を持たせず、武田氏の大名権力と結合することで、海上軍事力を形成・維持しうる構造とするための措置であった。その軛《くびき》によって、武田氏は伊勢海賊の活動を統制し、海上直轄軍としての性格すら帯びさせようとしたのであり、この方法は後に徳川氏にも引き継がれていくことになる。

海上軍事からみた対武田氏戦争①——海上勢力をも利用した武田氏の攻勢

元亀三年（一五七二）一〇月から、武田氏は徳川氏領国の遠江・三河両国に大攻勢を仕掛け、一二月二二日には、三方ヶ原合戦で徳川氏・織田氏の連合軍に大勝した。

一連の攻勢には、水軍も参加しており、一〇月段階で岡部貞綱が御前崎（遠州灘東端の岬）を越えて、遠江国白羽《しろわ》に進出している。武田方の本隊は、駿河国から遠江国に侵入しており、貞綱も並進する形で遠州灘に入ったのである。武田方は進軍の途上で徳川方国衆の高天神小笠原氏を攻撃して、一旦は降伏させているが、高天神城は菊川入江を介して、遠州灘に接続する地勢となっており、貞綱などの水軍も入江から高天神城攻囲の一角を担ったのかもしれない。

また、三河湾では、武田方に呼応した海賊が一一月に渥美半島の田原を襲撃している。あるいは、佐久島にて武田勢が狼藉《ろうぜき》を働いたという伝承もある。これらは、駿河湾に活動領域を移した海賊の他にも、伊勢湾や三河湾にとどまって、武田氏と気脈を通じる海賊が存在したことを意味する。

武田氏の水軍に参加していた海賊のうち、間宮信高（造酒丞《みきのじょう》）・同武兵衛は、渥美半島西端の畠《はたけ》に存立していた間宮氏の出身とする記録もある。徳川氏は田原に本多広孝、赤羽根に小笠原広光を配置して、渥美半島の支配拠点としていたが、畠間宮氏のように、徳川氏に帰服していない勢力もいて、機会を捉えて、反徳川氏の行動をとっていたことが窺える。

ところで、三方ヶ原合戦において、武田方が浜松城の間近に迫りつつ、西方に転進したところ、徳川方が出撃・追尾したことは、家康の面子《メンツ》という文脈で説明されがちである。だが、同合戦に参加した織田氏の援軍の証言・報告を用いたとみられる『信長公記』は、徳川方の意図を、堀江城に対する後詰めと記している。たしかに、堀江城の失陥（または大沢氏の離反）は、浜名湖東岸の喪失につながり、さらに、浜名湖水運を利用した三河・遠江両国の連結を瓦解させかねない事態のため、無理をしてでも、堀江城攻撃の阻止行動をとることには、相応の合理性があった。三方ヶ原合戦での徳川方の大敗にも拘らず、堀江大沢氏が徳川氏の従属下にとどまったのは、ともかくも武田方による攻撃を免れたことで、徳川氏への信頼を維持した結果ではないだろうか。

結局、元亀三年一〇月から始まった武田方の攻勢は、翌年四月に信玄が死去したことで停止した。しかし、武田氏は新当主勝頼のもとで態勢を立て直すと、大規模な軍事行動を再開し、天正二年（一五七四）五月に遠江高天神城を再度攻囲し、七月までに降伏させた。高天神小笠原氏は元亀三年に武田方に帰順したものの、信玄没後に徳川方に転向していたため、報復の対象とされたのである。

この高天神城攻囲戦にあたり、武田方はおそらく菊川入江を利用して、各地から廻漕による兵糧の集積を実施している。また、海賊の小浜景隆も、かねて武田氏から知行地の一つに指定されていた東遠江の下吉田郷（大井川河口右岸）に進出した。武田方の攻勢に合わせて、同地の確保をはかるとともに、駿河湾からの兵糧廻漕を警固するための行動とみられる。

兵糧の廻漕は、武田氏領国の外部からもおこなわれていた。当時、武田氏との同盟関係を修復していた北条氏領国の伊豆半島では、無許可の米穀移出が問題となり、武田氏に申し入れ、兵糧の買い入れについて、武田側発給の船手形を携行したものにのみ認めるという協定が結ばれたほどだった。また、今切沖では、兵糧を積載した大船が現われ、徳川方の寺島斧之丞が小船で包囲したが、射撃戦に敗れて討死し、捕捉に失敗するという事件も起きている。元亀三年の田原襲撃と同じく、伊勢湾・三河湾にあって、武田方と提携しようとする海賊や海商が兵糧の提供に動いたのだろう。

元亀三年・天正二年とも、武田氏は駿河湾から水軍を出動させつつ、三河湾・伊勢湾の海上勢力にも働きかけ、攻勢の支援に参加させた。その一方で、徳川方も水軍による対抗を試みているが、かえって痛撃されることすらあった。この段階の徳川氏は、戦国大名としての実力・声望で武田方に大きく劣っており、海上勢力を引き寄せる求心力の不足で、有力な水軍を編成できずにいたのであった。

海上軍事からみた対武田氏戦争②——岡部元信を中心とした東遠江沿岸の防衛態勢

天正三年（一五七五）五月の三河長篠合戦で武田方が大敗すると、徳川方は攻勢に転じて、三河・遠江両国の失地回復を進め、六月頃には駿河国内にまで侵入した。

この時、武田方海賊の小浜景隆・向井正重《もちむね》が用宗城に在番して、徳川方の攻撃に備えている。用宗城は丸子《まりこ》川《がわ》河口部の西方に築かれた城郭で、小坂川《おさかがわ》を取り込んだ船溜《ふなだまり》（船舶を停泊させる空間）も備えた海城であった。徳川方の『家忠日記』が用宗城を「持舟」と記しているのも、海城の性格に起因する印象によるものだろう。武田氏は清水湊・江尻湊を水軍編成の中心としつつ、領国沿岸の各所に前進拠点を設定し、有事に水軍諸氏を在番させており、用宗城もその一つだった。

もっとも、天正三年の徳川方による駿河国侵入は、武田方の防備を探る偵察に近く、本格的な攻撃は、駿河国との国境に近い東遠江の諏訪原《すわはら》城・小山《こやま》城を標的として実行された。このうち、諏訪原城は八月下旬に開城したが、小山城は徳川方の攻撃によく耐えており、態勢を立て直した武田勝頼が後詰めに出陣したこともあって、徳川方は小山城の攻略を中止して撤退している。

天正三年の段階で、小山城の城将をつとめていたのは、駿河先方衆（武田氏に帰順した駿河国の国衆・今川氏旧臣）の岡部元信だった。前述したように、岡部一族は武田氏の伊勢・志摩海賊招致を仲介しており、とくに元信は武田氏から厚く信頼され、岡部氏惣領の格式を与えられていた。小山城の南方には、武田方海賊の小浜景隆の知行地である下吉田郷があり、徳川方が小山城を攻略すれば、遠江国における武田水軍の活動基盤を除去する効果も期待できた。あるいは、武田方からすれば、小山城は水軍の活動基盤を徳川方の攻勢から保護する役割も担っており、水軍編成に参与した経緯から、岡部一族の惣領である元信が城将に据えられることになったのではないだろうか。

岡部元信は今川氏に仕えていた時期から、東遠江の勝間田に大規模な知行地を有しており、武田氏の傘下で一層拡張していた。この勝間田と勝間田川下流を通じてつながる河崎湊（現・榛原《はいばら》港）は、中世から近世にかけて、遠江国の内陸部と太平洋海運の接続点の一つとして発展した。また、武田氏は東遠江沿岸の拠点として、滝堺《たきさかい》城や相良城を取り立てていたが、河崎湊は小山城・滝堺城のほぼ中間に位置した。さらに河崎湊は、武田方海賊の向井氏の知行地である遠江国西島郷（大井川下流左岸）と提携関係にあった。そして、向井氏を伊勢湾から招致したのは元信当人だった。

このように、岡部元信は勝間田を拠点として、遠江・駿河国境周辺の沿岸や水軍主力の小浜氏・向井氏に大きな影響力を持っていた。そこで、武田氏は元信に小山城を守らせつつ、必要に応じて、小浜氏と向井氏を用宗城から出動させることで、東遠江沿岸の防衛を支援していたのであろう。徳川方の水軍である中島重次が天正四年に相良沖で武田方の水軍と交戦して討死したという伝承は、東遠江の諸拠点に対する武田方の海上支援が有効に機能していたことを示していよう。

海上軍事からみた対武田氏戦争③――高天神城をめぐる攻防

長篠合戦以降、徳川氏と武田氏の攻防は、遠江高天神城を焦点として展開した。徳川氏が天正三年（一五七五）後半の反攻で諏訪原城などを攻め落とし、武田方と対峙する最前線の拠点と位置付けたことから、高天神城周辺は東海地域における武田氏領国の突出部となっていた。そこで、徳川方は高天神城を攻略して、遠江国の領国化を完成させようとし、武田方は徳川氏領国に打ち込んだ楔《くさび》として高天神城を維持して、徳川方の攻勢を遠江国内に押し止めようとしたのである。

高天神小笠原氏は天正二年に武田氏に再度帰順していたが、武田氏は天正四年に小笠原氏を東駿河に転封して、高天神城を直轄拠点に再設定した。徳川氏の反攻が強まる中で、矢面に立たされた小笠原氏を救済しつつ、再び離反される事態を予防する措置だった。

高天神城は太平洋とつながる菊川入江の西側に築かれており、武田氏は岡部元信が防衛の中心を担う東遠江沿岸を介して、高天神城に在番する将兵への増援・補給をおこなっていた模様である。天正四年に実施されたという相良城の整備もその一環であろう。

もっとも、高天神小笠原氏が天正二年に武田方に再び帰順した際に、惣領氏興《うじおき》（信興）の決断を支持せず、徳川方の陣営にとどまった一門・被官も存在した。そのため、小笠原氏の持城のうち、馬伏《まむし》塚《づか》城は徳川方の手に渡り、徳川氏重臣の大須賀康高が城代に起用されるとともに、徳川派の高天神衆を指揮するようになった。この馬伏塚城は、弁財天川入江の奥部にあり、高天神城と同様に入江の支配を意識した城郭であり、大須賀康高の城代起用は、水陸両面から高天神城に対抗させるものであった。

さらに徳川方は弁財天川入江の東南岸の、より海に近い位置に横須賀城を築き、天正六年に大須賀康高とその配下を同城に移した。天正八年に馬伏塚城に譜代の高力清長《こうりききよなが》が入城したことと合わせ、弁財天川入江の水運を一層深く掌握し、高天神城攻略に利用するための動きとみられる。

徳川方が東遠江の戦線を動かしたことは、御館《おたて》の乱（越後上杉氏の内訌）への対応をめぐり、武田氏・北条氏の同盟が再び破綻していった情勢に連動していた。長篠合戦で大敗したとはいえ、武田方は依然として総力で徳川方を大きく引き離しており、当主勝頼もしばしば東遠江に出陣したため、徳川方は思いきった攻勢を仕掛けられずにいた。しかし、北条氏との関係が敵対に転じた結果、武田氏は東遠江の戦線に集中できなくなり、徳川方に乗じる隙を与えてしまったのである。

天正七年九月に北条氏との間に武田氏挟撃の同盟を成立させると、徳川勢は同月、駿河国に侵入したうえで、用宗城を強襲して、城将の三浦兵部や海賊の向井正重などを戦死させた。これは、駿河・伊豆国境付近の黄瀬川で北条勢と対陣している武田勝頼を後方から牽制するための軍事行動であり、用宗城を占拠するには至らなかった。それでも、用宗城を拠点として、西駿河・東遠江の沿岸で活動してきた武田氏の水軍に痛撃を加える形になった。

なお、武田方はこの黄瀬川・用宗の合戦に先行して、八月頃に岡部元信を小山城から高天神城に移動させたとされる。戦略の重点を対徳川氏から対北条氏に転換しつつある中で、高天神城を維持すべく、元信とその手勢を高天神城に移し、防衛と海上からの補給をより直接的に指揮させようとしたのだろう。その一方で、東遠江・西駿河の境界南方（小山城など）に展開する戦力が相対的に手薄となり、境界中部（諏訪原城）をおさえる徳川方の西駿河侵入を招いた模様である。

この後、武田方は岡部元信と並ぶ駿河先方衆の有力者だった朝比奈信置《あさひなのぶおき》を用宗城の城将に起用し、西駿河の防衛態勢を再編した。また、向井正重の嫡子政綱には、知行地の相続を認め、戦力の再建を急がせた。しかし、その政綱を含めて、武田方の水軍は、やがて用宗城の在番から外れ、伊豆半島西岸にたびたび出動して、北条方の水軍と交戦を重ねるようになった。戦略の重点が対北条氏に傾いたことに伴い、水軍の活動も、西から東に振り向けられたのであった。

こうした武田方の戦略転換は、ある意味で高天神城を捨石とするものだった。徳川氏は天正八年から大須賀康高と横須賀衆を主軸として、高天神城の攻囲を進めていくが、菊川入江の近辺に複数の付城《つけじろ》を築き、高天神城と海上の連絡を絶とうとしていることにも注目したい。武田方の水軍が伊豆方面に投入されて、高天神城への海上支援が弱くなった状況が可能とした作戦だろう。

また、織田氏も高天神城の攻略を支援すべく、天正九年正月に知多郡の国衆である刈谷水野氏・常滑《とこなめ》水野氏・大野佐治氏を横須賀城に在番させた。この三氏は、水軍の運用能力を有しており、天正二年に海上から伊勢長島一揆攻撃に参加した経験もあった。横須賀城が築かれた弁財天川入江東岸から菊川入江を経由した包囲陣への海上補給を援助する役割を担っていたとも理解できる。

高天神城の在城衆も、援軍も補給も望めなくなりつつある戦況から、籠城の継続は難しいと判断したのか、天正九年正月に徳川方に降伏を申し入れ、助命の見返りとして、小山城や滝堺城の引き渡しすら提示した。在城衆の主力で、かつ小山城の城将だった岡部元信が盛り込ませた条件だろうか。当時、武田勝頼も織田氏に和睦を打診しており、その同意も取り付けての開城交渉と推測される。

もっとも、徳川方は織田信長の意見に従い、開城交渉を拒絶して攻囲を継続しており、三月二二日に高天神城を陥落させた。岡部元信は解囲を試みて出撃したが、乱戦の中で討ち取られた。

さらに徳川方は、七月に相良に砦を築いている。先立つ天正四年には、相良沖で徳川方が武田方に敗退したとされるが、天正九年後半には、武田方の戦略転換に加え、岡部元信の戦没によって、東遠江東南岸の武田方防衛網は陸海とも著しく弱体化し、徳川方も攻略可能と判断したのであった。

なお、用宗城にしても、高天神城にしても、徳川方は陸上戦力の優位によって攻撃を実施する戦術をとっており、武田氏と違い、水軍を明確には運用していない。無論、海上輸送の警固や、沿岸拠点の守衛などについて、水軍を必要とはしていた。だが、はるかに勢力の大きい武田氏・織田氏に挟まれ、東海地域の海上交通に十分に支配を及ぼせておらず、水軍の主軸となりうるような海賊を勧誘する条件（廻船をめぐる利権の提示など）を欠いていたのだ。

小括

徳川氏が国衆・戦国大名として出発した三河国は、太平洋海運路の西端にあたる伊勢海（伊勢湾・三河湾の総称）を囲む地域の一角を占め、徳川氏や松平一族も、港湾の支配や海上勢力の従属（または提携）にある程度の積極性をみせていた。後の水軍編成の片鱗ともいえよう。

その一方で、家康が自立した一五六〇年代以降に短期間で成長したことから、敵対関係にあった駿河今川氏・甲斐武田氏と比較して、徳川氏は勢力が小さく、経験も浅いために、水軍の編成では両氏に大きく遅れをとった。それでも、三河国や遠江国で粘り強く沿岸の拠点を押さえ、今川氏・武田氏の水軍にそれなりに対抗していた。そして、徳川氏が一五八〇年代に東海地域で随一の有力大名に成り上がると、その水軍編成も遅れをとりもどしていくことになる。

第二章

徳川氏による水軍編成の本格化

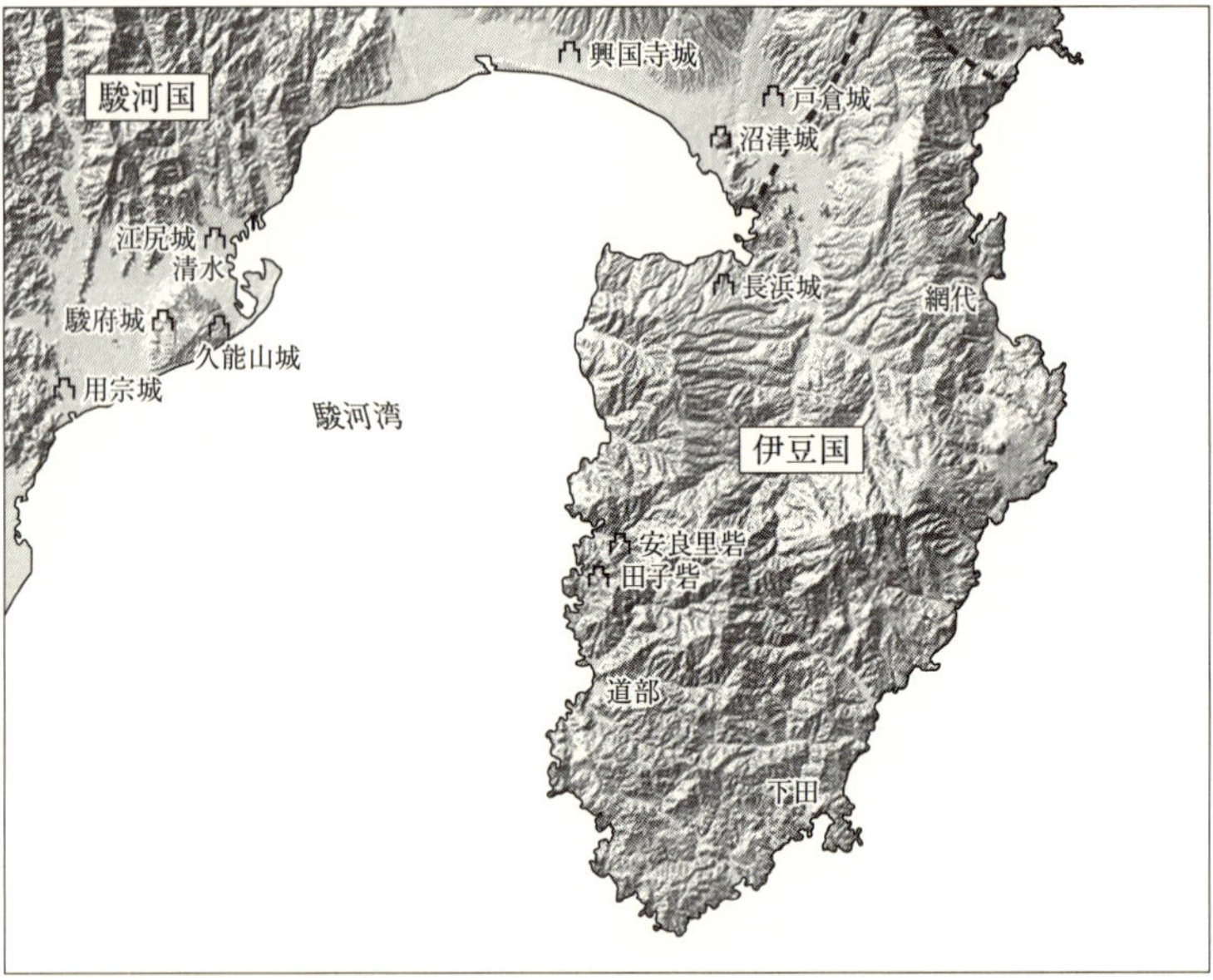

駿河国
興国寺城
戸倉城
沼津城
江尻城
清水
駿府城
久能山城
用宗城
駿河湾
長浜城
網代
伊豆国
安良里砦
田子砦
道部
下田

天正壬午の乱関連地図

犬山城
小牧山城
尾張国
清洲城
津島
蟹江城
長久手
長島城
下市場城
星崎城
桑名
三河国
浜田城
四日市
緒川城
刈谷城
岡崎城
楠
神戸
大野城
伊勢国
常滑城
大浜
形原城
吉田城
伊勢湾
佐久島
三河湾
安濃津城
須佐
日間賀島
戸木城
幡豆崎
吉胡
大津城
篠島
畠
和地
松ヶ島城
村松
大湊
田丸城
志摩国
波切城

小牧の陣関連地図

徳川権力は三河国から領国を次第に東進させ、一五八〇年代に入り、駿河湾地域まで到達した。これによって、織田氏との同盟関係も利用すれば、太平洋海運圏の両端である伊勢海・駿河湾に相応に影響力を及ぼし、水軍の重要な構成員である海賊を勧誘することも容易になった。

実際、徳川権力は一五八〇年代から伊勢海賊を中心に水軍編成を本格化させ、短期間で他大名の水軍とも互角にわたり合える水準に仕立てた。また、この時期に徳川氏の水軍に参加した海賊たちが、以後も長期にわたって、徳川権力の海上軍事を支えていくことになる。そこで、水軍の本格始動という視点から、徳川権力の画期となった一五八〇年代前半を描き出してみたい。

武田氏の滅亡と徳川氏の駿河国平定

天正《てんしょう》一〇年（一五八二）二月に、織田氏は武田氏領国に対する総攻撃を開始し、同盟関係から主従関係に移行しつつあった徳川氏にも駿河国への進撃を指示した。徳川氏にとっても、武田氏が保持していた東遠江《とおとうみ》南東岸の攻略を一挙に進め、駿河国にまで領国を拡大する好機であった。

徳川勢は二月中旬から軍事行動を開始し、一六日には遠江小山《こやま》城を自落させている。天正三年には徳川方の攻囲を退けた要衝の呆気《あっけ》ない陥落であった。前年に高天神城を見殺しにした経緯によって、武田氏の武威は極端に低下しており、小山城の在城衆は救援を期待できないと判断して早々に持場を放棄したのである。織田勢の主攻勢方面となった信濃国でも繰り返された光景である。

次いで徳川勢は駿河国に進軍して、家康本人は二一日に駿府に入り、一軍に用宗《もちむね》城を攻囲させつつ、江尻城に開城を働きかけた。一五六〇年代末の遠江国侵攻と同じく、内陸部から進撃して、沿岸部に立地する敵城の後背に回り込む作戦をとったのであった。海城の性格を持つ用宗城・江尻城を正攻法で攻略するには、天正七年の用宗合戦のような強襲ではなく、海上からも攻撃すべきだったが、まだ十分な規模の水軍を編成できていなかったという事情もあった。

結局、用宗城将の朝比奈《あさひな》信置《のぶおき》は、二九日に用宗城を開城し、久能山《くのうさん》城に撤退している。久能山城は、武田氏が駿河国制圧の初期段階に水軍の在番拠点に設定した城郭であって、江尻城とともに、清水湊・江尻湊を防護する役割を担っていた。朝比奈信置は用宗城から退去しながらも、久能山城・江尻城の在番衆に合流して、徳川勢の進軍を遅滞させようとしたのかもしれない。

ところが、江尻城代の穴山梅雪《ばいせつ》（武田一門）は、以前から徳川方に転向を働きかけられており、三月一日に徳川勢を江尻城に引き入れた。こうなっては、久能山城が単独で抗戦することは不可能であり、まもなく開城して、城代の今福虎孝と朝比奈信置は殺害されたという。

その一方で、東駿河においても、北条氏（天正七年に織田氏に従属）が攻勢に出て、二月二八日には沼津城を攻略している。沼津城は、武田氏が天正七年に北条氏との開戦に伴って築いた城郭であり、船舶を収容する機能も備えていた。武田氏が西部戦線から転進させた水軍の小浜氏・向井氏なども、沼津城に在番しながら、伊豆半島西岸に出動していたとみられる。

なお、信濃路を進んだ織田勢の攻勢は、徳川氏・北条氏よりもさらに迅速であり、武田勝頼は敗走を重ね、三月一一日に甲斐国田野《たの》に追い詰められて討死した。この段階で、徳川勢は穴山氏の河内《こうち》領から甲斐国に進入しており、北条勢も甲斐国を目指して富士郡を北上していた。

こうして武田氏を滅亡させると、織田氏は旧武田氏領国の分割をおこない、駿河国については、一国全体を徳川氏領国に編入することを決定した。つまり、徳川氏は自力で確保した西部・中央部に加えて、北条氏の占領下にあった東部の領有をも認められたことになる。長きにわたる同盟関係に加え、織田氏の指導に基づいて高天神城を殲滅《せんめつ》し、同城を見殺しにした武田氏の威信を失墜させて、総攻撃を容易ならしめた功績による優遇だろう。北条氏もこの織田氏の決定に従い、沼津城などを徳川方に引き渡して撤退した。これによって、徳川氏の領国は、最盛期の今川氏とほぼ同規模となった。従来の徳川氏は、周辺の大名と比較して、国力が著しく劣っており、水軍の編成（海賊の勧誘など）にも不利に作用していた。しかし、領国の拡大によって、これまでの制約が克服される一方で、戦役の規模も大きくなってきたことから、いよいよ徳川氏は水軍の本格的な編成と運用に乗り出していく。

武田氏海賊衆の帰順

武田氏滅亡時における水軍の動向は不分明である。短期間で駿河国内の在番諸城（江尻城・久能山城・用宗城・沼津城）が悉《ことごと》く陥落し、満足に活動できないうちに、上位権力たる武田氏を失うことになったのだろう。また、武田氏の水軍を構成した諸海賊は、駿河国沿岸の東西に広く知行地が散在しており、瀬戸内の村上氏（とくに能島《のしま》家・来島《くるしま》家）のような自立性は持ちえなかった。そのため、武田氏領国の崩壊は、駿河湾地域における存立の維持を難しくする事態だった。

こうした状況から、武田氏に仕えていた海賊には、駿河国を併合した徳川氏に帰順し、その水軍に参加するという動向をみせるものがいた。つまり、上位権力を武田氏から徳川氏に置換することで、駿河湾地域での海上活動を継続しようとしたのである。その中でも、小浜氏に次ぐ武田氏海賊衆の重鎮として活躍してきた向井氏は、具体的な経緯を家伝に残している。序章でもみたように、向井氏は徳川将軍家のもとで船手頭《ふなてがしら》の中心となっており、徳川氏への帰順こそを栄達の始まりと認識し、帰順の経緯について、文飾も織り交ぜながら、詳しく記録化しておいたのであろう。

　天正一〇年（一五八二）段階の向井氏当主は政綱であり、天正七年に用宗城で討死した正重の後継者だった。伊豆半島西岸では、北条方の水軍と交戦し、武田勝頼から幾度か感状（功労を称《たた》える文書）を拝領している。そして、系図によると、武田氏滅亡の結果、政綱は牢人の境遇となったものの、家康の意向をうけた本多重次が政綱を探し出して、徳川氏の家中に参加させたという。

　この向井氏の家伝は、徳川氏が穴山梅雪を帰順させる際に、本多重次を江尻に派遣したこと、さらに重次が久能山城に入ったことと関連付けると、興味深い構図が浮かび上がってくる。江尻城と久能山城は、武田氏が清水湊・江尻湊をおさえる拠点に設定されており、水軍諸氏にも両湊に屋敷などを与えられているものがいた。そこで、徳川氏は清水湊・江尻湊を掌握するうえで、本多重次に江尻城と久能山城の接収を委ねつつ、武田方の海賊に帰服を働きかけさせたのではないだろうか。そして、交渉を担当した経緯から、後に重次は向井政綱などを指揮することになったと推測しておきたい。

向井政綱木像　三浦市見桃寺

　また、江戸時代に将軍家船手頭を世襲した元武田方海賊のうち、間宮造酒丞《みきのじょう》家はより積極的に徳川氏の駿河国侵攻に協力したという由緒を語っている。近世の系図には、徳川氏が久能山城代の今福虎孝と交戦して、補給遅延のために苦戦した際に、信高（造酒丞家の祖）が兵糧廻漕の警固をおこなったことで、状況を打開したとするものがある。向井氏とは違い、武田氏の滅亡に先行して、徳川氏のもとで水軍としての活動を始めていたという筋書である。

間宮氏については、小浜氏・向井氏と同じく、『甲陽軍鑑』の「武田法性院信玄公御代惣人数事」（信玄・勝頼期の武田氏家臣と兵力の一覧）にて、「海賊衆」に記載されており、造酒丞（船五艘持）と武兵衛（船一〇艘持）の二人が確認される。このうち、造酒丞に該当するのが信高である。旗本間宮造酒丞家の立場から作成された系図において、信高は玉縄《たまなわ》北条氏（北条一門）の重臣間宮康俊の庶子ながら、武田氏に転向して、水軍に参加したという経歴が語られ、さらに徳川氏の久能山城攻略への協力に続いていく。しかし、『甲陽軍鑑』ではより多くの船を持っていたことになっている武兵衛には言及しておらず、やや不自然といわねばならない。

その一方で、尾張徳川氏の家臣となった間宮権大夫《ごんだゆう》家の系図には、初代直綱の兄弟として、武兵衛直信と造酒丞信高が記載されている。前章でも触れたように、間宮権大夫家は渥美半島西端の畠《はたけ》を拠点としており、武田氏が徳川氏を圧倒していた時期に、武兵衛・信高は三河湾で武田氏に気脈を通じうる海上勢力の一角を占めていたのだろう。そして、武田氏の優勢が失われるとともに、信高は徳川氏に帰順し、駿河国侵攻に参加することで存立を保ち、その子孫は北条氏家臣の間宮氏の家系を称して、三河国（徳川氏本国）の海上勢力でありながら、武田氏に与同した過去を糊塗《こと》したのではないだろうか。『甲陽軍鑑』に信高（造酒丞）よりも多くの船持として記載されながら、武兵衛の事績が伝わらないことも、武田氏滅亡時に徳川氏に帰順せずに没落した結果であると理解できる。

徳川氏に帰順した経緯の実相はともかく、向井政綱と間宮信高は、天正一〇年中から徳川氏の水軍としての活動を一次史料で確認できるようになる。しかし、武田氏の水軍を構成した海賊が悉く徳川氏の水軍に参入したわけではない。たとえば、武田氏が伊勢湾から招致した海賊のうち、小野田氏は駿河湾から退去して、九鬼氏に服従することで、志摩国に復帰したとされる。また、向井氏・間宮氏と同様に江戸時代に船手頭を世襲した小浜氏は、天正一〇年中の動向は不分明で、翌年から徳川氏傘下での活動を見出せるようになる。あるいは、今川氏旧臣から武田氏の水軍に参加していた伊丹康直の場合、徳川氏に帰順したものの、水軍としての活動からは離れている。

たしかに、徳川氏の海上軍事において、駿河国の領国化と、武田方海賊の服属は重大な画期となった。だが、各海賊の動向は一様ではなく、それぞれ異なった対処をみせたのである。

天正壬午の乱における水軍の運用

武田氏滅亡から約三ヵ月後、天正一〇年（一五八二）六月に織田信長は京都本能寺で重臣明智光秀に襲撃されて死亡する（本能寺の変）。多分に信長個人の指導力で成り立っていた織田政権は動揺をきたし、その影響は平定してまもない旧武田氏領国にも及んだ。従属の姿勢を放棄した北条氏が攻勢に出たこともあり、甲信地域に配置されていた織田氏の諸将は相次いで撤退または没落していった。かかる情勢の中で、徳川氏は織田政権（山崎合戦で明智光秀を討滅し、清洲《きよす》会議体制のもとで再建中）の要請を大義名分として、旧武田氏領国の接収に乗り出し、北条氏と対戦することになった。現在、天正一〇年の干支から、「天正壬午《じんご》の乱」と称されている動乱である。

天正壬午の乱において、徳川家康は甲斐国新府《しんぷ》（武田氏末期の本拠）に在陣し、上野《こうずけ》国から信濃国経由で南下して甲斐国若神子《わかみこ》に進軍してきた北条勢主力と対峙した。さらに徳川氏・北条氏とも、複数の戦線を抱えており、駿河国と伊豆国の国境周辺もその一つであった。

東駿河で徳川方の中心となったのは、沼津城（三枚橋《さんまいばし》城）の松井松平忠次であった。忠次は東条松平氏の重臣であり、天正三年以降、遠江牧野城（諏訪原城を改称）において、東条衆を主軸とする在番衆を指揮し、対武田氏戦争の最前線を担ってきた。その実績を前提として、武田氏滅亡後に駿河国が徳川氏領国に併合され、領国の前線が東方に大きく移動したことに伴い、沼津城の守衛を委ねられていた。前述したように、沼津城は武田氏が対北条氏戦争のために築いた城郭であり、徳川氏も北条氏領国との境目を警固するうえで維持し、天正壬午の乱では、東駿河における前線の拠点としたのであった。

さらに徳川方は、伊豆韮山《にらやま》城の北条氏規《うじのり》（北条一門）などに対抗するうえで、増援によって戦線を補強した。その一環として、水軍も沼津城や興国寺城の在番に加わり、八月に伊豆半島沿岸に出動し、道部《みちぶ》（西南部）や網代《あじろ》（東北部）などを襲撃した。北条方は天正七年以降の対武田氏戦争に際し、水軍主力の梶原氏を長浜（西北部）、山本氏を田子（中西部）に配置していたが、徳川水軍の攻勢に満足に対応できなかった。とくに網代は、北条氏の庭先ともいうべき相模湾に近く、同地にまで徳川方の侵攻を許したことは、たとえ一過性の襲撃行動だったとしても、重大な失態にあたった。もともと、天正八年八月の暴風雨によって、北条方の軍船は甚大な損害を蒙《こうむ》っており、武田水軍に敗退を重ねていた。その二重の痛手が十分に癒えていなかったのかもしれない。

但し、徳川方が襲撃した拠点のうち、網代については、典拠となった阿部正勝・大久保忠隣《ただちか》・本多正信連署状（本多重次宛て。『譜牒余録《ふちょうよろく》』所収文書）が、半島西岸中部の安良里《あらり》を誤記したものとする指摘がある。その一方で、近世の軍記（『武徳編年集成』など）に、小田原合戦で徳川水軍が安良里砦を攻略したとする記事があるのは、天正壬午の乱における戦闘が誤って伝えられたものともいう（望月保宏氏のご教示による）。たしかに、沼津を起点として、網代まで長駆侵攻するのは、唐突に過ぎる観もあり、安良里の方が現実的ではある。記して後考を俟《ま》ちたい。

徳川水軍の伊豆半島襲撃は、伊豆戸倉城に在番した本多重次の指導下で実施された。重次は武田氏滅亡時に江尻城・久能山城の接収に携わったが、天正壬午の乱では、最前線の戸倉城に移動して、水軍の監督にあたったのである。戸倉城は狩野川《かのがわ》を挟んで沼津城と対峙する拠点で、天正九年に武田方に攻略されており、天正一〇年に北条方が奪還したものの、徳川方によって再度占領された模様である。狩野川の河口右岸にあって水軍の収容も可能だった沼津城と違い、戸倉城はより上流の左岸に位置したが、重次は水軍の長駆出動を監督するうえで、自身もあえて伊豆国内に乗り込んだのだろう。

この伊豆半島沿岸の襲撃にて、とくに目覚ましい働きをみせたのは、もと武田方海賊の向井政綱だった。甲斐国在陣中の家康も、側近を通じて、戸倉城の本多重次に褒賞の意向を伝えている。政綱は天正八、九年の武田水軍の伊豆半島襲撃でも力戦しており、その政綱の嚮導《きょうどう》によって、徳川水軍は半島東北まで（網代襲撃が正しいならば）の侵攻が可能になったと理解することもできる。

その一方で、沼津城に入っていた水軍の間宮信高によって、徳川氏の被官商人である角屋《かどや》七郎次郎の持船が襲われ、荷物の塩俵を奪い取られる事件も起きていた。信高は徳川氏の支配下に入った江尻湊にて、商船から後見料を徴収する権利を認められていたが、これを沼津周辺でも行使しようとしたところ、角屋の船が支払に応じないため、実力行使に及んだのである。

戦国期の海上交通においては、海賊が自己のテリトリーにおける航行の安全を保証することで、その見返りとして警固料を徴収する慣行があり、海賊を主力とする水軍が「警固衆」と呼ばれる前提となっていた。瀬戸内村上氏などの活動がよく知られているが、間宮・角屋の紛争は、「後見料」という用法もあったことを示している。さらに徴収をめぐるトラブルが字義通りの海賊行為につながっていた構図も浮き彫りにするものだった。まさに「警固（後見）」と「海賊」は、表裏一体の関係にあり、海上軍事の円滑な遂行には、その制御が課題となることを徳川氏に突き付けたともいえよう。

徳川氏の駿河湾支配と海上勢力

天正一〇年（一五八二）一〇月に、徳川氏と北条氏の間で和睦が成立し、以後は同盟関係に転じた。これによって、徳川氏は駿河国の併合を確定させ、同盟関係にある織田氏が支配している伊勢湾も合わせると、東海地方沿岸のほぼ全域に勢力を及ぼす形となった。

天正壬午の乱の段階では、武田氏傘下の海賊で徳川方に明確に与同したのは、向井氏と間宮氏に限られたが、天正一一年頃から、小浜氏も徳川氏の家中で活動を始めている。小浜氏は武田氏時代から駿河湾・伊勢湾の間で商船を往来させていたが、徳川氏に帰順することで、太平洋沿岸での海上交易をより有利に展開できると見込んだのであろう。徳川氏にとっても、武田水軍の主軸を担ってきた小浜氏の帰順は、水軍を増強するうえで歓迎すべき因子であった。

また、武田氏が駿河湾地域で海上軍事の拠点としていた城郭のうち、江尻城（中央部）や沼津城（東部）は徳川氏のもとでも維持されたが、用宗城（西部）は廃城とされた。駿河国が徳川氏領国に組み込まれた結果、遠江国への備えは不要となったのである。但し、徳川氏も広域の海上輸送では、用宗を駿河湾と遠州灘の中継拠点として利用することがあった。

その一方で、沼津城については、松井松平氏が武田氏滅亡後から在城し、さらに天正一一年二月には、河東《かとう》二郡（駿東《すんとう》郡・富士郡）の郡代に任じられたため、武田氏時代よりも一層重要な役割（東駿河全域の支配を総括する拠点）を担うことになった。北条氏との同盟が成立した後も、不測の事態に備える必要から、相模国や伊豆国との境目である東駿河全域の軍事・行政などをカバーしうる大きなまとまりを創出して、領国東縁を固めようとしたのである。

但し、東駿河の軍事的役割が沼津城にのみ集約されていたわけではなく、複数の拠点が設定されていた。その一つが興国寺城であり、竹谷《たけのや》松平清宗が城番に配置されている。竹谷松平氏は一五七〇年代から遠江鵜津山《うづやま》城の城番をつとめてきたが、徳川氏領国の拡大に応じて、在番する拠点も東方に移されたのであった。また、興国寺城の南方には、海上交通の拠点として原浦が存在しており、今川氏の時代には、同地の船が軍事動員の対象となったこともある。竹谷領が犬飼湊を外港としたこと、鵜津山城が浜名湖西岸の支配拠点だったことなどから、松平清宗は興国寺城の守衛にあたりつつ、原浦を軍事的に保護し、その動向を監察する役割も付与された模様である。

実際、天正一一年三月には、角屋七郎次郎の持船が原浦で難船し、寄船《よりぶね》慣行（難破した船舶の積荷を付近の海民などが押収する権利）に基づき、住民が船を差し押さえたところ、徳川氏奉行人の指示に沿って、松平清宗が角屋側に船の回収を認めるという一幕があった。大名権力の判断によって従来の慣行を否定する場合に、清宗がその強制力を担っていたことを示す展開だった。

なお、角屋七郎次郎は伊勢国大湊の廻船商人であり、前項でもみたように、徳川氏と主従関係を結んでいた。もともと、角屋は今川氏領国と伊勢湾をつないでいた海商の一人であり、没落後の今川氏真《うじざね》から茶器を託されるほどの信頼を得ていた。徳川氏との主従関係は、氏真が武田氏を共通の敵とする家康と和解して、その庇護下に入った天正元年頃から始まり、しばしば浜松（徳川氏本拠）に赴くようになっていた。遠州灘周辺との往来を維持するうえで、氏真の仲介によって、徳川氏への奉仕を始めたのだろう。徳川氏にとっても、伊勢湾方面に働きかける媒介を得る利点があった。

但し、角屋七郎次郎は北条氏とも取引があり、天正五年には、領国（伊豆国か）での海上活動を認可されている。当時、北条氏はまだ武田氏と同盟関係にあり、武田氏支配下の駿河国を攻略しようとしていた家康・氏真ラインとは間接的に敵対していた。それでも、駿河湾東部や伊豆半島での航海や交易の安全を確保する必要から、角屋は徳川氏・北条氏に両属した模様である。徳川氏と北条氏も、海上の流通を政治上の対立関係とはある程度切り離し、角屋の両属を認めていたのだろう。

さらに徳川氏が駿河国を併合したことをうけて、角屋七郎次郎は天正一〇年八月におそらく最大の持船だった四〇〇石積の船一艘について、徳川氏領国の諸港で諸役（入港税など）を免除される特権を付与された。天正壬午の乱にて、角屋が間宮氏から求められた後見料の支払に応じなかったのは、この特権を拠所《よりどころ》としていたのだろう。また、原浦で角屋の持船が寄船慣行の適用外となったことも、諸役免除の一例にあたると考えられる。大名権力の強大化に伴い、警固料（後見料）や寄船慣行といった海上交通における不文律が規制の対象とされつつあった構図を読み取ることもできる。

ところで、武田水軍から徳川水軍に転じた小浜景隆と間宮信高は、天正一一年正月に家康から甲斐国府中（甲府）に赴き、同地に在番していた岡部正綱の指揮下に加わるように指示されている。正綱は今川氏の旧臣であり、今川氏の没落後は武田氏に帰順して、東海地域における戦略を支える先方衆に参加し、さらに武田氏が滅亡すると、旧知の家康に召し抱えられ、天正壬午の乱では、徳川氏の甲斐国平定を嚮導する役割を担っており、天正一一年の段階でも、甲府に駐留して、まだ十分に安定していなかった徳川氏の統治を支えていた。しかし、正綱の手勢のみでは、情勢の安定化に不足するという判断から、小浜景隆と間宮信高も、甲府に出張するように命じられたのであった。当時、水軍諸将が海上の軍役に専従せず、必要に応じて、陸上の軍役も課されていた状況が窺える。

もともと、岡部正綱は清水湊を拠点に一〇艘以上の持船を運航させており、海上勢力としての一面を有していた。同族の岡部元信は、今川氏・武田氏のもとで水軍の編成や統制に携わっていたが、その元信が遠江高天神城で戦没したため、徳川氏は正綱に同様の活動を求め、一時的に小浜景隆と間宮信高を指揮下に置いたのであろう。そして、正綱が同年一一月に死去した後も、後継者の一人である長盛が海上軍事に少なからず関わっていくことになる。このように、水軍の運用に岡部一族を参与させた点は、同じ駿河湾地域にて海上軍事を展開した今川氏・武田氏からの連続性でもあった。

小牧の陣における水軍の運用①——伊勢湾をめぐる海上軍事

天正一二年（一五八四）の小牧の陣は、天正壬午の乱に続き、徳川氏が水軍を大規模に運用した戦役であった。海上戦闘が戦局に及ぼした影響は、むしろ天正壬午の乱よりも大きかっただろう。

この戦役は、本能寺の変以降に続発した織田政権の内訌の最終段階にあたり、徳川氏は織田信雄《のぶかつ》（信長次男）と提携して、羽柴秀吉と対決することになった。当時、信雄は幼年の当主三法師（信長嫡孫）に代わり、織田氏の家督を代行する立場にあったが、秀吉の台頭によって、政治的主導権を喪失しつつあり、徳川氏と結んで、劣勢からの挽回をはかったのである。

織田信雄は一五六〇年代末頃に織田氏に従属した伊勢北畠氏に入嗣して、その領国であった南伊勢とその周辺にも支配を及ぼし、志摩半島にまで織田氏の勢力を拡大させていた。織田氏の水軍として活躍した志摩海賊の九鬼氏も、北畠氏を主筋と仰ぐ同輩の海賊たちを統率するうえで、信雄の口添えを得ており、織田氏（信長）・北畠氏（信雄）に両属する立場となっていた。

さらに本能寺の変の後、信雄は尾張国も領国に編入しており、賤《しず》ヶ岳《たけ》合戦を経て、滝川一益《かずます》の長島領や、織田信孝の神戸《かんべ》領も併合することで、伊勢湾の沿岸をほぼ支配下に収めていた。そのため、徳川氏にとって、信雄を支援することは、織田政権の護持をはかりつつ、信雄を介して、伊勢湾にも影響力を拡大する機会にもなりえた。徳川氏は関東の北条氏、尾張・伊勢両国の信雄と同盟関係にあり、かつての今川氏（北条氏とは同盟、織田氏とは敵対）と比較して、関東と畿内をつなぐ太平洋海運の掌握や、海上往来の安定・振興をより効率的に進めやすかったはずである。

しかし、織田信雄の伊勢湾支配は、戦役の序盤に早々に崩壊してしまった。伊勢湾沿岸に存立する勢力のうち、伊勢国安濃津《あのつ》の織田信兼《のぶかね》（信長弟）、同国田丸の田丸直息《なおおき》（北畠一門）、志摩国波切《なきり》の九鬼嘉隆《よしたか》、尾張国大野の佐治《さじ》信吉（信長甥）が信雄から離反し、羽柴方の伊勢国侵攻に協力したのである。信雄は成人前に北畠氏に養子に出て、北畠氏宗家と対立してきた庶流の木造《こつくり》氏との提携を梃子《てこ》として、北畠氏家中の反対勢力を制圧しつつ、織田氏から出向した重臣を排除することすらあった。そのため、織田氏と北畠氏の一門・家中には、信雄の政治姿勢（木造氏の重用）に対する不満が伏在しており、羽柴方との軍事対決に際して、離反という形で噴出したのである。

こうした情勢から、羽柴方の南伊勢侵攻は順調に進捗し、開戦した三月の段階で、信雄が北畠氏領国の支配拠点として築いた松ヶ島城を攻囲した。九鬼嘉隆と田丸直息も、海上から松ヶ島城攻めに参加して、柵や竹垣を設け、外部からの補給や増援を阻む役割を担っている。松ヶ島城は伊勢神宮の参宮古道と三渡川《みわたりがわ》河口をおさえる陸海交通の要衝に位置したが、水軍の運用に長《た》けた九鬼氏・田丸氏の敵対により、海上からも脅かされたのだった。結局、松ヶ島城将の滝川雄利《かつとし》は、四月上旬に開城して北伊勢に撤退しており、信雄は長年支配してきた北畠氏領国の主要部をほぼ失うことになった。

もっとも、松ヶ島城は孤立無援のうちに陥落したわけではなく、徳川氏の援軍として、服部正成《まさなり》（半蔵《はんぞう》）と配下の足軽衆も籠城に加わっていた。これは、ある時期まで松ヶ島城に対する海上支援がおこなわれていたことを意味する。徳川氏は信雄援助のために尾張国に主力を展開させ、大野（知多郡）や津島（海東郡）といった沿岸の拠点にも在番衆を配置していた。松ヶ島城への支援（服部正成の入城など）は、こうして確保されていた拠点を策源地として実施されたものであろう。

徳川方の軍勢が在番した尾張国沿岸の拠点のうち、大野は織田氏と縁戚関係にあった佐治氏の本拠だった。その佐治氏は羽柴方に加担したため、信雄方に攻撃されて没落し、大野の守衛は徳川方に託されたのである。この時、大野に進駐したのは、三河国大津の戸田忠次、旧武田氏海賊衆の小浜景隆・間宮信高・向井政綱であったとされる。さらに佐治氏配下の千賀《せんが》重親も、徳川氏に帰順して、大野の在番に参加したという。佐治氏は知多半島南端の幡豆崎《はずさき》を所領として、伊勢湾・三河湾の結節点を扼しており、千賀氏は佐治氏に従いつつ、同じく半島南端で須佐や篠島《しのじま》などを知行地としていた。その千賀氏が徳川氏に協力したことも、徳川氏の大野進駐を円滑にしたとみられる。千賀氏は形原《かたのはら》松平氏と縁戚関係にあり、同氏を介して、徳川氏と気脈を通じていた可能性も考えられる。

ところで、大野を守衛した在番衆は、徳川氏に従属していた海賊を中心とした構成だったが、例外として、大津の領主である戸田忠次がいた。前章でみたように、忠次は渥美半島北岸（三河湾側）の大津を徳川氏から与えられて、渥美半島や浜名湖に勢力を扶植してきた。天正一二年以前は、水軍としての活動を明確には見出せないが、小牧の陣では、海賊たちと共同しての行動を求められたことになる。もともと、忠次はかつて幡豆崎の支配を分け合った田原戸田氏の一族だったとされる。徳川氏としては、幡豆崎を越えて水軍を派遣して、大野に進駐させるにあたり、戸田氏の系譜に連なる忠次も参加させて、佐治氏の家中や領民の反発を多少なりとも緩和させようとしたのではないだろうか。あるいは、より単純に、羽柴方に加担した九鬼氏（及び傘下の志摩海賊）との海上戦闘も想定して、船舶の運用能力を備える忠次を水軍に編入したと理解すべきかもしれない。

織田信雄も大野在番の徳川水軍に期待を寄せており、とくに小浜景隆・間宮信高に対して、九鬼氏の所領を宛行《あてが》うことを約した。徳川水軍の活動によって、九鬼氏が離反して生じた海上軍事力の穴を埋めようとしたのである。また、小浜氏はもと志摩海賊であり、織田氏と結ぶ九鬼氏に圧迫されて、志摩国から退去し、武田氏の招聘に応じて、駿河湾地域に移った経緯があった。そこで、信雄は景隆を介して、九鬼氏に従う志摩海賊の切り崩しをはかった面もあるだろう。景隆にとっても、本領復帰を果たしつつ、志摩海賊の統率者という立場を手中に収める好機だった。

また、大湊の角屋七郎次郎は、小牧の陣でも徳川方に与同しており、持船の八幡新造を間宮信高に貸与している。両者は前々年に警固料の徴収をめぐる紛争を起こしたが、今回は徳川氏のもとで協力し合ったのである。さらに織田信雄が小浜景隆と間宮信高に九鬼氏の所領給付を提示した事実も合わせ、景隆・信高の両人が徳川水軍の主力に位置付けられていたことが窺える。信高が渥美半島西端の畠《はたけ》を拠点として、戦域たる伊勢湾海域の諸相に通暁していたことも関連していると推測される。

さて、羽柴方は伊勢国の攻略を進めつつ、秀吉自身は尾張国に出馬して犬山城に入り、小牧山城を中心に展開する織田信雄・徳川家康の連合軍と対陣した。そして、四月上旬の段階で、羽柴方は三好信吉（秀吉の甥、後の羽柴秀次）・池田恒興《つねおき》などの別動隊を三河国に侵入させ、九鬼嘉隆にも海上からの攻撃を指示した。陸海から徳川氏領国を直撃しようとする作戦だった。

このうち、陸路からの侵入は、小牧山城から徳川家康の追跡にあって失敗した（長久手合戦）。しかし、海路を進んだ九鬼嘉隆は、渥美半島の吉胡《よしご》や和地《わじ》を襲撃している。太平洋側と三河湾側の双方の広範囲を対象とする軍事行動だった。大野在番の徳川水軍を揺さぶる狙いもあったのだろう。

これに対して、徳川方の小浜景隆・間宮信高も、五月上旬頃におそらく大野から南伊勢に渡海して村松などを襲撃した。村松からほど近い大湊の角屋七郎次郎との連帯も意識した軍事行動だったと推測される。また、間宮氏にとっては、渥美半島襲撃への報復という意識もあったのではないだろうか。関東内海の両岸においては、しばしば相模北条氏・房総里見氏の水軍によって、襲撃の応酬が繰り広げられたが、同じ構図が伊勢海（伊勢湾・三河湾）でも現出したのである。

日光川河口　下市場城から脱出した九鬼嘉隆の船団が通過したと推定される。著者撮影

小牧の陣における水軍の運用②――蟹江城の攻防

小牧の陣で最大の水上戦闘は、尾張国南西部の蟹江城をめぐる争奪戦で生じた。

蟹江は木曽川下流のデルタ地帯に位置し、蟹江川が佐屋川・日光川と合わさって海に注ぎ込む地勢となっていた。天正二年（一五七四）に織田氏がおこなった長島一向一揆の殲滅戦では、蟹江からも船が動員されて海上からの攻囲に参加しており、海上交通の拠点だったことが窺える。

蟹江城は蟹江川の左岸に立地して、やや下流の佐屋川・日光川が形成する中洲に築かれた下市場城を南方の支城としていた。この下市場城は、戦闘に参加した深溝《ふこうず》松平家忠の日記で「下嶋城」と呼称されており、船舶の収容機能も備えていた。つまりは、蟹江城の海への玄関口にあたった。

天正一二年当時、蟹江城は信雄重臣である三浦秀勝（初名「佐久間信栄《のぶひで》」、信長の重臣だった佐久間信盛の後継者）の居城となっていた。ところが、その秀勝が伊勢方面に出陣していた隙に、羽柴方の軍勢が六月中旬に海上から進出し、蟹江城を占領してしまった。長久手合戦の後、羽柴秀吉が尾張国から一旦撤退したことをうけて、織田信雄・徳川家康も小牧山城から後退し、信雄は伊勢長島城、家康は尾張清洲城に在城して、羽柴方の再度の攻勢に備えていた。そのため、蟹江城の奪取は、長島城（信雄）と清洲城（家康）を南方から圧迫しつつ、織田・徳川両軍の連携を分断しうる一手だった。

蟹江城を奪取したのは、滝川一益と九鬼嘉隆の連合部隊であった。一益はかつて織田信長の重臣だったものの、本能寺の変以降の政争に敗れ、信雄に所領（北伊勢）を奪われており、羽柴方に与同することで復権を果たそうとしたのである。また、九鬼嘉隆は信長在世中に滝川一益から指南される立場にあり、知多半島の大野から志摩国侵攻の機会を窺う徳川水軍（小浜景隆・間宮信高など）の蠢動《しゅんどう》を抑え込む思惑とも相俟《あいま》って、一益の復権に助力したとみられる。

海上から蟹江城を攻略するという大胆な軍事行動を可能としたのは、滝川一益と九鬼嘉隆の両者が有する海上軍事力や水軍運用の経験であった。嘉隆が織田氏（及び北畠氏）のもとで志摩海賊を束ね、伊勢湾や大坂湾を転戦する一方で、一益も北伊勢で独自に水軍を編成していた。嘉隆が鉄板装甲の大船六艘を建造し、大坂湾で毛利水軍と交戦したことはよく知られており、さらに一益も監視・督戦のために、鉄板未装甲の大船（白船）を同行させていた。所領を失った段階で、一益がどれほどの海上軍事力を有していたかは不明だが、嘉隆の協力と経験知で作戦を遂行しうる見込だったのだろう。

だが、滝川一益・九鬼嘉隆の軍事行動は、結果的に完全な失敗に終わることになる。

もともと、蟹江城の占拠は、留守居の前田与十郎の内応で可能となった軍事行動であった。前田氏は海東郡に群立した土豪であり、利家を祖とする加賀前田氏も、荒子《あらこ》を拠点として、織田信長と結び付いて台頭した家だった。与十郎は滝川・九鬼両勢を蟹江城に引き入れ、羽柴方の戦勝に貢献して、勢力拡大を望んだ模様である。しかし、蟹江城の支城のうち、大野城の山口重政が抵抗したために、一益・嘉隆はその制圧に手間取り、蟹江城周辺から攻勢を拡大できなくなった。

また、長島城の織田信雄と、清洲城の徳川家康も、大野城の後詰めに出馬して、滝川・九鬼両勢を追い払うとともに、蟹江城の奪回に乗り出した。滝川一益の失敗を決定的にしたのは、南方の支城である下市場城の陥落だった。同城には九鬼嘉隆が入っていたが、織田・徳川方の攻撃に堪えきれず、海上から脱出して志摩国に撤退した。滝川勢は多数の装備を下市場城に一旦陸揚げして、蟹江城への搬入を完了していなかったと思《おぼ》しく、徳川方は下市場城攻略時に一益の馬印などを奪取している。

下市場城に対する攻撃には、水軍も参加していた。とくに織田信雄は、自ら大船に乗って、敗走する九鬼嘉隆を追撃している。信雄は九鬼氏に志摩海賊を統率させつつ、直属の水軍も編成しており、緊急事態に応じて投入したのである。また、徳川水軍の間宮信高は、嘉隆の乗船に迫り、かえって銃撃によって討死したとされる。信高が積極的に戦闘に臨んでいたことを物語る展開でもあった。かつて信雄から提示されていた九鬼氏所領の給与を実現させるべく、嘉隆を自ら討ち果たそうとしたのだろう。その一方で、信高が返り討ちにあったという結果は、九鬼氏と間宮氏の水上戦闘（操船や射撃戦）に関する技量に大きな格差があったことを示している。

このように、九鬼嘉隆は退却時に一矢報いたものの、蟹江城の滝川一益は、下市場城を喪失したことで、海上からの支援を断たれ、敵中に孤立する形となった。結局、前田与十郎を切腹させる条件で和睦が成立し、滝川一益とその手勢は七月三日に蟹江城を開城して、伊勢国楠《くす》に撤退していった。なお、退去に際しても船を用いており、滝川勢の水陸両用部隊としての一面が窺える。しかし、軍事的な完敗と、協力者を見捨てた行為は、一益の政治生命を完全に失わせることになった。

ところで、蟹江城をめぐる攻防には、岡部長盛も在番していた津島から出動して、敵船を奪取するなどの戦功を立てたとされる。長盛は武田氏の駿河先方衆だった岡部元信、または岡部正綱の後継者にあたる。元信・正綱とも、海上交通や水軍統制に関わっており、長盛とその手勢も、港湾拠点の防備や、沿岸部での軍事行動について、相応の適性を有し、徳川氏から活用されていた模様である。

小牧の陣における水軍の運用③——木造氏への海上支援と戦役の終幕

蟹江城の攻防は、四月の長久手合戦と同じく、羽柴方が織田信雄・徳川家康の陣営の後背を衝こうとしたところ、機敏な反撃にあって失敗したものと評価できる。だが、戦況全体は信雄・家康の劣勢が続いていた。戦役の序盤で、信雄は南伊勢経営の中心である松ヶ島城を失い、中伊勢でも峯城や神戸城を羽柴方に攻略された。信雄と家康は、南尾張・北伊勢で戦線を保ってはいたが、それは南北を羽柴方におさえられ、半包囲されかけていたことも意味した。

しかし、羽柴方の伊勢方面における攻勢も戦役中盤から遅滞していた。滝川一益・九鬼嘉隆による海路侵攻という奇策も失敗に終わっている。南伊勢において、木造《こつくり》氏が信雄方にとどまって戸木《へき》城に籠もり、羽柴方の蒲生氏郷（近江国日野）・織田信兼（伊勢国阿濃津）などを引き付けていたために、羽柴方は北伊勢に全面的な攻勢をしかけられずにいたのである。

信雄と家康の陣営も、海路から兵糧などを輸送して、戸木城の籠城を海上から支援した。但し、風浪のために廻漕は容易ではなく、七月中頃には、中継拠点として、北伊勢の要港である四日市に近い浜田に砦を築き、松ヶ島城から退去した滝川雄利《かつとし》に守備させている。この前後に、木造氏は羽柴方に本領安堵を条件に帰順を申し入れ、交渉を進めていたが、信雄・家康が支援を貫徹する姿勢をみせたために、交渉を中止して、戦役終盤まで籠城を継続していくことになる。

なお、浜田城に入った滝川雄利は、木造氏の出身であり、織田氏の伊勢国制圧が進行する中で、滝川一益から「滝川」名字を与えられ、信雄重臣の筆頭格に立身した経緯があった。信雄が軍事・政務の各面で木造氏に支えられており、その向背が死命を制する要因となっていた構図も見えてこよう。

注目すべきは、家康が木造氏に宛てて兵糧廻漕の困難を知らせた書状が、小笠原与左衛門家（近世は、紀伊徳川氏の家臣）に伝来していることである。天正一二年段階の小笠原与左衛門家の当主は、徳川氏重臣の大須賀康高の配下にあった清有だった。この清有は、徳川氏遠江国衆の高天神小笠原氏の一族で、天正二年に同氏が武田方・徳川方に分裂した際には、武田方に降《くだ》った惣領家と決別し、徳川方に与同して、以後、大須賀康高の与力に付属されるという経緯を辿っていた。

前章でみたように、高天神小笠原氏は太平洋岸の海上交通との結び付きを存立基盤の一つとしており、大須賀康高とその配下も、高天神城に対峙するうえで、水上拠点の性格を有する馬伏塚《まむしづか》城や横須賀城に在城していた。さらに清有も、高天神領の大坂と浜野で船舶を所持・運用していた。大須賀康高は小牧の陣で尾張国に出動して、長久手合戦や蟹江合戦にて力戦したが、戦役の中盤からは、その船舶運用能力を前提として、木造氏に対する海上支援（物資の廻漕）に参加し、とくに清有が中心的な役割を担い、木造氏宛ての書状を家康から託されることになったのではないだろうか。

しかし、一〇月下旬から一一月上旬にかけて、羽柴秀吉が伊勢国に出馬して、浜田城に数ヵ所の付城を築くとともに、桑名に進軍したことで、信雄・家康陣営の戦線維持は一層困難となった。この羽柴方の攻勢は、木造氏への海上支援を中継する浜田城を重囲し、北伊勢の水上交通の要衝である桑名をおさえて、信雄・家康と木造氏の連携を断ち、桑名にほど近い長島城に在城する信雄を圧迫する一手だった。実際、木造氏は一〇月下旬に戸木城を開城して、尾張国に撤退したとされ（『木造記』）、羽柴方は南北から信雄・家康陣営を半包囲する形勢をほぼ完成させつつあった。徳川方は伊勢湾で水軍を用いることで、伊勢方面の拠点を海上から支援し、蟹江合戦で南尾張侵入を退けるなど、羽柴方の攻勢を少なからず遅延させてきたが、ついに限界を迎えたのであった。

ここに至り、信雄は戦争継続を断念して、一一月一一日に羽柴方との和睦を成立させた。人質も提出しており、事実上の降伏にあたる。また、家康も講和に同意して、一一月中旬のうちに尾張国から撤兵している。当然、徳川水軍の小浜氏・間宮氏に九鬼氏の所領を給付するという信雄の宛行状《あてがいじょう》も無効となった。それでも、伊勢湾で九鬼氏と志摩海賊を中心とする羽柴方の水軍と渡り合い、少なからぬ損害（間宮信高の討死）を出しつつも、局所的に勝利（蟹江合戦）すら収めたことは、武田水軍の吸収を経て、徳川氏の水軍運用能力がそれなりに高い水準に達していた状況を示している。

小牧の陣以降の知多半島

小牧の陣は、徳川氏が織田氏領国との境目にあたる知多半島への影響力を強める画期にもなった。もともと、伊勢湾と三河湾の接続点である知多半島の沿岸には、緒川《おがわ》水野氏（東岸北部）・常滑《とこなめ》水野氏（西岸南部）・大野佐治氏（西岸中部）など、領域支配を展開する国衆が複数存立しており、それぞれが海上往来に介在しながら、水軍を編成していた。このうち、緒川水野氏と常滑水野氏は、戦役以前に没落していたが、一族や旧臣には、徳川氏と気脈を通じる動向が生じ、徳川氏から「先方衆」と位置付けられた。本能寺の変以後、織田氏が内訌を繰り返す一方で、徳川氏は東海地域に加えて甲信地域も併合し、勢威を著しく大きくしていたことから、主家を失った緒川・常滑の在地勢力に、徳川氏を頼り、動乱に対応しようとするものもあらわれたのである。

こうした状況を前提として、和睦成立の前後に、織田信雄は徳川氏被官の高木広次に対して、常滑で知行地五〇〇貫文を給付しつつ、領内（羽柴方から安堵された尾張国・北伊勢）での海上交易について、船一艘分の諸役（入港税など）を免除した。この広次には、家康側近として、信雄との外交を担ってきた経緯があった。戦国期においては、外交を仲介する他大名の被官や従属国衆に知行を与える慣習があった。信雄としては、対徳川氏交渉を一層円滑に進めるとともに、徳川氏の先方衆が形成されていた常滑を安定させるべく、あえて同地で広次に知行地を与えたとも理解できよう。

実際、高木広次は戦役後に知多半島で織田氏・徳川氏の調整役として活動している。

徳川氏の水軍は、戦役中に羽柴方に与同して没落した佐治氏の本拠である大野に在番したが、和睦後は撤退しており、織田長益《ながます》（信長弟。のちの有楽斎《うらくさい》）が佐治氏の旧領を支配することになった。当時の長益は、信雄を補佐する立場にあったものの、まとまった規模の支配領域と家臣団を持っていなかったため、今後の存立基盤として、信雄から佐治氏の大野領を提供されたのである。

また、織田長益は佐治氏の旧臣である大野衆も引き継いだが、知行地の配置を見直し、千賀重親の知行地があった篠島《しのじま》・日間賀島《ひまかじま》・方名・須佐・乙方《おつかた》を整理の対象とした。これらは、知多半島の南端周辺に所在しており、志摩海賊出身の千賀氏が佐治氏の幡豆崎統治を支えながら、支配を広げてきたものであった。あるいは、長益は伊勢湾・三河湾の海上往来をより直接的に掌握することを志向し、千賀氏から篠島などを召し上げようとしたのではないだろうか。

ところが、徳川氏は高木広次を介して織田長益に働きかけて、千賀重親の知行地接収を取り下げさせている。重親が戦役中に大野在番の徳川水軍と舳先《へさき》を並べて転戦した経緯に加えて、知多千賀氏が形原《かたのはら》松平氏と縁戚関係（重親の妻は、形原松平家信の伯母）にあり、さらに形原松平氏が家康の母伝通院の実家である緒川水野氏と縁戚関係（家信の祖母と伝通院は姉妹）にあったことなども、徳川氏が重親に助力した一因であろう。徳川氏の側にも、羽柴氏との緊張再燃に備え、前線となる知多半島に与党となりうる海上勢力を確保できるメリットがあった。

この知行地安堵の経緯から、重親の千賀孫兵衛家は、徳川氏と織田氏（信雄・長益）に両属する立場となった模様で、やがて徳川水軍の一翼を担うに至る。但し、織田長益の家中には、関ヶ原合戦で石田三成の重臣である蒲生備中《びっちゅう》（横山喜内）を討ち取ったとされ、長益を晩年まで補佐した千賀文蔵など、千賀一族のものが少なからず確認される。孫兵衛家の他にも、志摩国から知多半島に移住して、大野佐治氏の家中に参加し、その没落後は長益に仕えた千賀一族が複数存在したのである。

東海時代の水軍統括者

東海時代の徳川氏は、領国の拡大に応じて、水軍の編成規模を拡張し、運用も積極性を増していった。その過程で、本多重次（作左衛門）が水軍の統括者に相当する活動をみせるようになる。

すでにみたように、本多重次は武田氏滅亡時に駿河国江尻に派遣され、武田氏海賊衆の向井政綱に帰順を働きかけ、天正壬午の乱では、伊豆戸倉城から向井政綱や間宮信高を指導している。また、小牧の陣においては、尾張星崎城を守衛して、蟹江城の攻囲でも先鋒に加わったとされる。徳川水軍の主力は、小牧の陣に際して、戸田忠次とともに知多半島の大野に在番したが、忠次の役割は、大野佐治氏の所領への進駐を円滑に進めつつ、水軍の戦力を補強することにあり、水軍全体を差配する立場ではなかった。むしろ、天正壬午の乱と同様に、重次が指導にあたっていたとみられる。

星崎城は、小牧の陣開戦時に羽柴方への内通を理由に織田信雄に誅殺《ちゅうさつ》された岡田重孝の本拠で、信雄方によって接収され、徳川勢が在番する拠点の一つに設定されたものだった。星崎は天白川《てんぱくがわ》の下流西岸に立地して、鳴海潟に突き出た岬を形成しており、伊勢湾北部を見渡しうる地勢となっていた。天正壬午の乱で重次が守備した戸倉城と同じく、水軍の統制や督戦に適した拠点であった。

なお、本多重次については、徳川家康の家臣のなかでも、高力《こうりき》清長・天野景能《かげよし》（康景）とともに「三河三奉行」という括りで知られている。しかし、三人が連署した文書はさほど多くない。徳川氏が三河国から遠江国に侵攻した永禄《えいろく》一一年（一五六八）とその翌年に、軍勢の狼藉を抑制するために発給した数点の禁制に限られる。つまり、三河国の統治ではなく、遠江国の制圧に際して、重次・清長・景能が治安の回復や維持に関する責任を担っていたのが実情であった。

但し、本多重次・天野景能の両人は、家康の奉行人（実務官僚）として、遠江国で浜名湖周辺の直轄領支配、寺社の経営、商人の権益などをめぐる文書をより長期間にわたって発給している。さらに海賊衆に兵糧輸送を警固させるために、重次と景能の間で、連絡を取り合っている文書もある。遠江国の領国支配において、実務に携わるうちに、水軍の運用も扱うようになったのだろう。

また、高力清長の場合は、前章で触れたように、一五八〇年代初頭に遠江馬伏塚《まむしづか》城に配置され、同城から横須賀城に移った大須賀康高とともに、武田方の高天神城に対峙する前線に参加した。当時の馬伏塚城は、弁財天川入江の奥部に築かれ、海上交通（遠州灘）と陸上交通（東海道）を接続する拠点の一つとなっていたが、そして、一五八〇年代に徳川氏が駿河国を併合すると、清長は馬伏塚城から駿河田中城に転じている。田中城は瀬戸川西方の微高地に築かれた城郭で、馬伏塚城よりも内陸の立地だったが、瀬戸川流域には、武田氏海賊衆の知行地が散在していた。

このように、高力清長は本多重次・天野景能とは違った形で、水上交通や海上軍事に関わりうる立場にあった。一五九〇年代には、物資廻漕や水軍運用の監督を担う場面がより明確にあらわれてくるが、それらは馬伏塚城や田中城の在番の延長線上にあるのではないだろうか。

高力清長に関しては、その縁戚関係から、海上活動への意識を想定することもできる。まず清長の嫡子正長の妻は、東三河国衆の伊奈本田氏（本多氏）の出身であった。前章でみた通り、本田氏は伊奈城（佐奈川下流の湿地帯）を本拠、前芝湊（豊川河口の右岸）を外港として、三河湾の海運と東三河の舟運の接続点をおさえる勢力だった。正長の長男忠房は、天正一二年（一五八四）の出生であり、婚姻の成立は、清長が馬伏塚城・田中城に在城していた時期と重なると推測される。

次に清長の息女は、尾張国出身の服部政光と結婚している。政光の服部権大夫《ごんのだいぶ》家は、かつて尾張国海西《かいさい》郡を拠点として、今川氏の尾張国侵攻に呼応した鯏浦《うぐいうら》服部氏の一族にあたり、桶狭間合戦の後、尾張国から退去して、徳川氏の家中に参入したとされる。系図によると、対武田氏戦争で海陸の敵に備えるために遠江東村城（比定地不明）を守衛し、一七世紀には、遠江国今切《いまぎれ》（浜名湖の開口部）の関所番をつとめている。政光と清長息女の間には、天正七年に長男政信が出生しており、婚姻の時期は清長の馬伏塚入城（天正八年）よりも数年ほど遡るのだろう。本多重次・天野景能のような文書は残っていないものの、清長が以前から海上軍事に関わっていた徴証とも位置づけられよう。

こうした伊奈本田氏・服部権大夫家との縁戚関係は、高力清長が意識的に海上輸送・水軍運用の監督などに適した人脈を培おうとしていた構図を示しており、その姿勢は、高力氏が清長没後も一七世紀後半の断絶まで、海上軍事に関与していく前提にもなったといえるだろう。

あるいは、水軍運用の本格化段階（天正壬午の乱、小牧の陣）でその監督にあたった本多重次、重次とともに水軍運用に関わった天野景能、そして城番としての参画が想定される高力清長、この三者の共通点によって、「三河三奉行」の括りが後世に作り出されたのかもしれない。

小括

徳川氏は一五八〇年代に駿河国を領国に組み込み、一五六〇年代末頃から駿河湾地域に進出していた甲斐武田氏の水軍を引き継ぐ形で、水軍の編成を本格化させた。その主軸を担ったのは、伊勢海賊の小浜氏・向井氏、三河海賊と思しき間宮氏であった。これらの諸海賊は、武田氏の勢力を背景に伊勢湾から駿河湾に及ぶ海域で広く海上活動を展開していたらしく、武田氏が滅亡すると、徳川氏と結び付くことで、従来の所領や権益を維持した模様である。

さらに羽柴秀吉と対決した小牧の陣において、徳川氏の水軍は、三河国衆の大津戸田氏、尾張海賊の知多千賀氏も加えて、伊勢海で羽柴方とほぼ互角にわたり合った。また、この戦役の前後に、知多半島や伊勢湾の海上勢力には、徳川氏との結び付きを深めるものが増えていった。

小牧の陣については、徳川氏の軍事的声望を高め、やがて羽柴氏衰退後に武家政権の盟主となる一因を形成したと評価されることが多い。海上軍事の面でも、水軍運用の経験を積みながら、水軍の規模をより充実させる基盤（海上勢力との関係）を広げる機会になったといえよう。

第三章

豊臣政権の下で変容する徳川氏権力と水軍

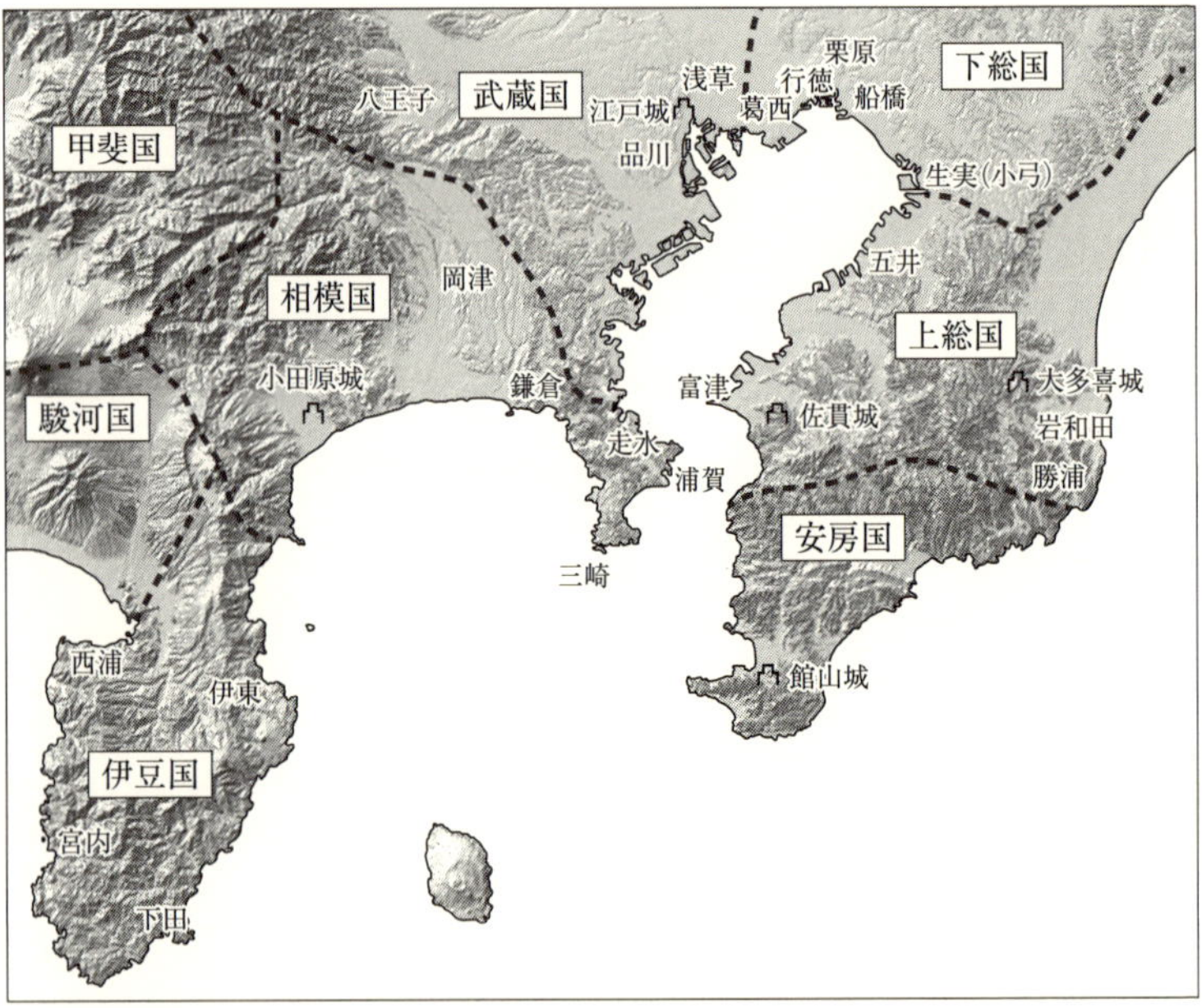

甲斐国
八王子
武蔵国
江戸城
浅草
品川
葛西
行徳
栗原
船橋
下総国
生実(小弓)
五井
上総国
相模国
岡津
小田原城
鎌倉
走水
浦賀
三崎
富津
佐貫城
大多喜城
岩和田
勝浦
安房国
館山城
駿河国
西浦
伊東
伊豆国
宮内
下田

本章関連地図

徳川権力は一五八〇年代中頃から豊臣政権に従属し、さらに一五九〇年代に領国を東海から関東に移され、本拠を江戸に設定した。関東と江戸を本体とする近世徳川権力のあり方は、豊臣政権のもとで形成されたのである。また、水軍の編成・運用について、豊臣政権への奉公を十全にするために、大幅な見直しをおこない、この面でも近世における海上軍事の仕組が輪郭を見せ始める。

本章では、徳川権力が自立した国衆・戦国大名から、豊臣政権下で存立する豊臣大名に転じたことの影響に関して、とくに海上軍事の変容に焦点を絞り、簡単な見取図を示してみたい。

豊臣大名徳川氏（東海期）の上洛と船舶運用

小牧の陣で織田政権の解体と豊臣政権の成立が確定すると、徳川氏も硬軟織り交ぜた交渉を経て、天正一四年（一五八六）に豊臣政権に従属した。以後、徳川氏は戦国大名段階で拡大した領国を豊臣政権から安堵されつつ、政権に奉仕する「豊臣大名」となった。その豊臣政権は、各地への遠征で数万人に及ぶ水軍を運用し、また並行して大規模な土木工事を展開したため、従属する徳川氏も、水軍編成や木材などの海上輸送に関する能力を一層向上させる必要に迫られていく。

さて、豊臣大名としての徳川氏は、東海を領国とした段階（一五八〇年代）と、関東を領国とした段階（一五九〇年代）に分かれる。この両段階に共通する船舶を使用しての奉公に上洛があった。

東海段階（一五八〇年代後半）において、家康は少なくとも年に一回は京都や大坂に赴いた。

天正一四年　①一〇月出国→一一月帰国

天正一五年　②七月出国→八月帰国

天正一六年　③三月出国→四月帰国　④六月出国→九月帰国
天正一七年　⑤二月出国→六月帰国　⑥一二月出国→同月帰国

右のうち、天正一六年三月の上洛（③）については、往路で船を使用しようとしたことが確実である。この時、家康は知多半島西岸の大野を経由して、伊勢湾を渡海する予定を立て、大野領主の織田長益《ながます》（のちの有楽斎《うらくさい》）からは、船（乗船・供船のいずれかは不明）を手配されている。なお、一五八〇年代後半の家康の上洛及び帰国については、領国外部の移動経路がほとんど分からない。実際には、幾度も海路を用いており、長益から船を提供されていた可能性も考えられる。当時、長益は甥の織田信雄に仕えていたが、前章でみたように、小牧の陣以降に大野領を与えられていた。その一方で、徳川氏は本能寺の変と小牧の陣を経て、知多半島への影響力を拡大しており、もと大野領主の佐治《さじ》氏の旧臣である千賀《せんが》重親（志摩海賊千賀氏の一族）も、徳川氏に気脈を通じていたため、長益は徳川氏の要請に応じて、重親の知行地改替を撤回したほどだった。視点を変えるならば、長益が大野領と佐治氏旧臣の支配を安定させるには、徳川氏との友好関係が肝要であったともいえる。こうした状況を前提として、長益は家康の伊勢湾渡航に協力したのであろう。

また、家康は上洛時に三河湾を渡海することもあり、渥美《あつみ》半島の大津を乗船の発着地とした。確実なのは、天正一五年八月の復路（②）、天正一六年九月の復路（④）、天正一七年六月の復路（⑤）である。これらは、深溝《ふこうず》松平家忠が日記で言及した事例であり、書き洩らしがあった場合、実数はより多くなる。大津については、田原戸田氏が本拠地としていた時期もあり、当時は戸田忠次が領主であった。この忠次が小牧の陣にて大野の在番に参加し、海賊諸氏とともに伊勢湾を転戦しているように、大津は船舶運用の拠点となりうる地であった。但し、忠次は累代の大津領主ではなく、牢人の境遇から家康に取り立てられて、大津に入封するという経緯を辿っていた。それだけに、他の三河国衆と比較して、自立性は低く、その拠点が家康から乗船の発着地として利用されたのであった。

ところで、向井氏の家伝によると、羽柴秀次（秀吉甥）は一五八〇年代後半に徳川氏に船三艘を贈り、家康はそのうちの一艘を「国一丸《くにいちまる》」と名付けて乗船に定め、向井政綱に預けて運航させたという。秀次はかつて大坂湾一帯を支配した三好氏の家督を継ぎ、天正一一年から港湾都市の摂津《せっつ》国兵庫を拠点とした。もともと、三好氏は有力な水軍を編成しており、秀次もある程度引き継いで天正一三年の四国出兵で利用した形跡がある。しかし、同年に秀次が近江《おうみ》半国の領主に転じたため、不要となった持船が後に徳川氏に譲与されて、伊勢湾や三河湾の渡航に用いられたということであろうか。

また、向井氏に乗船の運航を委託したという伝承は、江戸時代の将軍家船手頭《ふなてがしら》の基本的な職務（将軍家持船の指揮）の形成過程としても注目される。伝承を過度に信頼するのは控えるべきだが、豊臣政権が徳川氏の水軍編成の改編（直轄化）を援助・促進していた状況を読み取れるかもしれない。

木材の廻漕と船舶の動員

天正一六年（一五八八）と翌年に、徳川氏は領国各地で伐採した材木を畿内に輸送するために、三河国衆などに船舶を提供させている。材木の用途は、徳川氏の京都屋敷の普請や、豊臣政権が進めていた京都大仏（方広寺）の建立であった。もともと、徳川氏は東海地域で軍事行動を展開する際に、兵糧の輸送とその警固に水軍を使用することもあった。さらに豊臣政権への従属は、領国の外部に物資を移出する場面を生じさせ、船に積載しての廻漕という手段がとられたのである。

木材の廻漕は、少なくとも二つの海域（駿河湾・三河湾）でおこなわれた。

まず駿河湾については、天正一七年に富士山の木材切出しに参加した深溝松平家忠の日記に関連記事がある。これによると、大小の木材は、富士川で河口の吉原まで流され、船に積み込まれて、駿河湾を移送されている。そして、この廻漕には、形原《かたのはら》松平氏の所領である鹿島からも船や水夫が動員されていた。従来、形原松平氏は三河湾の沿岸部に支配領域を形成して、船舶の運用能力を備えながら、海上の軍役を課されてはいなかった。しかし、徳川氏が豊臣大名としてのつとめを果たすべく、船舶運用の規模を拡張させつつある動向の中で、まず木材の廻漕という役を求められたのである。そして、その課役に応じて駿河湾まで船を送り出すことができた実績は、一五九〇年代に形原松平氏が水軍に編入される前提になったと考えられる。

次に三河湾における廻漕は、天正一六年に徳川氏と西三河の本願寺教団（一五八〇年代に徳川氏と和解）の間でなされた、陸揚げ後の輸送に従事する人足の動員をめぐる交渉から確認できる。この時に徳川氏は木材を東三河の船舶に載せ、三河湾を渡海させる計画を立てており、戸田忠次の大津が船の参集（及び木材の積み込み）の拠点となった模様である。家康乗船の三河湾渡航と同じく、大津が三河湾における船舶運用の拠点として利用されていた状況が窺えよう。

なお、天正一六年の廻漕は、竹も対象としており、木材に先行して、佐久島《さくしま》まで移送された。三河湾の渡航にて、佐久島が中継地として機能していたことは、公家の飛鳥井《あすかい》雅康《まさやす》が明応《めいおう》八年（一四九九）に富士見物のために東国に下向するにあたり、西三河の大浜から、東三河の今橋に渡航する途中で、佐久島に立ち寄った事例がある。天正一六年の竹材廻漕は、そのほぼ逆の航路を辿ったものだった。

佐久島に関しては、幡豆《はず》小笠原氏が信仰・援助した筒島弁財天（第一章前出）の存在も注目される。

筒島弁財天との関係は、幡豆小笠原氏の持船や領内の海民が佐久島を行動圏内としていたことを示唆する。あるいは、形原松平氏と同じく、幡豆小笠原氏もたびたび木材の廻漕に携わっており、その実績から、一五九〇年代に海上軍事に携わるようになったのではないだろうか。

駿府への本拠地移転

徳川氏は天正一四年（一五八六）に豊臣政権に従属すると、同年一二月に駿府に本拠地を移している。かつての今川氏のように、駿府を広域支配の中枢とする体制の再起動であった。豊臣政権から求められるようになった関東・奥羽の諸勢力との外交（相互の停戦〈惣無事《そうぶじ》〉、政権への帰順）に取り組むうえで、関東と境を接する駿府を新たな本拠地に再設定したのである。

また、天正一〇年以降、徳川氏は武田氏の旧臣を家康の直轄軍団（大番《おおばん》〈親衛隊〉や使番《つかいばん》〈伝令将校〉）に組み込み、大名権力を拡張するための軍事基盤としていた。武田氏旧臣の多くは、甲斐国に主要な知行地があり（一部は信濃国・駿河国でも給付）、城下に安定した形で集住させるには、浜松よりも甲斐国に近い駿府の方が本拠地として相対的に適切だったという面もある。

この論理は、水軍にも適用できると思われる。天正一〇年から徳川氏の水軍の主力となった旧武田氏海賊衆（小浜氏・向井氏など）とその同心たちは、駿河国に知行地を散在させつつ、清水・江尻を海事活動（軍役と交易）の拠点としていた。こうした旧武田氏海賊衆をより確実に掌握し、紐帯《ちゅうたい》を強めるには、清水・江尻を外港とする駿府を本拠地に据えることは、有効な方法論であっただろう。

前々項で既述した一五八〇年代から向井氏が家康乗船の運航を委託されていたという家伝は、家康の駿府在城期に、向井氏が大名権力に直属する海上軍事官僚の性格を帯びていたことを示している。

これは、瀬戸内の能島《のしま》村上氏・来島《くるしま》村上氏のような、大名権力と距離を置いた海賊とは正反対というべき姿であった。もともと、小浜氏や向井氏は、武田氏海賊衆として活動していた時期から、自己完結性の高い海上勢力ではなく、大名権力の庇護下で、同心衆の統制、知行地の確保、交易の展開などを維持していた。それ故に、徳川氏のもとでの海上軍事官僚としての扱いにも適応しえたのである。

もっとも、天正一四年末頃の段階で、江尻は武田一族の穴山氏の支配下にあった。

穴山氏は甲斐国河内《こうち》領で自立的に領国・家中を支配し、天正三年から駿河国江尻の城代に起用され、武田氏滅亡時に徳川氏の仲介で織田氏に従属して、河内領・江尻領を安堵されるとともに、徳川氏に与力として付属される立場となった。本能寺の変時、当主の梅雪は、家康の安土訪問に同行して畿内に滞在していたが、帰路は家康と別行動をとり、山城《やましろ》国宇治で一揆に襲撃されて死亡した。その後の穴山氏は、梅雪の嫡子勝千代を当主として、織田氏を介さず、徳川氏に直接従属することで、河内領・江尻領や家中の運営を維持するようになっていた。

また、徳川氏従属下の穴山氏は、当主勝千代が江尻城に在城しており、小牧の陣では、尾張国に派兵して、重臣の穂坂君吉《ただよし》が蟹江合戦で討死している。水軍運用にどれほど関わっていたかは不明だが、江尻を拠点としてきたことから、もと武田氏の駿河先方衆の岡部氏（正綱・長盛）と同じく、沿岸部における軍事行動（港湾の防備や敵船の襲撃）にも対応できたのであろう。

徳川氏は武田氏滅亡時に本多重次を江尻に派遣し、武田氏海賊衆の掌握にあたらせたものの、穴山氏から江尻の支配を接収したわけではなく、一時的な進駐であったとみられる。徳川家中における穴山氏ともと武田氏海賊衆の関係のあり方は不明だが、小浜氏などは江尻の屋敷を保持し、港湾の使用を穴山氏から認められる状態（あるいは、徳川氏・穴山氏に両属か）だったと推測される。

しかし、天正一五年六月に穴山勝千代が死去すると、徳川氏は家康五男の信吉（生母は穴山梅雪養女）に穴山氏の家督を相続させつつ、穴山氏から江尻領を召し上げている。存立の維持と引き替えに、穴山氏に江尻の直轄化を受け入れさせた形であった。これによって、今川氏と同じく、江尻・清水を外港として、駿府を駿河湾や太平洋の海上交通と接続させる態勢はより強化されたはずである。

なお、駿府城の普請でも、木材や兵糧が領国各地から集められ、遠江《とおとうみ》国相良《さがら》や駿河国用宗《もちむね》が廻漕の中継地となった。両所とも、武田氏が整備した海上軍事の拠点であった。徳川氏は今川氏・武田氏双方の領国支配の仕組や成果を再利用しながら、船舶の広域運用を実施していたのである。

さらに徳川氏は、駿府を新たな本拠に設定しつつ、遠江国中泉《なかいずみ》も領国支配の要に位置づけた。天正一六年以降、家康は鷹狩の宿所や上洛・帰国の中継地として、たびたび中泉に滞在するようになった。また、徳川氏は天正一七年二月から領国各地（郡規模の国衆や城主の支配領域は対象外）で大規模な検地を実施したうえで、その結果に基づき、翌年正月に国衆・被官・寺社の知行割をおこなった。家康はこのうちの知行割を中泉で差配しており、検地奉行をつとめた伊奈家次（忠次）・小栗吉忠なども、中泉に詰めて知行割の実務（検地結果の集積や知行高の通達）を担った。

これは、領国全体に及ぶ政策を指揮する場としては、駿府よりも中泉の方が適切という判断がなされたことを意味する。たしかに、駿府は関東・奥羽との対峙には適していたが、同時に領国全体の中では、やや東に偏っているという問題を抱えていた。そこで、徳川氏はより西方にある中泉を駿府の欠点を補完する拠点に定め、とくに知行割の総括を中泉でおこなったのである。

中泉は磐田原《いわたはら》台地の南端に位置し、その南に広がる大之浦（大池）を介して、遠州灘や太平洋の海上交通と接続することも可能だった。本拠と舟運の連環については、駿府と清水・江尻の組み合わせよりも利便性は高かった。もともと、徳川氏には、岡崎からの本拠移転にあたり、中泉に近い見付に築城しようとしたが、武田氏との緊張を避けたい織田氏の反対で断念し、天竜川（武田氏が主張したとされる遠江国分割の境界）よりも西の浜松を本拠とした経緯があった。しかし、武田氏の滅亡や、領国の拡大・安定によって、見付を本拠とする計画が形を変えて実現したことになる。

小田原の陣における海上軍事①——伊豆半島の攻略

天正一八年（一五九〇）に、羽柴秀吉は畿内から東征して、相模北条氏を討伐するとともに、関東・奥羽の諸大名を服属させ、日本国内の政治的統合を達成した。この小田原の陣において、羽柴方は畿内・西国の諸大名に水軍を出動させており、その兵力は一万人を超えた。全国政権の盟主という羽柴氏の立場は、万規模の水軍を結集・運用することを可能としたのである。以後、諸大名が編成する水軍は、統一政権（羽柴氏・徳川氏）のもとで、肥大化を続けていくことになる。

とくに注目されるのは、土佐長宗我部氏であって、当主元親をはじめ、全軍二五〇〇人が乗船して出動した。これは、安芸毛利氏が出動させた五〇〇〇人に次ぐ兵力であり、海賊大名の志摩九鬼氏の一五〇〇人や、来島村上氏の五〇〇人を上回っている。長宗我部氏そのものは、水軍編成で知られた家ではなかったが、豊臣政権に従属すると、軍役を果たす必要から、家中総出で水軍として行動しうる態勢を整備したのである。統一政権下の戦争に適応した新しいスタイルの水軍の登場だった。

羽柴方の水軍は、まず徳川氏領国の清水を集結地とした。また、関東出兵が決定した天正一七年一一月の段階で、清水・江尻に二〇万石の兵糧を廻漕し、米蔵を建造することも指示された。もともと、清水と江尻は、伊勢湾～関東沿岸の太平洋海運を繋ぐ駿河湾の要港だったが、参集する全国の水軍を収容しつつ、陸海の大軍に支給する兵糧を集積する拠点となることを求められたのである。実態は不分明だが、港湾機能の拡張も、短期間でなしうる範囲で実施されたのだろう。

その一方で、北条氏もかねて羽柴氏と交渉を重ねながら、開戦する事態にも備えており、天正一六年（一五八八）には、西国から水軍が大挙出動してくることを想定して、伊豆半島南部に下田城を築き始めた。従来、北条氏は伊豆半島西岸の長浜・田子《たご》を海上軍事の拠点としていたが、武田氏・徳川氏の海上攻勢に十分に対処できず、南岸や東岸まで侵入された苦い経験があった。そこで、より大規模になると予測される羽柴方の水軍を迎え撃つには、防衛線を南方に下げるべきだと判断した模様である。

下田城址からみた下田港　著者撮影

当初は、南伊豆郡代の清水氏を下田城の城主として、その配下とともに防衛の主軸に位置付け、さらに長浜から後退する形となった梶原氏を在番に加え、陸海両面の攻撃に対処する構想であった。ところが、天正一八年二月の段階で、城内の配置について、清水氏と梶原氏の調整がつかず、梶原氏は下田城に入城せず、伊豆半島東岸の守備に回されることになった。清水氏・梶原氏の対立は、船の乗降施設があった寺曲輪《てらくるわ》の守備をいずれが担当するかを争点とするものだった。清水氏の配下には、高橋氏（雲見《くもみ》）・八木氏（子浦《こうら》）など、半島南部沿岸に知行地を持ち、海上活動に関する実績（船舶の建造や出入港の監視）もある同心が参加していた。清水氏としては、こうした同心の持船を収容・運用するうえで、寺曲輪を必要としており、梶原氏への引き渡しを拒んだのであろう。

このように、北条方が計画の修正を余儀なくされる中で、羽柴方の水軍は、三月上旬から伊豆半島西岸への侵攻を開始し、まず梶原氏が引き払っていた長浜城を攻略した。下田城の周辺にも、三月中頃から羽柴方の攻勢が及び始め、下旬までに半島南西岸の子浦が制圧されたのか、同地から陸路で下田に至る途上の岩殿で戦闘があった。その後、下田城は海陸から攻撃されたが、よく持ち堪《こた》え、羽柴方は四月中旬に予備としていた毛利氏の水軍を差し向けている。下田城の在城衆も、これで抗戦を断念した模様であり、二三日までに羽柴方の開城勧告を受け入れて、五月初めに退去を履行した。

それでも、圧倒的な羽柴方の水軍を相手に二ヵ月ほど持久しており、下田城を中心とする北条方の迎撃戦略は、梶原氏の戦力を有効に活用できなかったという失点こそあったものの、ある程度適切なものだった。相応に整備された海城に有力な部隊（下田城の場合は、清水氏を寄親《よりおや》とする南伊豆衆）が籠もれば、水軍単独では容易に攻め落とせないことを示した展開であった。後の朝鮮出兵にて、日本水軍が劣勢を克服した戦術（沿岸拠点に拠っての朝鮮水軍邀撃《ようげき》）と似ている。

なお、北条水軍の本来の主力である梶原氏・山本氏の動向は不分明である。梶原氏については、伊豆半島東岸に配置されており、外部から下田城を援護する役割を課されていたはずだが、具体的な行動は確認できない。田子を守っていたとみられる山本氏も同様である。梶原氏・山本氏とも、羽柴方水軍の物量を前にして、有効な活動を展開できなかったのだろう。もともと、海賊が単独で前線の城郭を守衛することは難しく、在城衆との連携は重要な課題だった。さらに水軍運用が一万人を超える規模にまで巨大化した結果、海賊単体が戦況全体に及ぼしうる影響はより限定されたのである。

それでも、徳川水軍の小浜氏・向井氏の家譜には、小田原の陣にて、安良里《あらり》砦の梶原氏や、田子砦の山本氏を攻略したとする記事がある。史実だとすれば、小浜氏・向井氏が武田水軍に参加していた時期から続く因縁の決着ということになる。梶原氏が安良里砦（半島西南岸）を守っていたという所伝は、半島東岸に配置された事実と矛盾する。しかし、安良里そのものは、下田や田子との連携が相対的に容易な地勢ではあり、同地に防御施設を設けることには、それなりの合理性がある。北条方が安良里に砦を築いており、かつ向井氏や小浜氏が下田城攻囲の助攻として、田子や安良里の攻略や接収に携わって、近世段階で家譜に記載した可能性も一概には否定できない。

ところで、下田城の開城交渉が成立する前後に、徳川氏は伊豆国の接収に乗り出して、天野景能《かげよし》（康景）を下田に派遣することを決定している。北条氏の降伏（七月）に先行して、羽柴氏から伊豆国の領有を提示されていたため、その作業を始めたのであろう。前章でみたように、景能は徳川家中で水軍運用を管轄する立場にあったことから、北条氏が海上軍事の拠点として整備した下田城に入り、戦場となった伊豆国沿岸の安定を回復させる役割を担ったものと考えられる。

小田原の陣における海上軍事②——相模湾への進攻

羽柴方の水軍は、下田城の攻略のみに注力したわけではない。むしろ、二手に分かれており、一方が下田城を攻囲して、もう一方は相模小田原城（北条氏本拠）の沖合に進出している。物量の優勢を活かして、伊豆半島南岸の攻略と小田原沖での展開を並行させ、清水・江尻に集積した兵糧を小田原城の包囲網まで廻漕・供給する経路を構築する作戦をとったのである。

羽柴方は小田原城の攻囲にあたり、水軍を山王川《さんのうがわ》と早川の河口に布陣させた。小田原城の惣構《そうがまえ》（外郭）において、山王川と早川はそれぞれ東西の堀として機能しており、河口部は港としての役割を担っていた。下田城に入城しなかった梶原氏の海上戦力も、大半が伊豆半島から「小田原之川」（「長浜大川文書」）に後退していた。そこで、羽柴方は山王川・早川の両河口に水軍を展開させて、北条方船舶の出動を封じ、伊豆半島を回って廻漕されてくる兵糧船の安全を確保したのである。当然、小田原城が外部から兵力・物資を補充することを阻む意味もあっただろう。

その一方で、北条方でも、伊豆半島の東岸に船舶・兵員を十全に収容する拠点がなく、かつ下田城に羽柴方の水軍を拘束しきれないと判断し、梶原氏の戦力のほとんどを惣構の一部というべき山王川・早川の河口で温存する方針に転換したものと推測される。もともと、梶原氏の戦力は、その知行地のみを基盤として編成されたものではなく、北条氏から認められた伊豆半島や三浦半島での動員権限を行使することで編成されていた。大名権力の直轄水軍の運用が梶原氏に委託されている状態に近いため、北条氏の意向次第で、梶原氏の指揮下から引き抜くことも可能だったのである。

なお、小田原城の攻囲において、徳川勢は山王川南部の左岸に布陣しており、海上から河口部に対峙する水軍（土佐国の長宗我部元親や、淡路国の加藤嘉明）にも、間宮高則（小牧の陣で戦死した信高の後継者）を参加させた。小浜氏・向井氏が伊豆半島西岸の制圧に従事したという伝承が史実ならば、徳川勢もまた水軍を伊豆半島攻略・小田原城攻囲に二分させたことになる。

六月二二日には、徳川勢の井伊直政などが山王川を渡って篠曲輪《ささぐるわ》を強襲している。小田原城攻囲中の数少ない実戦として知られる。山王川の右岸を制圧して、早川・山王川で温存されていた北条方水軍の一方を無力化するための軍事行動であったとも理解できよう。そのためか、北条方の反撃も激しく、徳川勢はそれなりの戦果をあげながら、少なくない損害を出して後退したとされる。

このように、徳川勢の主力は、小田原城攻囲の一角を占めていたが、さらに本多忠勝・鳥居元忠などを別働隊として、浅野長吉（長政・秀吉重臣）の指揮下に入れ、各地の北条方支城の攻略にあたらせた。別働隊には、戸田忠次も参加しており、武蔵江戸城の接収にあたるとともに（『家忠日記』）、その東隣に近い下総《しもうさ》葛西城も攻略したという。両城とも、関東内海と河川交通をつなぐ拠点だったことから、大津（三河湾の要港）の領主であり、水軍としての適性・経験を有する忠次が接収を担当したのだろう。とくに江戸城には、扇谷《おうぎがやつ》上杉氏や北条氏が戦国期初頭から水陸両面にわたる交通の支配拠点として整備してきた経緯があった。これを無傷で確保したことは、以後の徳川権力の展開において、小さくない意味を帯びた。

また、東側の戦線では、安房《あわ》里見氏が羽柴方に同調して、北条氏領国に対する攻勢に出ており、三浦半島にも水軍を出動させた。北条方も里見水軍の侵攻を予見していたのか、梶原氏の指揮下から引き抜いた戦力の一部を三浦半島南西岸の油壺《あぶらつぼ》に回していた。従来、梶原氏は三崎《みさき》城を三浦半島における在城拠点としてきたが、戦力の一部では、里見水軍の攻撃を阻むことは難しい（あるいは、三崎城を守るには過少）と判断し、防衛線を三崎よりもやや西北に後退させたのではないだろうか。

結局、北条氏の水軍は、主軸を担ってきた梶原氏の戦力を三分して運用する形（小田原城・伊豆半島・三浦半島）となり、明確な活動をみせずに終わった。北条氏の海上軍事は、東国随一の水準にあったはずだが、全体の物量で羽柴方よりも劣り、さらに分散して運用せざるをえなかった結果、下田城の持久を除き、有効性のある軍事行動を展開できなかったのである。

その一方で、羽柴方は物量の優位を背景として、これまで小田原城を攻撃した越後上杉氏・甲斐武田氏もなしえなかった沖合も含めた小田原城の全面包囲をおこない、物資の海上輸送によって、包囲を長期的に持続しうる状況もつくり、北条氏の継戦意欲を挫《くじ》いてみせた。羽柴方の一翼を担った徳川氏も、従来の海上勢力に依存する形式では、統一政権の形成とともに肥大化しつつある海上軍事に対応できず、何らかの改革を要すると認識させられたとみられる。

徳川氏の関東転封と江戸入城

北条氏が天正一八年（一五九〇）七月に小田原城を開城して降伏すると、豊臣政権は東国経営の整備に着手し、その一環として、徳川氏を東海から関東の旧北条氏領国に転封させた。四月の段階では、北条氏領国を分割し、伊豆国を徳川氏領国に編入する計画にとどまっており、徳川氏もその準備を進めていたのだが、ある時期から、領国全体の転封に変更された模様である。

小田原城の攻囲中に、関東・奥羽の諸大名は、相次いで豊臣政権への従属を表明したものの、秀吉が求める秩序（私戦の停止、政権への奉公など）をどこまで遵守するかは未知数だった。そこで、豊臣政権は徳川氏に対し、北条氏の没落で生じた関東の「力の空白」を埋めつつ、服属してまもない関東・奥羽の情勢を安定させる抑止力たる役割を課したのである。

さらに羽柴秀吉は、徳川氏を関東に転封させるにあたり、武蔵国江戸を本拠に設定するように指示した。北条氏の場合は、領国を拡大させながら、小田原からあえて本拠を動かさず、敵対勢力（越後上杉氏や安房里見氏）の攻勢に対し、縦深《じゅうしん》を確保していた。しかし、豊臣政権が徳川氏に期待した役割は、むしろ関東東部や奥羽に睨みを利かせ、有事には軍事行動の前面に立つことであった。そのため、出動の起点や軍需物資の集積に適した地所として、江戸を本拠に指定したのだろう。

よく知られているように、徳川氏が本拠とした江戸城は、戦国期初頭に扇谷上杉氏重臣の太田道灌《どうかん》によって築かれた城郭を起源としていた。扇谷上杉氏は文明《ぶんめい》一八年（一四八六）に道灌を誅殺《ちゅうさつ》するが、江戸城の経営は継続して、とくに朝良《ともよし》・朝興《ともおき》の代には、江戸城を本拠とするようになった。そもそも、江戸城の築城は、相模国守護だった扇谷上杉氏による南武蔵経営の一環に位置付けられる事業であった。そして、道灌の粛清は、扇谷家当主が進めた集権路線の一幕でもあり、同家は領国支配の重点を相模国から武蔵国に移していく中で、直轄化した江戸城を本拠に設定したのであった。

扇谷上杉氏は大永《だいえい》四年（一五二四）に北条氏の攻勢に敗退して、江戸城を喪失したものの、北条氏もまた江戸城を支城として維持し、北武蔵や下総《しもうさ》国の経営を中継する拠点とした。北条氏の場合は、重臣の遠山氏を江戸城の城代に据え、周辺の領域支配を所轄させつつ、富永氏・江戸太田氏（扇谷上杉氏から転向）とともに、「江戸衆」と称される軍団を統率させた。また、北条氏は扇谷上杉氏が整備した江戸城をそのまま使用したわけではなく、永禄《えいろく》七年（一五六四）の第二次国府台《こうのだい》合戦で里見氏に勝利すると、房総の領国化進展に備え、江戸城の改修を実施している。

しかし、第二次国府台合戦では、遠山綱景《つなかげ》・富永康景《やすかげ》が討死し、太田康資《やすすけ》が離反・退去するなど、江戸衆は合戦後に機能不全に陥りかねない問題に直面していた。そこで、北条氏は江戸衆を再編し、一門の氏秀を江戸に配置しつつ、一五八〇年代から、氏政（四代）が江戸の支配を担当するようになった。当時、氏政は家督を嫡子氏直に譲渡していたが、領国経営などの指導を継続しており、実質的に江戸を直轄化したに等しかった。氏政の意図は、領国拡大の進展に応じ、江戸城を基点として、常陸《ひたち》佐竹氏や安房里見氏と対峙する東関東の統治を強化することにあったとされる。

このように、江戸城が扇谷上杉氏・北条氏の領国支配において果たしてきた役割を前提として、豊臣政権は同城を徳川氏の新たな本拠に指定したとみられる。但し、徳川氏も一方的に豊臣政権の意向に従ったわけではない。豊臣大名から全国政権に転じた後も、本拠を再び移転することはせずに、大規模な造成を幾度も繰り返し、江戸を世界有数の大都市に発展させていった。これまでみてきたように、徳川氏は領国形成の過程で、岡崎⇅大浜、浜松⇅浜名湖、駿府⇅清水といったように、本拠と海上交通の連環を模索してきた。こうした志向性は、海上と直結する江戸と相性が良かったのである。

徳川氏以前の江戸の環境

中世段階の江戸は、隅田川の河口と日比谷入江に挟まれた半島状の中洲である前島《まえじま》を中心とする空間であった。この前島のうち、東側は隅田川下流域の要港である浅草と、西側は関東内湾の要港である品川と、それぞれ水陸でつながっており、時期ごとに重点は変わるが、両岸を合わせ、関東における河川舟運と海上輸送を連環させる結節点となっていた（江戸湊）。

太田道灌が築いた江戸城は、日比谷入江の奥近く、平川河口の右岸方面に立地しており、平川に高橋を架橋して、前島や隅田川河口との往来を確保していた。当時の江戸城下の様相については、禅僧の正宗龍統《しょうじゅうりゅうとう》などが道灌の依頼で著わして城内主殿の静勝軒に掲げられた詩文や、詩僧の万里集九《ばんりしゅうく》が江戸城訪問時の見聞をまとめた詩文が基礎史料となる。これらの記事は、①日比谷入江に大小の船舶が出入して、高橋を中心に停泊し、市場に多様な商品をもたらしていたこと、②江戸城の東側に「泊船（江亭とも）」という施設があり、日比谷入江・隅田川を眺望できたこと、③江戸と品川の間に人家が続いて、「東武之一都会」の様相を呈していたことなどを描写している。

こうした記事は、詩文に特有の文飾を含むだろうが、道灌が築城する前後において、江戸の重点が前島の西側に広がる日比谷入江にあり（①）、江戸城内には舟運の監察を意識した施設が設けられ（②）、江戸と品川の接合も進行しつつあった（③）、という状況を示唆するものである。

北条氏も江戸城を攻略すると、在番にあたる江戸衆とは別に、伊東祐員《すけかず》を下平川《しもひらかわ》の代官とし、その後継者である祐尚《すけなお》も、品川の支配に参与させている。伊東氏は伊豆半島東岸の伊東を出自とする奉行人であり、伊豆国西浦の代官もつとめ、さらに伊豆諸島（八丈島など）との交易を展開していた。北条氏としては、伊東氏に下平川の直轄支配を委ねることで、平川河口（高橋）を基点とした市場や、江戸・品川の接合を維持し、伊豆方面ともつなげて、一層の発展を期したのであろう。

このように、扇谷上杉氏（太田道灌）が江戸に城郭を構え、同地の水上交通も振興しようとしたこと、北条氏がその施策を継続したことは、東関東の敵性勢力（扇谷上杉氏の場合は古河公方《こがくぼう》、北条氏の場合は里見氏）に対峙するうえで、江戸を防衛線や物資の集積地として利用する意図に基づいていた。そして、豊臣政権もより広い範囲（関東・奥羽）の秩序維持を徳川氏に担わせる構想から、江戸を新たな本拠地とするように指定し、さらなる整備を求めたのであった。

江戸城下の整備

扇谷上杉氏・北条氏の持城だった時期の江戸城は、平川河口右岸の舌状台地に築かれており、南から北に向かって、主郭《しゅかく》・二ノ曲輪《くるわ》・三ノ曲輪が並んでいた。そして、日比谷入江を後背としながら、平川を天然の水堀として利用し、城下町の基幹となる運河を兼ねさせていた。そのため、防備は相対的にみて、北東方面に厚く、南西方面に薄い構造となった。

徳川氏は江戸城に入ると、天正一九年（一五九一）から城郭の拡張を開始した。これは、従来の主郭・二ノ曲輪・三ノ曲輪を結合させつつ、舌状台地の西方に新城を増設する普請が中心となった。この新城は、普請中に「御隠居御城」（『家忠日記』）と称されていた。徳川氏は一五八〇年代後半から秀

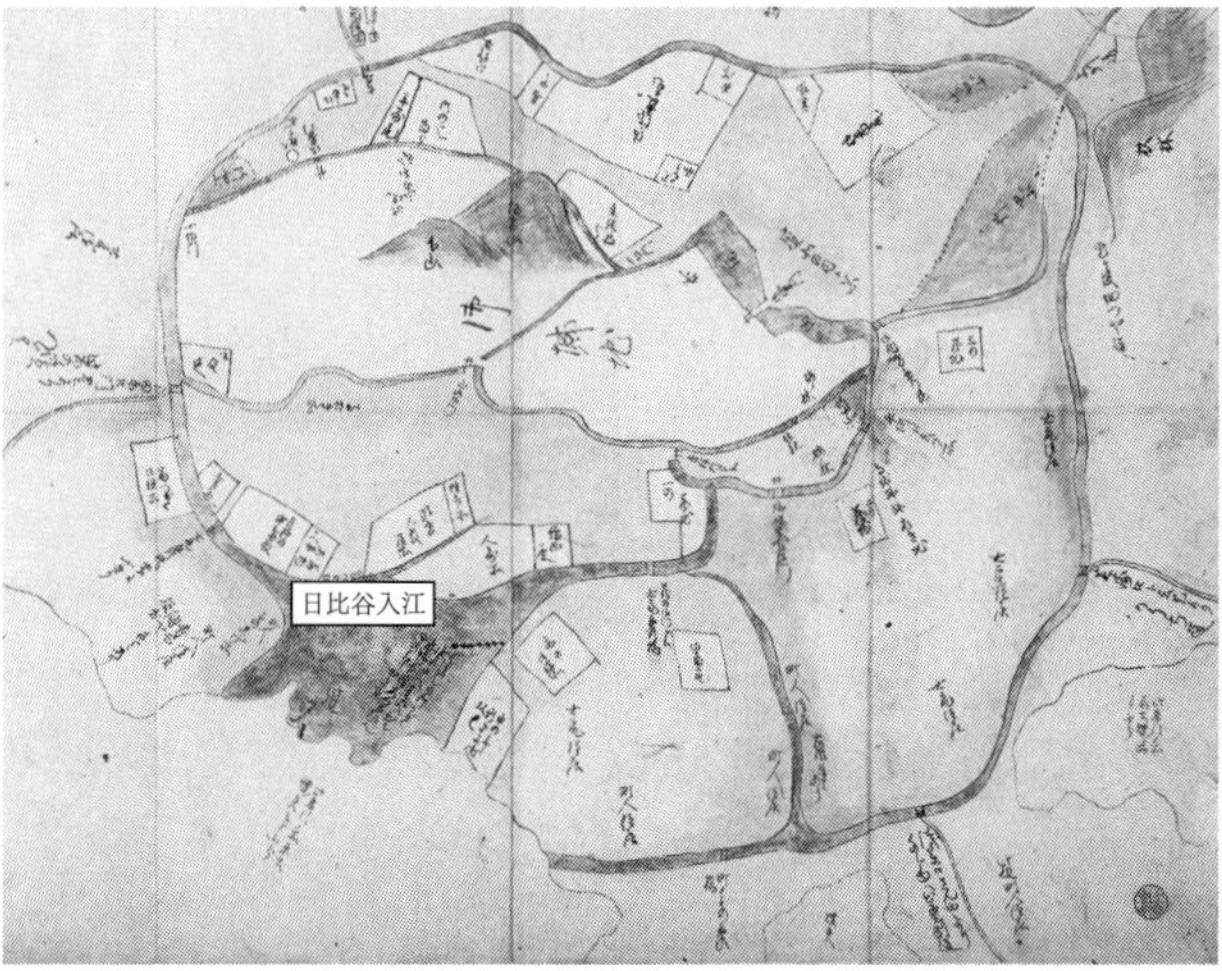

「別本慶長江戸図」　東京都立中央図書館

忠（家康三男）を後継者とする方針を明確にしており、小田原の陣直前に秀忠を上洛させ、豊臣政権の公認も得ていた。そこで、将来の代替わりに向けて、隠居となった家康が入るべき空間が用意されたのであろう。近世の江戸城との関係では、結合された諸曲輪は本丸（将軍居所）の前身、新城は西ノ丸（大御所居所）の前身にあたる。家督交代の暁には、秀忠が本城（本丸）にて北関東・奥羽に対峙し、家康が新城（西ノ丸）から後見する態勢が想定されていたものと推測される。

　家康の将軍任官の前年にあたる慶長《けいちょう》七年（一六〇二）頃の状況を描いたという「別本慶長江戸図」を参照すると、諸大名を動員して実施した大工事（いわゆる「天下普請」）が始まるまで、徳川氏が豊臣大名として、自力で江戸城と城下を整備していた段階の到達点を確認できる。これによると、本丸・西ノ丸の周囲に家中の屋敷や蔵地が設けられ、その外周には、日比谷入江から引き入れた水堀がめぐっている。すでに扇谷上杉氏・北条氏の持城だった時期の規模を大きく上回っていたのだ。

さらに城郭・城下町の拡張を進めるうえで、一七世紀初頭に日比谷入江の埋め立てが実施されるのだが、一五九〇年代の段階では、むしろ日比谷入江は江戸城と水上交通の接続に活用された。正確な年次は不明だが、徳川氏は前島の基部を東西に横断する道三堀《どうさんぼり》を開削し、日比谷入江と隅田川河口部を接続させたという。日比谷入江・隅田川河口部の間で、物資を運搬するうえで、前島を迂回せずとも、相互に船が航行しうる運河をもうけたのである。

また、平川を日比谷入江から道三堀に付け替える工事も実施された。道三堀を運河として機能させるうえで、十分な水量を供給するとともに、旧平川の東岸に展開していた町場を道三堀沿いに移転させる措置でもあった。さらに前島の南側から道三堀と平川につながる水路も開削され、後の外堀の原型となった。文禄《ぶんろく》四年（一五九五）頃には、道三堀・平川（及び外堀）の交差点付近において、南側に「舟町」、北側に「四日市」と称される区画が形成されており、双方の往来を目的として、後に「銭瓶橋《ぜにがめ》」と呼ばれる橋が架橋されたという伝承（『慶長見聞集《けんもんしゅう》』）もある。縦横に巡らされた二つの水路を軸として、前島とその北方に城下町が広がりつつあった情景が浮かび上がってくる。

その一方で、日比谷入江への海船の出入も継続していた。これも確実な年次は不明だが、入江の東岸（前島側）には、「舟の御役所」が設けられ、慶長元年頃にその「舟の御役所」への誘導を目的とした竹垣の榜示が建てられたという。後に徳川将軍家の船手頭は、①道三堀を延伸させた日本橋川と交差し、②海船の積荷を陸揚するため八丁堀が開削された楓川《かえでがわ》沿いに役宅を与えられることで、江戸城に出入する川船《かわぶね》・海船の双方を監察した。「舟の御役所」とは、船手頭役宅の原型にあたる存在だろうが、一五九〇年代中頃の段階では、監察の対象は日比谷入江に直接出入する海船に限られ、道三堀を通過する川船の統制には携わっていなかった模様である。

なお、本城（後の本丸）の間近、近世の江戸城で和田倉門の周辺に相当する空間には、道三堀や日比谷入江を経由して運搬されてきた物資を荷揚・集積するための蔵地も設置された。そもそも、「和田倉門」の名称も、「和田（海の異称）に面する蔵地」を意味するものだったとされる。日比谷入江が埋め立てられた後も、和田倉門は内堀と道三堀の接続点に位置付けられ、将軍が江戸の周辺（深川・葛西）などを船で移動する場合の乗降口として機能することになる。

さらに徳川氏は、隅田川以東においても、古利根川（中川）・太日川《ふとい》（江戸川）の両河口を横断して接続させ、隅田川河口にまで至る運河の開削を実施している。古利根川河口を境として、東側の隅田川河口に至る運河が小名木川《おなぎ》、西側の太日川河口に至る運河が新川であった。やはり確実な施工時期は不明ながら、道三堀よりも長大な距離を開削する事業となった。

この運河開削事業は、下総国行徳《ぎょうとく》で生産される塩を江戸まで廻漕することを目的にしたとされ、小名木川・新川が「行徳川」と総称される所以《ゆえん》となった。また、近世において、行徳川（小名木川と新川）は、東廻り航路で廻漕された物資を江戸に送り出す経路としても用いられていた。しかし、当初の目的は、塩の運搬に限定して考えるのではなく、むしろ扇谷上杉氏や北条氏の統治下から続いた利根川以東（北関東・房総）に対峙する拠点としての江戸の機能を拡充することにあったと理解した方が、豊臣政権が徳川氏に求めた役割に適合的であろう。そして、こうした行徳川と江戸城下の接続の監察も、一七世紀以降に将軍家船手頭が担うことになる。

海賊衆の三崎在番

徳川氏は関東に入封すると、水軍の小浜氏・向井氏・間宮氏・知多千賀氏の知行地を三浦半島の各地に設定した。三浦半島が関東の海上警衛の要に位置付けられていく濫觴《らんしょう》にあたる。

三浦半島で知行を給付された水軍諸氏のうち、小浜氏・向井氏・間宮氏は、かつて戦国大名の甲斐武田氏の水軍として活動し、一五八〇年代から徳川氏に従属して、水軍の主力を担ってきた海賊だった。また、知多千賀氏の場合は、尾張国衆の大野佐治氏に従属していた海賊で、一五八〇年代に佐治氏が没落すると、織田氏（信雄期）・徳川氏に両属するようになったが、織田氏の改易によって、知多半島での存立を維持できなくなり、徳川氏との主従関係を明確にするという経緯を辿った。

さらに小浜氏・向井氏・間宮氏・知多千賀氏は、知行地とは別に、三浦半島における海上活動の拠点として、半島南西部の三崎を共用し、関東内海に出入する船舶の監察に携わるようになった。相模北条氏の場合、三崎を三浦半島の支配拠点に位置付けており、とくに一五六〇年代から、一門の北条氏規《うじのり》（四代氏政の弟）を三崎城主に据え、有事（安房里見氏との戦争など）には、水軍の主軸であった梶原氏・山本氏も三崎に在番させていた。そして、梶原・山本の両海賊は、三崎在番中に海上往来の監察にあたる権限を委ねられていた。小浜氏などの三崎配置と船舶監察は、北条氏が時限的に三崎に付与していた海上警衛の機能を恒常的な仕組に拡張したものであった。

また、小浜氏・向井氏・間宮氏・知多千賀氏に対して、それぞれに海上活動の拠点となる港湾を用意せず、拠点機能を三崎に集約させたことにも注目すべきである。徳川将軍家が一七世紀初頭から船手頭を江戸の八丁堀周辺に常駐させ、船隊指揮と舟運監察を委ねた態勢の原型といえよう。

もともと、小浜氏と向井氏が参加していた武田氏の水軍は、各海賊に知行地を給付しつつ、海上軍役の拠点として、清水・江尻（駿河湾の海上交通の中心）や沼津・用宗を指定していた。小浜氏・向井氏は、すでに大名権力による活動拠点の指定を経験しており、間宮氏・知多千賀氏も、関東移封を機に父祖伝来の拠点や知行を失っていたからこそ、三崎の共用を受容したのだろう。

このように、海賊四氏の三崎在番は、徳川氏が武田氏・北条氏の海上軍事のあり方を参考としながら、一五八〇年代における水軍の運用経験を踏まえ、独自色も打ち出したものであった。

徳川氏の独自色としては、北条氏と違い、三崎の役割を軍事にとどめ、浦賀を三浦半島の支配拠点に設定したこともあげられる。すなわち、代官の長谷川長綱《ながつな》の陣屋を浦賀に置き、直轄領の支配や郷村経営の指導にあたらせたのである。北条氏領国の段階で、浦賀は三崎に次ぐ三浦半島の重要拠点に位置付けられていたが、徳川氏は三崎（軍事）と浦賀（行政）に役割を振り分けたのだった。

ところで、三崎在番の海賊のうち、向井政綱の妻は、長谷川長綱の姉妹であった。長綱は今川氏・武田氏の旧臣であり、その家は向井氏と同様に伊勢方面から駿河国に移った経緯を有していた。向井氏は駿河湾地域に適応するうえで、来歴が共通する長谷川長綱の一族と縁戚関係を結び、ともに徳川氏に帰順したのであろう。そして、徳川氏も向井氏・長谷川氏の提携を前提として、長綱の陣屋を浦賀に置き、三崎と浦賀の円滑な役割分担や相互支援を望んだものと思われる。

伝承によると、長谷川長綱は天正一九年に走水《はしりみず》の大泉寺を中興させたとされる。そして、この走水には、一七世紀中頃までに向井氏管下の番所が設けられ、向井氏から独立した後も、一六八〇年代まで三崎番所とともに三浦半島の海上警衛の中核を担い続けた。天正一九年頃の走水に常置の番所が存在していたか否かは明らかではないものの、浦賀の長谷川長綱（行政）と三崎の向井氏（軍事）の活動が重なり合っており、協同で三浦半島の支配体制を整えていった経緯を想定してみたい。一七世紀以降に三浦半島の海上警衛が向井氏の専管となった理由の説明にもなりうる。

なお、関東大名時代の徳川氏は、長谷川長綱の他に、伊奈忠次・大久保長安《ながやす》・彦坂元正《もとまさ》に代官衆の中心たる役割を付与し、領国全体の地方支配を総括させていた。これらの「代官頭」は、個別の管轄地域も設定されており、伊奈忠次は武蔵国小室、大久保長安は同国八王子、彦坂元正は相模国岡津に陣屋を置いていた。長谷川長綱は沿岸部に陣屋を置いた唯一の「代官頭」であり、徳川氏が関東沿岸の中でも三浦半島を殊に重視していたことが窺える。

一七世紀に入ると、小浜氏・向井氏・間宮氏・知多千賀氏は、いずれも江戸城下に常駐し、向井氏が江戸から三崎・走水の番所を管轄する態勢に移行する。その一方で、一五九〇年代に海賊四氏が江戸の「舟の御役所」の運営に参加していたのか否かは不分明である。向井氏の家伝によると、慶長五年（一六〇〇）の会津上杉氏討伐（関ヶ原の陣の前段階）に際し、向井氏などの水軍諸将は、江戸に駐在したとされる。史実とすれば、戦時のために、江戸に出入する船舶が増大したことに対応した動きだろう。確実な史料が乏しい現状では、海賊四氏は基本的に三浦半島の海上警衛に携わり、必要に応じて江戸の「舟の御役所」に出向き、船舶の出入を監察していたと考えておこう。

警戒対象としての安房里見氏

関東大名時代の徳川氏領国は、ほぼ北条氏の旧領と重なるが、房総半島では、安房里見氏の領国だった上総《かずさ》国南部も併合していた。里見氏は北条氏と対峙しながら、安房国から領国を北進させてきたが、豊臣政権は里見氏に安房国のみを安堵し、房総半島の大部分を徳川氏の領国に編入したのだ。こうした房総半島をめぐる豊臣政権の裁定は、徳川氏と里見氏の間に、潜在的な緊張を生じさせる要因となった。徳川氏が海上軍事の重点を三浦半島に置いた理由の一つだろう。

そもそも、北条氏の海上軍事も、里見氏を主敵として整備されたものだった。北条氏と比較して、里見氏の水軍編成のあり方は不明なところが多い。しかし、運用はある意味で北条氏以上に積極的であり、当主本人が乗船して、三浦半島に渡海することすらあった。大永六年（一五二六）には、里見氏の攻勢が鎌倉にも及び、鶴岡《つるがおか》八幡宮が焼失する事態となっている。関東内湾の両岸にて、少なからぬ郷村が北条氏・里見氏の双方に貢納して戦災を免れる「半手」の適用対象となったことも、両氏の海上軍事力が相応に拮抗していた状況を前提としていた。

天正一八年（一五九〇）の段階で、里見氏の最盛期は過ぎ去っていたが、それでも上総国の南部を維持して、水軍の編成と運用を継続していた。里見氏が小田原の陣でとった軍事行動は、三浦半島や下総国船橋にまで及んでおり、水軍による渡海侵攻がおこなわれたとみられる。

ところが、小田原の陣の後、里見氏は豊臣政権から上総国南部を召し上げられてしまった。

里見氏は長らく関東足利氏（鎌倉公方・古河公方）の流れを汲む小弓《おゆみ》御所の一族を擁立して、関東の副将軍（管領）を自任してきた経緯があった。小田原の陣においても、里見氏は三浦半島侵入にあたって、鎌倉の占拠も見据え、鎌倉府再興の意気込みを喧伝していた。その一方で、豊臣政権は足利将軍家に代わる政治秩序の創出を進めつつあり、里見氏が志向する鎌倉府復興の構想は容認できるものではなかった。そこで、上総領を里見氏から召し上げ、徳川氏の領国に編入するとともに、里見氏が擁してきた小弓御所についても、古河公方家と合同させて、下野《しもつけ》国喜連川《きつれがわ》に移すことで、里見氏が鎌倉府再興を望みうる実力と大義名分を解体しようとしたと考えられている。

こうした経緯から、徳川氏が関東の新領国を安定させつつ、豊臣政権の秩序に違背する動向に備えるには、里見氏の牽制は重要な課題であった。実際、里見氏は領国を安房一国に縮小させながらも、館山《たてやま》を新たな本拠として、水軍の編成も維持していた。無論、豊臣政権や徳川氏に対する挑戦を期した動向ではなく、むしろ豊臣大名として再出発する一環として、海上軍事の整備を継続していたとも理解できる。よって、徳川氏としては、里見氏に向けて、過剰にならない程度の抑止力を示しつつ、忠実な豊臣大名たるように求めていく態勢を整えておく必要があった。

房総半島沿岸の支配体制

徳川氏は関東転封に伴い、多数の大身《たいしん》家臣を各地に配置しており、その分布は、北関東や房総半島において厚くなった。東国有事に備えた布陣であり、とくに上総国への配置は、三浦半島の三崎番所と合わせて、里見氏の牽制を相応に意識したものであったとみられる。関東内湾に面する上総国西岸で所領を与えられた大身家臣としては、上総国佐貫《さぬき》の内藤家長（二万石）、同五井《ごい》の形原《かたのはら》松平家信（五〇〇〇石）、同富津《ふっつ》の幡豆《はず》小笠原信元（三〇〇〇石）がいる。

このうち、内藤家長は直臣から取り立てられた旗本先手《さきて》役《やく》の物頭《ものがしら》（家康直轄軍の部隊長）の一人で、従前は与力・同心の指揮権を預けられ、一隊を指揮する立場にあったが、関東転封を機に、配下に知行を給付して、自己の家臣団に再編することを許された。一五九〇年代の徳川氏領国にて、同時多発的に進行した譜代大名の家臣団創出の一例にあたる。

内藤家長が入った佐貫城は、里見氏が本城とした時期もあり、染川河口部の八《や》幡浦《わたうら》（市場浦）を外港として、房総半島西岸の海上軍事を統括する役割も担っていた。徳川氏は歴戦の物頭だった内藤家長とその配下を配置することで、佐貫を関東内湾の支配体制を構成する一支城に位置付けたのだ。

その一方で、形原松平氏と幡豆小笠原氏は、転封前から三河国の南岸で領域支配をおこない、海上活動も展開してきた国衆であった。両氏の場合は、従前と同様に、沿岸地域（五井・富津）に新たな所領を設定されて、海上勢力としての存立を維持しうる環境を用意されたのだった。

形原松平氏が入った五井は製塩地であり、徳川氏がここに形原松平氏を配置したことは、江戸城下の整備・拡張にあたり、需要を増すはずの塩を確保させる布石とみられる。下総国行徳で生産された塩の輸送経路として説明されることが多い小名木川・新川（行徳川）の開削も、より広くみて、房総半島に点在する五井などの製塩地との接続という視点で理解すべきではないだろうか。

次に幡豆小笠原氏が入った富津は、三浦半島の走水と向かい合い、関東内湾の最狭部（後の浦賀水道）を形成していた。日本武尊《やまとたけるのみこと》が東征において、走水から富津に渡海したという伝承もあり、古代から三浦半島・房総半島の海上往来をつなぐ要衝だった。北条氏旧臣の系譜につらなる三浦浄心が一七世紀前半に著わした『北条五代記』は、富津と走水の地勢について、「塩の満干はやき事矢を射るかことし、去程《さるほど》にのほり下りの舟共此所に来て塩さかひを待て舟をのる」と表現している。永禄一二年（一五六九）には、三浦半島の金沢を襲った里見氏の水軍を北条方が追撃して、富津に追い込むという局面も生じており、里見氏が富津を海上軍事の拠点の一つとしていたことが窺える。

このように、徳川氏は佐貫に内藤家長、五井に形原松平氏、富津に幡豆小笠原氏を配することで、里見氏の海上軍事に対する抑止力としつつ、各所を関東内湾の海上交通を統制・利用する拠点に仕立てさせたものと考えられる。殊に富津の幡豆小笠原氏は、三浦半島の海賊諸氏（小浜氏・向井氏・間宮氏・千賀氏）と連携して、関東内湾の最狭部を扼すとともに、船舶の往来を監視・保護する役割も期待されており、それ故に、一七世紀以降に徳川将軍家の船手頭を世襲する家の一つとなり、向井氏（三浦半島の海上警衛を専管）と婚姻関係を結んだものと推測される。

もっとも、大身家臣の知行地が設定されたのは、房総半島の西岸だけではなく、東岸にまで及んでいた。むしろ、本多忠勝の大多喜領（一〇万石）こそ、房総半島はおろか、徳川氏領国における最大規模の大身家臣に対する所領分与であった。当時の徳川家中で、一〇万石級の所領を与えられたのは、忠勝の他には、家康四男の松平忠吉《ただよし》（武蔵国忍《おし》）と、井伊直政（上野国箕輪《こうずけみのわ》）・榊原康政（同国館林《たてばやし》）のみで、さらに沿岸部も含む領域を形成することになったのは忠勝一人だった。

本多忠勝が一七世紀初頭に伊勢国桑名に転封され、次男の忠朝《ただとも》が支配していた時期の大多喜領（五万石）でも、岩和田《いわわだ》にスペイン船のサン・フランシスコ号が漂着する事件があった。忠勝段階の大多喜領は、より広く沿岸部に展開していたはずである。

なお、本多忠勝はまず万木城《まんぎ》に入り、後に大多喜城に移るという経緯を辿った。もともと、万木城は土岐氏、大多喜城は正木氏の本拠だった。万木土岐氏と大多喜正木氏は、いずれも上総国南西部に支配領域を展開していた国衆で、ある時は里見氏、ある時は北条氏に従属して、房総半島の情勢を大きく左右した。徳川氏はこの両氏の旧領を結合させて忠勝に委ね、里見氏に対する抑止力の中心に位置付けたのであろう。佐貫に入った内藤家長と同様に、忠勝も家康の近臣から取り立てられた旗本先手役の物頭で、一五八〇年代中頃には、徳川家中を代表する重臣の一人として広く認識されるほどの存在感を示していた。忠勝とその軍団は、これまで陸上を転戦して、海上軍事の経験は欠いたが、次代の忠政（忠勝長男）の段階では、桑名や播磨《はりま》国姫路で水軍編成をおこなっている。上総国東南岸も含む大多喜領への配置を機に、海上軍事への適性も帯びるようになったと考えられる。

さらに勝浦には、本多忠勝の与力だった植村泰忠が知行高三〇〇〇石で配置されている。この勝浦も、上総国衆の正木一族の拠点であった。もともと、正木氏は里見氏の被官で、その上総国経営の一環として、大多喜や勝浦に入部して、それぞれで支配領域を形成し、国衆化した存在であった。しかし、大多喜正木氏と同じく、勝浦正木氏も里見氏との関係はかならずしも安定しておらず、北条方に転向して、北条氏の海上支援を得ながら、里見氏に対抗した時期もあった。房総半島東南岸の要港だった勝浦の地勢は、安房国を迂回して、北条氏と連帯する選択も可能としたのである。

また、大多喜・勝浦の両正木氏は、里見氏の北進戦略のもとで、下総国の九十九里北部沿岸や太平洋から湾入した香取海《かとりのうみ》東部まで侵攻することもあった。そこで、徳川氏は本多忠勝とその与力の植村泰忠を大多喜領・勝浦領に置き、里見氏が勢力再拡張を望み難い状況を整えようとしたのだろう。

概して、徳川氏による房総半島沿岸の支配は、東側（外海）では大多喜領の本多忠勝、西側（内海）では佐貫領の内藤家長を主柱とする構造だった。相対的に佐貫領は小さかったが、五井領の形原松平氏と富津領の幡豆小笠原氏、そして三浦半島の海賊諸氏が後方から支えることで、有事に対応しうるように配慮されていた。なお、大型（万石級）の領域権力を沿岸の要所に置き、海上軍事と組み合わせる形式は、徳川権力が一七世紀以降に列島規模で展開する戦略の原型でもあった。

この他に、下総国の南岸付近においても、大身家臣の所領として、西郷家員《いえかず》の生実《おゆみ》領（小弓領、五〇〇〇石）、成瀬正成《まさなり》の栗原領（四〇〇〇石）が設定されていた。

生実は里見氏が擁立してきた小弓御所の本来の所領で、相模国との間で船舶を往来させていた海上交通の拠点でもあった。西郷家員はもと三河国衆で、内陸部の八名《やな》郡南部を支配領域としたが、関東移封後は、沿岸部で所領を経営することを求められたことになる。

もう一方の栗原も、二子浦《ふたごうら》によって関東内湾の海上往来につらなっており、東方では北条氏が房総半島に兵糧を廻漕することもあった船橋、西方では新川・小名木川を経て江戸につながる行徳と近接していた。領主となった成瀬正成は、家康の近習から取り立てられ、当時は使番（伝令将校兼監察官）

であり、豊臣政権に敗れた後に徳川氏の庇護下に入った旧紀伊根来衆《ねごろ》の鉄砲足軽の指揮官も兼ねる立場にあった。正成はやがて家康の年寄衆（後の老中）に加わり、徳川権力の中枢を差配するようになるが、関ヶ原合戦後に畿内有数の港湾都市である和泉《いずみ》堺の奉行をつとめた時期もある。栗原領主としては、家康が関東内湾の東半に向けた耳目に相当する役割を担っていたのではないだろうか。

相模湾・伊豆半島の支配体制

前述したように、関東大名時代の徳川氏は、大身家臣の分布を北関東・房総半島に向けて厚くしたため、領国の西方はかなり手薄となった。相模湾や伊豆半島の沿岸でも、大身家臣の配置は、小田原の大久保忠世《ただよ》（四万五〇〇〇石）と、下田の戸田忠次（五〇〇〇石）くらいだった。

大久保忠世は本多忠勝・内藤家長と同様に旗本先手役の物頭だったが、両人に先行して領国拡大の前線（遠江二俣《ふたまた》城・信濃小諸《こもろ》城）を委ねられており、その実績から、関東転封後は北条氏の本拠であった小田原の確保を委ねられたのだろう。これに対して、戸田忠次の場合は、渥美半島北岸の大津を所領とした国衆であり、形原松平氏・幡豆小笠原氏と同じく、海上勢力としての存立を維持すべく、転封前と共通する環境（沿岸地域）で新たな所領を用意された事例にあたる。

但し、下田については、戸田忠次の所領にとどまらない位置付けであった。すなわち、徳川氏は関東への移封にあたり、千賀重親・高木広次を下田に派遣して、戸田忠次と共同で海上輸送の臨検にあたらせたのである。縷述してきたように、千賀重親は知多半島の海賊で後に三崎の在番に参加しており、高木広次は知多半島の常滑で知行や船舶運航に関する権益も有していた。戸田忠次も加えた三者は、海上交通の統制に要する技量を有したことを共通項とする。そして、徳川氏の国替により、東海から物資が大量に廻漕されてくる状況に応じ、下田は臨検の場に設定され、戸田忠次・千賀重親・高木広次がその実務を担当したのであった。一七世紀前半に設置される下田奉行所が、海上輸送の監察をおこないつつ、将軍家直轄水軍の拠点も兼ねた状況の萌芽にあたる。

本章でみたように、小田原の陣にて、北条氏は下田で羽柴方水軍を迎撃する戦略を立て、南伊豆郡代の清水氏に城郭を築かせ、ともかくも羽柴方水軍の半数を二ヵ月にわたって拘束した。また、開城の後は、徳川氏被官の天野景能が下田に赴き、同地で伊豆国の接収を指揮した。こうした経緯から、徳川氏は下田を戸田忠次の所領に設定することで、転封前に忠次に委ねていた大津と同じく、徳川氏が必要に応じて海上軍事や流通統制の拠点として利用しうる場としたのであろう。実際、忠次は下田で海上活動能力（持船の確保、海民の動員など）の涵養《かんよう》につとめていた模様で、縁戚関係にあった深溝《ふこうず》松平家忠の日記にも、下田時代の忠次が船舶を運用していたことを示す記事が散見される。

もっとも、北条氏が下田築城以前から伊豆半島西岸で運用してきた長浜城や田子砦は、徳川氏の支配下では活用されていない。当時の徳川氏は、豊臣政権の東国経営を支える立場から、羽柴氏の一門領・譜代領として再編された東海地域の旧領に接する西部方面の防備を不要として、下田を臨時の海上交通統制拠点に設定しつつ、伊豆半島沿岸の城郭は基本的に維持しない方針をとったのだ。

その一方で、関東転封からまもない時期の徳川氏は、相模湾で船舶運用をおこなうことを課題としていた。豊臣政権は関東を平定すると、東国支配の正当性を強調すべく、北条氏の庇護下にあった鎌倉鶴岡八幡宮の修造を直轄して、天正一九年五月に事業を徳川氏に引き継いだ。造営に要する材木は、徳川氏領国から集めることになっており、当然、輸送には廻漕も用いられたはずである。

そして、豊臣政権による直轄段階に奉行衆（増田《ました》長盛《ながもり》など）との折衝に携わり、徳川氏への事業移譲後も政権から材木調達の責任者に指名されたのが高力清長《こうりき》だった。清長は関東転封後に武蔵岩付《いわつき》城の城主（二万石）となっていたが、徳川氏の東海大名時代には、本多重次・天野景能とともに水軍を統括する立場にあった。その延長として、鎌倉八幡宮の造営に関わることになったとみられる。

また、鎌倉の直轄支配については、岡津陣屋の代官である彦坂元正が担当した。伊豆半島は徳川氏領国でもとくに有力な材木の供給源である。高力清長が担ったのは、木材調達全体の総括であり、伊豆半島から鎌倉に及ぶ廻漕の管理は、元正が実務にあたったものと考えられる。

あるいは、三崎に海賊諸氏が配置され、海上交通の監察を委ねられたことは、関東内湾（江戸）に向けた廻漕だけではなく、相模湾（鎌倉）に向けた廻漕も対象としていたのではないだろうか。関連史料が乏しいために確言はできないが、記して後考を俟《ま》ちたい。

海上軍事に関する北条氏・徳川氏の連続面と断絶面

関東における徳川氏の海上軍事は、先行する北条氏と比較して、連続面と断絶面が相半ばする。連続面の最たるものは、三浦半島の三崎を水軍主力の拠点としたことである。反対に、伊豆半島沿岸西部の防備は解除されており、東西の敵性勢力に備えた北条氏と違い、海上軍事の重点をより東方に置いている。戦国大名として自立していた北条氏と、豊臣大名として政権の東国経営を支える立場にあった徳川氏の差異が海上軍事力の配置にもあらわれたという構図だろう。

また、北条水軍の中心だった海賊の梶原氏・山本氏が、徳川氏のもとで用いられなかったことも、重大な断絶面としてあげられよう。武田水軍の主力から徳川水軍の主力に転じた小浜氏・向井氏とは対照的な境遇である。もっとも、梶原氏・山本氏と向井氏・小浜氏の出自に着目すると、北条氏と徳川氏の連続面を指摘することもできる。すなわち、梶原氏と山本氏は紀伊半島、向井氏と小浜氏は伊勢湾の海上勢力であって、いずれも戦国大名（北条氏・武田氏・徳川氏）と結合して、本来の活動海域から離れた海域で、その海上軍事を請け負う存在だった点である。

北条氏・徳川氏の連続性は、安芸《あき》毛利氏のように、自立性の高い海賊（村上一族など）を従属させ、戦時に軍事的協力を引き出すのではなく、自立性の低い海賊に活動の基盤（知行地や港湾）を提供することで、水軍の主力部隊を編成させるという手法であった。徳川氏（及び近世大名全般）が一七世紀以降に確立させる海上勢力の軍事官僚化の萌芽は、北条氏にも見出せるのである。そもそも、北条氏と徳川氏は、外部から関東に入ってきた権力であり、その両氏が外来（紀伊半島・伊勢湾）の海上勢力を水軍の中心に位置付けたことも、連続面の一つとして数えられよう。

また、北条氏の場合、関東内湾西部に所領が点在した一門の玉縄北条氏も独自の水軍を編成して、海上軍事力を補強していたが、徳川家中では、内藤家長（佐貫）・戸田忠次（下田）・幡豆小笠原氏（富津）・形原松平氏（五井）などが類似の役割を果たした。このように、海賊のみが海上軍役を担うのではなく、水陸両用の軍役を履行しうる領域権力が存在した点も、連続面として理解できる。

さらに水軍の構成においても、北条氏・徳川氏の海上軍事が完全に断絶していたわけではない。後述するように、伊豆国西浦の土豪である大浜氏などは、北条氏から船舶・水夫の供出を賦課され、梶原氏が指揮する戦力の一部を支えていたが、徳川氏の支配下でも、向井氏・千賀氏の指示で、漕手の供出をおこなっている。実際には、同様の事例がより広範囲に及んでいたはずである。

あるいは、伊豆国宮内（松崎）の土豪渡辺織部家は、北条氏が没落すると、浅野長吉（秀吉重臣）のもとで伊豆諸島の探査に参加した後、徳川氏と主従関係を結び、伊豆諸島のうち、新島《にいじま》の支配を任されて、船一艘の軍役をつとめ、一七世紀以降は向井氏の指揮下に属した。八丈島に配流される宇喜多秀家を護送したのも、渡辺織部だったという伝承もある。

西浦の大浜氏や、宮内の渡辺氏は、北条氏の水軍編成を下支えしてきた存在であり、徳川氏のもとでも、梶原氏・山本氏と違い、従前の活動を継続した。こうした在地の海辺土豪を把握し、統括を向井氏などに委ねたために、梶原氏や山本氏を登用する必要はなくなったのであろう。

文禄の役による水軍の拡充①——名護屋在陣と渡海準備

徳川氏が豊臣大名・関東大名として経験した最大の戦役は、豊臣政権が天正二〇年（一五九二、同年一二月から「文禄」に改元）から開始した文禄の役（第一次朝鮮出兵）だった。この戦役を通じて、徳川氏の軍勢は結果的に韓半島（「朝鮮」は李氏を国王とする王朝の国号で、地域名称としては不適当）の戦場に投入されなかったが、戦況次第では、豊臣政権から渡海を命じられる可能性は十分にあり、戦争に備えて海上軍事のあり方を大きく改編する契機となった。

文禄の役で韓半島に出動して、明・朝鮮連合軍と戦闘を繰り返したのは、九州・中国・四国の諸大名が中心であり、徳川氏などの東国大名は予備兵力として扱われた。しかし、予備兵力といっても、漫然と国内で待機していたわけではなく、相応の負担を求められている。

徳川氏の場合、戦役初期の天正二〇年四月頃から家康自身が軍勢を率い、肥前《ひぜん》名護屋城（秀吉の本営）の城下に在陣した。この名護屋陣中にて、徳川氏の軍勢は、名護屋浦の湾口両側に陣所を構えていた。これは、徳川氏が名護屋城を海上から防衛する役割を担っていたことを意味する。近世に徳川権力の海上軍事を支えることになる諸氏（向井氏・小浜氏・間宮氏・千賀氏・幡豆小笠原氏）の家伝でも、名護屋在陣に参加したとする記事を見出せる。徳川勢が豊臣政権から渡海を命じられる展開に備えるとともに、名護屋浦湾口の警固にあたっていたのだろう。

なお、東国大名のうち、越後上杉氏・陸奥《むつ》伊達氏などは韓半島南部の在番に参加している。さらに家康も、天正二〇年六月の会議で、早期の渡海を望む羽柴秀吉に諫言《かんげん》して、まずは自身と前田利家を出動させるように提案した。秀吉に性急な戦争指導の是正を説くための論理ながら、名護屋浦の警固にとどまらず、前線に参戦する意思を表明したことは注目される。

実際、文禄二年（一五九三）三月頃には、徳川家康・前田利家の渡海が計画され、家康は先行して肥後《ひご》国で大船の普請を実施している。実行はされなかったものの、家康は韓半島への出動を十分にありうる展開と認識しており、渡海の準備を進めていたのである。

また、こうした渡海準備と関連して、徳川氏は名護屋在陣中に水軍の増強をはかり、形原松平氏に海上軍役を課したとされる。形原松平氏は関東にとどまり、江戸城の普請に参加していたが、中途で名護屋に参陣することを命じられると、まず船一艘を名護屋に派遣し、さらに浅草で船二艘を新造したうえで、当主家信も文禄二年三月に江戸を出立したとされる。家康としては、当初から名護屋在陣に参加していた水軍のみでは、名護屋湾口の警備や、渡海後の軍事行動に不足が生じるという見込みから、形原松平氏が備える海上軍役の適性（転封前は三河国南岸、転封後は上総国西岸で領域支配を展開）に着目して、水軍としての出動を求めたのであろう。もっとも、形原松平氏は水軍として出動することに難色を示し、今回のみという条件でようやく承知したという伝承もある。沿岸部（形原・五井）で領域支配を展開し、船舶の運用能力を有したといっても、これまで陸上を転戦しており、船隊を軍事的に運用した経験がなかったための拒絶反応とみられる。

その一方で、同じく海上軍役の適性を有した幡豆小笠原氏については、文禄元年の段階から、名護屋在陣に参加している。幡豆小笠原氏も本格的な海上戦闘の経験はなかったが、すでに一族の正吉（権兵衛、越中守）が家康の側近に取り立てられて、海事問題を取り扱っていたこともあり、海上軍役に積極的に応じ、勢力の拡張を志向するようになっていた模様である。徳川権力の海上軍事にて、幡豆小笠原氏が向井氏・小浜氏に次ぐ地歩を占めていく出発点にあたる。

さらに下田の戸田忠次も、当初は関東に残っていたものの、家康が韓半島に渡海することになったとの報に接すると、自発的に名護屋に参陣したとされる。忠次は形原松平氏・幡豆小笠原氏と違い、牢人の境遇から取り立てられて、三河湾や浜名湖の沿岸で所領を与えられ、船を用いた戦闘・輸送なども幾度か経験していた。そのため、海上軍役で身を立てたという意識があり、従来以上に水軍を不可欠とする海外の戦場に臨もうとしている家康のもとに馳せ参じる行動に出たのであろう。

文禄の役による水軍の拡充②——進行する水軍編成の総力化・直轄化

朝鮮出兵は日本における水軍の編成や運用を大きく変える画期でもあった。

日本水軍は戦役序盤（文禄二年〈一五九三〉前半まで）に朝鮮水軍に苦戦を重ねたが、日本側の軍船や火器がまったく通用しなかったわけではない。志摩九鬼氏が日本丸《にほんまる》（安宅船《あたけぶね》）の防御力を活用して善戦したこと（安骨浦《あんこつほ》海戦〈天正二〇年七月〉）や、朝鮮水軍の主力であった板屋船《ばんおくせん》を大鉄砲（一〇〇匁玉）で損傷させたこと（釜山浦《ぷさんほ》海戦〈天正二〇年八月末頃〉）もあった。大型の軍船や火器について、日本水軍の水準は朝鮮水軍よりも極端に劣ってはいなかったといえよう。

こうした戦訓から、豊臣政権は天正二〇年（一五九二）一〇月に諸大名に対して、九鬼氏の日本丸を手本とした安宅船の建造を求め、装備する大鉄砲も集めさせた。また、沿岸の要所に城郭を築き、水軍との連携を密にして、朝鮮水軍の攻勢を退けるという戦術も採用された。後者の対応策は、小田原の陣で北条方の伊豆下田城が優勢な羽柴方水軍を拘束した展開を一層大規模にしたものでもあった。むしろ下田城が欠いた水軍の在城が実現した分、戦術的な有効性はより高かった。

名護屋在陣の徳川勢も、大船の建造をおこなった。家康が担当者の一人である林茂右衛門に宛てた六月一一日付の書状の写は、「太閤様」(秀吉)から大船の建造を命じられたと説明しているが、これは「六月」とくずし字が似ている「十一月」の誤記で、天正二〇年一〇月の造船指令に基づく動きであろう。この大船建造は、肥後国で高力清長を総責任者として実施された。関東から大船を廻航する手間を省くために、九州で建造地を提供された模様である。清長の起用は、先年の鶴岡八幡宮修造の材木調達と同じく、海上活動の統括に参与してきた立場によるものと考えられる。

もっとも、高力清長その人は造船のノウハウ(技術・知識など)を持っておらず、前出の家康書状によると、実務は小浜政精《まさきよ》や林茂右衛門が担うことになっていた。このうち、林茂右衛門は三崎在番の海賊である千賀重親が養子に迎えた信親の実父にあたる。また、小浜政精も三崎在番の小浜氏の一族だったとみられる。城主(重臣相当)の立場にある高力清長が全体を統括しつつ、水軍関係者がノウハウを提供するという態勢だった。とくに小浜氏は、九鬼氏と同じく志摩半島を出自とする海賊であり、九鬼氏の造船技術に適応しやすいと期待しての人選ではないだろうか。

なお、林茂右衛門については、かつて織田信長の重臣だった林秀貞の子息ともされる。秀貞は天正二年(一五七四)の伊勢長島合戦で大船を用意して、海上からの一揆方包囲に参加している。もともと、林氏は海上軍事に関する技能(造船・操船)を有する家で、秀貞の失脚後も、茂右衛門が何らかの形で継承しており、徳川家中で海上軍事に参与する立場を得ていたのだろう。千賀重親が茂右衛門の子息を養子としたのも、徳川氏の家中で海上軍役をつとめる千賀氏の後継者たりうる知識・技量を備えていると見込んだからだったと考えられる。

また、深溝松平家忠の日記によると、徳川氏は文禄二年二月に九州で建造中の大船用の装甲として、名護屋に出陣していなかった関東の大身家臣から、一万石につき一五〇枚という基準で、鉄板を供出させている。鉄板による装甲船については、織田信長が毛利氏の水軍に対抗すべく、九鬼嘉隆に建造させたという鉄船がよく知られている。これは、一過性の工夫ではなく、ある時期から、鉄板の装甲を備えた船を「黒船」、未装備の船を「白船」と称して、区別するようになっていた。装甲の用途は、防弾性・防火性の向上にあったと考えられている。

とくに韓半島の戦場では、朝鮮水軍が大型の船体に多数の火器を搭載した板屋船を主力として、日本水軍を圧倒していた。また、前述したように、日本側の大型火器も、相応の威力を発揮していた。そこで、徳川氏も火力に対する耐性の高い大船を建造すべく、大量の鉄板を確保しようとしたのである。もっとも、佐竹氏家臣の大和田重清は、名護屋在陣中の日記で、しばしば「黒船」に言及していたことから、徳川氏に限らず、国内で新規に建造された軍船は、少なからず鉄板の装甲を施しており、名護屋浦などに配備されていた状況が窺える。

さらに関東にとどまっていた大身家臣から鉄板を徴集していることにも注目すべきである。従来、徳川氏の水軍編成は、船舶運用の能力を備えた海賊や沿岸部の国衆に海上軍役を課す方式がとられてきた。しかし、対外戦争が遂行されている中で、重装備の大型軍船を建造するには、家中全体で資材を用意する姿勢が必要となっていたのだった。

水軍編成の新たな方向性は、資材だけではなく、人員の確保においても見出される。鉄板の徴集よりもやや先行して、徳川氏は文禄二年正月頃に直轄領の伊豆国西浦などから漕手を名護屋に召集している。韓半島への渡海、名護屋浦の警固、あるいは完成した大船の運用に関して、より大勢の漕手が必要になるという判断に基づく措置であろう。

この漕手召集の責任者となったのは、向井政綱と千賀重親であった。両人とも、当初から名護屋に在陣していた海賊だった。従来は、知行の範囲で海上軍役を履行してきたが、直轄領から人員を徴発する権限を付与されたのだった。小浜政精の大船建造への参与と合わせ、徳川家中で各海賊が大名権力と結合する軍事官僚としての性格を帯びつつあったことを意味している。

すなわち、徳川氏は対外戦争に適応すべく、家中の総力を結集させて水軍を編成する方式への転換を志向し、その実務を各海賊に担わせるという改革を進めたのである。小田原合戦にて、北条氏の海上軍事が圧倒的物量差のために機能不全に陥った展開を目の当たりにして、海上勢力に軍役を課す形式の限界を認識していたことも、改革を後押ししたと推測される。

後の将軍家船手頭の活動（直轄水軍の運営）は、こうした変化の延長線上に位置する。

水軍拡充体制の継続

文禄二年（一五九三）に明との講和交渉が進展して、事実上の休戦期に入ると、徳川軍の渡海も不要となった。そのため、家康は八月に名護屋から大坂に引き上げ、さらに一〇月に江戸に帰還している。名護屋から大坂への復路では、船を利用したという記録もある。高力清長の指揮にて肥後国で建造された大船を用いたのか、あるいは向井政綱がかねて運航を任されていた「国一丸」を用いたのか

（または政綱が大船の運航も担当することになったのか）、定かではないものの、事実とすれば、家康の生涯における最長の船旅だったはずである。

こうして名護屋在陣のために順次増強された水軍編成は解除されたが、臨戦態勢の中で広げられた海上軍事の枠組は縮小しなかった。その理由も、豊臣政権の動向に対応していた。

たしかに、豊臣政権は対外戦争を休止したものの、文禄三年以降、京都における秀吉の居所・政庁として築かれていた伏見城の大拡張を開始した。徳川氏もこの普請に参加し、人夫の糧食として、数次に亘り、関東の領国から兵糧を廻漕している。

一連の兵糧廻漕では、小浜光隆（景隆後継）・向井政綱・間宮高則・千賀重親・形原松平家信・幡豆小笠原信元・同広勝の七人が奉行（責任者）をつとめた。この七人は、いずれも徳川勢の名護屋在陣に水軍として参加しており、さらに兵糧廻漕に際しては、三崎衆と上総衆に分かれて任にあたっていた。三崎衆を構成したのは小浜光隆・向井政綱・間宮高則・千賀重親、上総衆を構成したのは松平家信・小笠原信元・同広勝だった。三崎衆は三浦半島の三崎に在番した海賊衆、上総衆は上総国西岸に所領を与えられていたもと三河国衆であった。

関東転封前から海上軍役をつとめてきた三崎衆と違い、上総衆については、形原松平氏・幡豆小笠原氏の両氏は、朝鮮出兵という戦時に対応して水軍に参加したのであって、とくに形原松平氏の場合、一度限りという条件で名護屋浦に出動したともされる。しかし、朝鮮出兵が休戦期に入った後も、徳川氏が豊臣政権のもとで求められる負担は依然として大きかった。そして、関東・畿内間の海上輸送力を充実させる必要から、形原松平氏と幡豆小笠原氏は、引き続き海上軍事体制の中にとどめられ、三崎衆と並ぶ水軍の集団として扱われることになったのであろう。

もっとも、三崎衆・上総衆が実際に廻漕をおこなったのは、関東内海から伊豆半島までの海域であって、以後の廻漕は関東・伊勢湾の間を往来する廻船商人が請け負っていた模様で、志摩国小浜の久平などが確認される。小浜は小浜氏の本領であり、この段階においても、小浜氏が志摩国とのつながりを保持して、海上活動に利用していたことが窺える。他の諸氏も同様であろう。

また、三崎衆と上総衆は、兵糧廻漕を請け負った商人のために、徳川氏の大坂蔵前衆に宛てた手形を連名で発給している。こうした手続は、伏見城の普請中にとどまらず、数年にわたって、畿内への海上輸送を対象にとられていく。名護屋在陣においては、三崎衆の諸氏が大名権力に結合した活動（大船建造への参与、直轄領からの人員徴集）を担ったが、上総衆も大名権力の機構に組み込まれた官僚的性格を帯びようとしていたのである。まさに豊臣政権下の役負担がもたらした変化だった。

ところで、伏見城は宇治川流域の河川交通と接続しており、城下では船舶の航行が可能であった。徳川氏も城下の周辺で家康乗用の川船を運用しており、小浜政精を船奉行としていた。前述したように、政精は小浜氏の一族で、名護屋在陣中に肥後国での大船普請にも参加している。海上軍事の延長として、川船の指揮も委ねられたのであった。後に江戸や大坂にて、船手頭が海船だけではなく、川御座船も管轄下に置いていくことの出発点ともいえよう。

さらに注目すべきは、代官の彦坂元正が文禄五年正月に伊豆国仁科郷に対し、小田原の陣以降に停止処分を受けていた浦船の運用再開を認め、徳川氏領国で役務をつとめれば、その見返りとして、畿内への派遣は免除すると通達したことである。小田原の陣を境として、複数の海村では船舶の運用を禁じられていたが、一五九〇年代中頃から順次解除されて、徳川氏から種々の役務を課されるようになっていたことが判明する。また、役務の内容は、領国内部におけるものと、畿内方面に向けたものに二分されていたことも想定できる。

名護屋在陣中に西浦から水夫を徴発した事例にも鑑みるに、当初、徳川氏は進駐軍的な立場から、北条氏が整備した船舶・水夫の動員体制を凍結していたものの、豊臣政権下で増大しつつある負担（対外戦争をめぐる軍役、畿内における普請）に適応するうえで、動員体制を再起動させて、水軍・輸送力の充足をはかっていたのだろう。これは、徳川氏が関東大名としてのあり方について、豊臣政権の進駐軍という振る舞い方を揚棄しつつあった状況を示している。

なお、文禄三年に実施された兵糧廻漕の報告も、三崎衆・上総衆から彦坂元正に対しておこなわれた。前述したように、代官としての元正は、相模国岡津に陣屋を置きつつ、伊豆国の直轄領支配も担当していた。そのため、三崎衆・上総衆の諸氏は、大名権力の海事官僚という立場から、伊豆半島沿岸で海上活動をおこなう場合、元正と連絡を取り合うように定められていたのだろう。

家康側近における小笠原正吉

すでに述べたように、幡豆小笠原氏が海上軍役をつとめる出発点である名護屋在陣に先行して、その一族の正吉（権兵衛、越中守）が徳川家康の側近として、海事問題に携わるようになっていた。正吉は幡豆小笠原氏の宗家である安芸守《あきのかみ》家（寺部城主）の庶流とされるが、家康の直臣に取り立てられ、一五八〇年代中頃には、信濃国の戦略を指揮する大久保忠世（遠江二俣城将）の与力に配属され、天正一三年（一五八五）の上田合戦（真田氏攻撃）にも参加した。関東転封後は、家康のもとに復帰しており、天正一八年から翌年にかけて、徳川氏が大崎・葛西一揆などの奥州動乱の鎮定に出動した際に、正吉は水軍の千賀重親から船二艘を供出させ、物資の輸送にあたらせた。

また、関東大名時代の徳川家中には、三崎衆（もと海賊衆）・上総衆（もと三河国衆）の他にも、海上軍役をつとめる家が複数存在した。このうち、中島与五郎家の登用には、小笠原正吉が関わっていたとされる。もともと、中島与五郎家は武田氏海賊衆の帰順前から徳川氏の水軍として活動していたが、当主の重次が遠江国相良沖で討死し、その妻が遺児の重好を伴って板倉勝重（後に駿府・江戸町奉行や京都所司代を歴任）に再嫁したことで、実質的に没落状態となっていた。但し、重好が成人すると、徳川氏は出仕を認め、父親と同様に海上軍役をつとめさせた。この中島与五郎家の再興にあたって、小笠原正吉は重好のために家康への拝謁を取り次いだという。

さらに北条氏旧臣から取り立てられた伊豆国宮内の渡辺織部も、新島《にいじま》（伊豆諸島）の支配を委ねられつつ、名護屋在陣にも船一艘を率いて出動するなど、徳川氏の海上軍事に参加していたが、慶長五年（一六〇〇）の関ヶ原合戦では、小笠原正吉の指揮下に入った形跡がある。奥羽出陣時の海上輸送や中島与五郎家の再興と合わせ、正吉が水軍の運営に関わっていた状況が窺える。

小笠原正吉の家康側近としての活動は、一七世紀以降に重要性を著しく高めるが、その内容は海事問題に終始している。東海大名段階の徳川家中では、高力清長・本多重次・天野景能が水軍の統括にあたっており、関東大名段階の徳川家中でも、高力清長に加えて、代官の長谷川長綱（三浦半島を担当）・彦坂元正（伊豆半島を担当）が水軍の活動に関与したが、いずれも水軍の運営に専従していたわけではなかった。この点において、小笠原正吉は海事問題を専任とする特殊な存在だった。家康は関東転封後に水軍の運用規模が一層拡大することを見越し、側近の中に海事問題の専任者を設定し、小笠原正吉をその立場に据えたのだろう。正吉の登用は、幡豆小笠原氏の一族として培った海上活動に関する知識や、他の水軍諸氏との人脈を前提にしたものと推測される。

小括

豊臣政権期の徳川権力は、自己の領国・家中を運営するだけではなく、政権に対する奉公として、たびたび畿内に出向き、さらに内外の戦役や儀礼・土木工事に参加する必要が生じた。また、一五九〇年代に領国を関東に移され、領国・家中の大幅な構造変化を経験した。

こうした新しい状況に適応していく中で、徳川権力は海上軍事のあり方も改革した。とくに従来の海賊・国衆に軍役を課す方式の水軍編成では、朝鮮出兵という対外戦争に要する規模の海上軍事力を用意できなかったことが大きかったとみられる。そのため、徳川権力は海上軍役を課す対象を広げるだけではなく、領国・家中全体で造船や人員徴発を実施する体制への移行を進め、向井氏・小浜氏などの海賊にその統括権限を委ねるようになった。そして、こうした改革を経ることで、とくに向井氏・小浜氏は、武田氏に従属していた段階から弱かった自立性を一層稀薄化させつつ、徳川権力のもとで従来よりも大規模な戦力を運用する海上軍事官僚という性格を帯びたのである。

徳川権力は豊臣政権下で集権化を進め、幕藩体制の盟主となるだけの地力を身につけた、とよく論じられるが、海上軍事の面でも、後の全国政権化に対応しうる基礎が形成されたといえよう。

第四章
水軍が支えた徳川権力の全国政権化

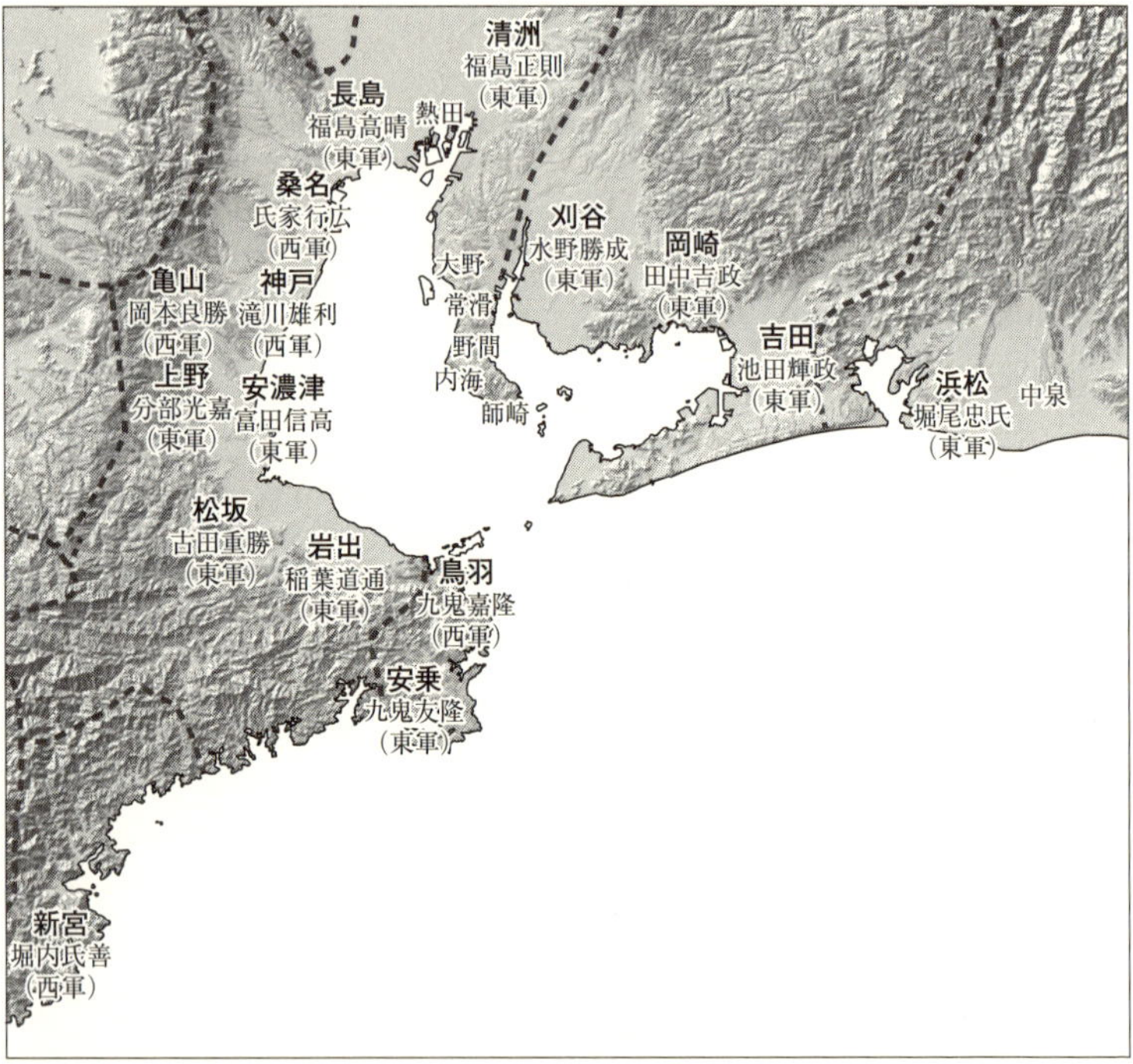
清洲
福島正則
（東軍）
長島
福島高晴
（東軍）
熱田
桑名
氏家行広
（西軍）
刈谷
水野勝成
（東軍）
岡崎
田中吉政
（東軍）
大野
常滑
野間
内海
師崎
亀山
岡本良勝
（西軍）
神戸
滝川雄利
（西軍）
上野
分部光嘉
（東軍）
安濃津
富田信高
（東軍）
吉田
池田輝政
（東軍）
浜松
堀尾忠氏
（東軍）
中泉
松坂
古田重勝
（東軍）
岩出
稲葉道通
（東軍）
鳥羽
九鬼嘉隆
（西軍）
安乗
九鬼友隆
（東軍）
新宮
堀内氏善
（西軍）

関ヶ原合戦関連地図

本章関連地図（伊勢湾・三河湾）

徳川権力は一七世紀初頭に羽柴氏に代わり、諸大名の盟主としての地位を手中に収めて、自己の領国だけではなく、日本列島全域に支配を及ぼすようになった。これによって、徳川権力下の水軍も、編成の規模を大きくするのみならず、活動する海域をより広いものとした。

また、徳川権力の全国政権化は、羽柴氏を討滅した一六一〇年代中頃を境として、①覇権を確定させた段階と、②西国にまで統治を浸透させた段階に大別される。そこで、まず①の段階において、水軍が果たした役割と、活動の変容を素描することにしたい。

関ヶ原合戦と伊勢湾①——慶長五年八月の戦況

慶長《けいちょう》三年（一五九八）八月に羽柴秀吉が死去すると、朝鮮出兵の失敗と相乗して、豊臣政権は著しく衰弱・混乱した。そして、徳川家康が相対的に求心力を高めていき、慶長五年の関ヶ原合戦に勝利して実質的に覇権を握ることになる。その関ヶ原合戦は、濃尾地域を主戦場としたが、戦火は伊勢国まで広がって、伊勢湾をめぐる海上戦闘も生起しており、徳川氏の水軍も出動して、西軍陣営の水軍と対峙した。徳川氏は伊勢湾での水軍運用を小牧の陣でも経験したが、規模はより大きくなった。

関ヶ原合戦の発端は、慶長五年六月に、徳川家康が会津上杉氏の討伐を指揮するために、大老として政務をとりしきっていた大坂から関東の領国に下向したことにある。その途次に、家康は伊勢国から三河国に渡海しており、佐久島《さくしま》を宿所として、岡崎城主の田中吉政によって饗応されている。家康は関東・畿内を往来するにあたり、しばしば三河と伊勢の間を渡海しており、今回の関東下向でもこの経路を用いたのだろう。また、徳川氏は東海大名時代に佐久島を海上輸送の中継拠点としたことがある。家康が三河湾渡海時に佐久島を宿所としたのも、複数回に及んだかもしれない。

ところが、同年七月半ば、家康が東下した機会に乗じ、反徳川勢力が羽柴秀頼（秀吉嫡子）の居所である大坂城をおさえ、家康を豊臣政権の「敵」に指定した。そのため、家康は上杉氏征伐を中止して、与党大名と共同で反徳川勢力を討ち、豊臣政権の執政に復帰する方針に転じた。

一方、西軍（反徳川方）は尾張清洲《きよす》城を東進の拠点として確保したうえで、関東の徳川氏領国に進軍することを構想していた。しかし、城主の福島正則が徳川方に味方したことで、清洲城はむしろ関東から西上した東軍（親徳川方）の諸将が参集する拠点となった。そのため、西軍は戦略を修正して、美濃国・伊勢国を確保して、清洲城に展開する東軍を半包囲しようとした。

西軍の新たな戦略は、小牧の陣において、羽柴秀吉が織田信雄・徳川家康を屈服させた戦略とも重なるものだった。但し、小牧の陣の秀吉と違い、西軍が重視したのは伊勢国の制圧であって、とくに西軍盟主の安芸《あき》毛利氏は、主力部隊（毛利秀元・吉川《きっかわ》広家・福原広俊など）を伊勢国に派遣している。毛利氏が得意とする陸海両面に及ぶ作戦を環伊勢湾地域で展開しようとしたのであろう。

なお、伊勢国では、長島の福島高晴（正則弟）、安濃津《あのつ》の富田信高、松坂の古田重勝、上野の分部《わけべ》光嘉《みつよし》、岩出の稲葉道通《みちとお》などが徳川方に味方していた。これらの諸将は、上杉氏征伐に参加するために関東に在陣しており、西軍決起に伴い、各自の本拠に帰還することになった。ところが、北伊勢の要衝である桑名の氏家行広《うじいえゆきひろ》が西軍に味方していたため、長島（尾張国との境目付近）の福島高晴はともかく、中伊勢・南伊勢の諸将が本領に陸路でもどることは難しかった。そこで、東三河を領国とする吉田城主の池田輝政《てるまさ》が船団を手配して、伊勢湾を渡海させることで、諸将の帰還を成功させている。

この後、伊勢国の東軍勢力は、富田信高の安濃津城に防備の重点を置き、上野城の分部光嘉は手勢を率いて安濃津城に入り、松坂の古田重勝は加勢を送った。また、家康も安濃津城を重視し、浮田左《うきたさ》京亮《きょうのすけ》（西軍に参加した備前宇喜多氏から離反）や山岡道阿弥《どうあみ》（甲賀衆を統括）を援軍として、これも海路で送り込むことを計画している。小牧の陣にて、戸木《へき》城の木造《こつくり》氏が持久していた間は、信雄・家康が羽柴方による半包囲戦略に対抗できていた展開を再現したかのような戦略であった。

ところで、富田信高などは伊勢湾渡海に際し、西軍に味方していた九鬼嘉隆《よしたか》の水軍に捕捉されかけたが、虚言（西軍参加）によって難を逃れたという伝承もある。実態としては、志摩九鬼氏が分裂して、海上往来の監視を十分に実施できなかったことが富田らに有利に作用したのだろう。

当時の九鬼氏は、嘉隆から友隆（守隆）に代替わりしており、上杉氏征伐に参加するために関東に出陣していた当主の友隆は東軍に参加したが、在国していた隠居の嘉隆が西軍に味方した結果、家中が敵味方に分かれることになった。嘉隆は女婿の堀内氏善《うじよし》（紀伊国新宮）を本拠の鳥羽城に引き入れて、戦力を補ったものの、領国・家中を完全に掌握するには至らなかった模様である。

それでも、東軍が安濃津城などの伊勢国の諸城を保持しつつ、関東から清洲城に西上した主力（家康支持の織豊大名と徳川氏先遣隊）を美濃方面に北上させるには、九鬼嘉隆・堀内氏善の蠢動《しゅんどう》をより確実に抑え込む必要があった。そこで、家康は九鬼友隆に対して、八月一四日付で南伊勢の宛行《あてがい》を約する文書を発給した。これは、所領の大幅な拡大を認めるという見返りを提示して、父の嘉隆から鳥羽城を奪還し、伊勢湾の海上優勢を確保するように求めたことを意味した。

八月中頃の段階で、九鬼友隆は三河国に待機していた模様だが、家康の指示を受けると、吉田から志摩国に渡海している。さらに吉田城主池田氏の家臣石丸雲哲《うんてつ》が目付として随行したとされる。富田信高などと同じく、池田氏の支援を得て渡海したのだろう。もともと、戦国期の東三河には、海上交通の把握に重きを置く国衆（戸田氏・牧野氏など）が群立していた。豊臣政権下で同地域を一円的に支配していた池田輝政は、家康の女婿（次女督姫と結婚）という立場もあり、領内の船舶を動員・提供することで、東軍の伊勢湾戦略を支える役割を担ったのである。

九鬼友隆は志摩国に帰還すると、嘉隆が押さえた鳥羽城に代わって、南方の国府《こう》・安乗《あのり》に拠点を築き、鳥羽城の嘉隆や堀内氏善を牽制しつつ、熊野浦や大坂湾との連携を断つ構えをとった。また、嘉隆の西軍参加を危ぶむ、あるいは新宮堀内氏を志摩国内に引き入れた姿勢に不満を抱く勢力がいたのか、友隆は相応の戦力を集めることにも成功している。

もっとも、西軍も伊勢湾に水軍を送り込むことを企図しており、毛利水軍の乃美景継《のみかげつぐ》・村上景広《かげひろ》が大坂湾から出動した。また、西軍に味方した水軍大名のうち、菅氏《かん》（淡路海賊）・来島村上氏（伊予海賊）も、この伊勢湾出兵に兵力を供出した。西軍の連合水軍は、志摩国に達すると、まず九鬼友隆が番船を置いていた越賀《こしか》を攻撃し、次いで友隆が籠もる安乗に迫った。これに呼応して、鳥羽城の九鬼嘉隆・堀内氏善や桑名城の氏家行広も、国府・安乗に押し寄せ、友隆は挟撃される形となった。

一連の戦闘は八月二九日頃まで続き、九鬼友隆は国府・安乗を保持し、敵船三艘を拿捕《だほ》したものの、工藤祐助や九鬼宮内などが討死するという犠牲も払った。また、大坂湾から進撃してきた諸水軍が鳥羽城に入り、伊勢湾・大坂湾の連携阻止も打破された。友隆が掌握できたのは、九鬼氏の戦力のせいぜい半数程度であり、国外からも押し寄せる水軍と渡り合うことは難しかったのである。

また、この志摩国の海上戦闘と並行して、近江国から伊勢国に進出していた西軍（毛利勢主力や鍋島勝茂〈佐賀〉・長宗我部盛親〈土佐〉も積極的な軍事行動を開始し、二七日までに安濃津城の富田信高・分部光嘉を降伏させた。大坂湾・伊勢湾の打通成功と合わせ、陸海並進で尾張国に迫る作戦を遂行しうる戦況が成立しつつあったといえよう。

関ヶ原合戦と伊勢・志摩両国で伊勢湾②——慶長五年九月の戦況

西軍が伊勢・志摩両国で確保した優位は、美濃方面の戦況が思わしくないため十分に活かせなくなった。清洲城の東軍前衛は、八月一九日から北進して美濃国に侵入し、二三日までに岐阜城を攻略しており、石田三成（西軍主導者の一人）などは大垣城に籠城するという苦境に陥った。西軍が伊勢国から陸海並進作戦を発動する前に、東軍が美濃国から京都・大坂へと進撃すれば、徳川氏誅伐《ちゅうばつ》を支持する豊臣政権（淀殿・秀頼とその周辺）の姿勢も揺らぎかねない。そのため、伊勢方面の西軍は、長島城への備えを残しつつ、大部分が大垣城を救援すべく美濃国に転進していった。

また、関東で形勢を観望していた徳川家康は、美濃方面への攻勢が成功したことに伴い、決戦の指揮を執るべく、九月一日に江戸を発って濃尾方面に向かった。その途上、遠江国中泉《とおとうみ》に到達した七日に、九鬼友隆から送付された伊勢湾の戦況報告（八月二九日付）に接した。そして、家康は友隆の奮闘を労《ねぎら》いつつ、徳川氏の水軍を遠江国から伊勢湾に派遣すると返信した。たしかに、西軍主力は伊勢国から後退したが、志摩国に進出していた連合水軍は伊勢湾にとどまっており、友隆のみでは対抗しえないと判断し、自前の水軍も投入することにしたのである。

前章でみたように、中泉は南の大之浦（大池）から遠州灘や太平洋の海上交通と接続しうる地勢となっており、徳川氏も一五八〇年代後半に広域に及ぶ差配を発信する拠点に設定していた。向井氏の家譜によると、家康は江戸出立に際して、水軍の西上も開始させており、向井政綱の場合は遠州灘まで進出していたという。なお、間宮氏の家譜には、海上輸送にあたっていたとある。水軍諸将は家康とその旗本（直轄軍）に並進する形で、軍需物資の廻漕に携わり、中泉を補給拠点の一つとしていたが、伊勢湾の戦況に応じて、家康から任務の転換を指示されたのではないだろうか。

　徳川氏の水軍のうち、まず第一陣として伊勢湾に向かったのは、千賀《せんが》氏・形原《かたのはら》松平氏・幡豆《はず》小笠原氏であった。いずれも知多半島や三河湾に存立して、徳川氏の転封に伴い、関東に活動海域を移していた海上勢力だった。関東大名段階の徳川氏の海上軍事体制においては、知行地の所在によって、千賀氏が三崎《みさき》衆、形原松平氏と幡豆小笠原氏が上総《かずさ》衆に分かれていたが、伊勢湾周辺で軍事行動を展開するには、三河湾海域で相互に交流があった三氏を組ませた方が適切と判断された模様である。

　千賀氏と形原松平氏・幡豆小笠原氏は、知多半島南端の師崎《もろさき》に着陣し、海上警衛にあたったとされる。師崎は、かつて田原戸田氏の一族が分立した地だった。さらに一七世紀以降には、尾張徳川氏の船奉行となった千賀氏の船番所が設置される。徳川氏は伊勢湾に水軍を出動させるうえで、まず三河湾と伊勢湾の結節点にあたる知多半島南端に橋頭堡と防衛線を確保することを企図し、その目的に師崎がよく合致していたのであろう。千賀氏は、戸田一族と知多半島南端の支配を分け合った大野佐治《さじ》氏の旧臣であった。地勢に通じた千賀氏の進言に基づく選地かもしれない。

　この徳川水軍第一陣の師崎着陣に前後して、西軍の連合水軍も志摩国から知多半島に侵攻しており、九日、一〇日には、西岸の大野・野間・内海《うつみ》などが毛利水軍の乃美景継・村上景広に襲撃されて大きな被害を蒙った。両人が作成した首注文《くびちゅうもん》によると、二〇〇人以上が斬首されている。また、九鬼嘉隆による襲撃は、三河国沿岸にまで及び、焼き打ちにあう寺社、殺害される漁民も多数に及んだという。

　家康の侍医板坂卜斎《ぼくさい》の覚書を参照すると、家康は一〇日に三河国岡崎から尾張国熱田まで進軍するが、その途中で、西軍の焼き打ちで生じた煙を目にしている。さらに熱田では、沖合まで接近してきた九鬼嘉隆の大船を実見したという。嘉隆らが認識していたかどうかは不明ながら、西軍の海上攻勢は、熱田まで到達しており、家康の間近まで肉迫していたのである。家康は一一日に清洲に進軍するが、翌日は風邪を理由に同地に逗留している。海上からの後方攪乱《かくらん》を少なからず警戒したのだろう。

しかし、西軍の連合水軍は、一〇日以降に軍事行動を低調化させている。

まず九鬼嘉隆と堀内氏善は、一一日に志摩国に引き返して、九鬼友隆と鳥羽付近の船津で交戦している。友隆は西軍の連合水軍に圧倒され、一旦は逼塞《ひっそく》したが、おそらく家康の西上に呼応して再起した結果、嘉隆と氏善は鳥羽を保持するために尾張国から撤退せざるをえなくなった模様である。

また、毛利氏や菅氏・来島村上氏の各水軍も、一二日に桑名から上陸して西美濃に向かい、南宮山《なんぐうさん》に布陣していた毛利勢主力(毛利秀元・吉川広家など)に合流した。東軍との決戦に備え、海上兵力も西美濃に集結させることにしたのだろう。但し、長束《なつか》正家(西軍主導者の一人)は、水軍の一部に対して、北伊勢の四日市の接収に赴くように指示しており、西美濃の防衛を優先するか、伊勢湾の掌握を継続するかで、西軍指導部の方針が割れていたことが窺える。

こうした状況の中で、家康は大垣城や南宮山の西軍と対峙していた東軍前衛に合流し、さらに一五日に西軍から転向した小早川秀秋の松尾山《まつおやま》占拠という機会を捉えて、関ヶ原での合戦で西軍に大勝した。勝因の一半は、南宮山に布陣していた毛利勢のうち、吉川広家・福原広俊などが東軍と和睦したために、大垣城を出て松尾山奪回に向かった石田三成・宇喜多秀家などが孤立したことにあった。本来注力していた戦略(伊勢方面からの陸海並進)が破綻した経緯によって、広家らは家康打倒を貫徹する戦意や見通しを失い、家康と和解しての事態収拾を選択した模様である。

関ヶ原合戦で西軍が事実上瓦解すると、大坂湾・熊野浦から伊勢湾に進出していた水軍も相次いで撤退した。取り残される形となった九鬼嘉隆も、鳥羽城から逃亡して、一〇月に答志島《とうしじま》で自害した。『信長公記』著者の太田牛一《おおたぎゅういち》は、この嘉隆の末路について、尾張・三河両国の沿岸で働いた乱暴狼藉の因果応報であると論評している（『太田和泉守記』）。嘉隆自身も、外部の海上勢力を引き入れ、伊勢湾・三河湾に深刻な被害を生じさせたことから、海域における九鬼氏の信用を回復するには、己の死という形で責任を取り、友隆に後事を託す必要があると認識していたのではないか。

なお、西軍の水軍が敗走していく前後に、徳川水軍の第二陣が伊勢湾に到達した形跡がある。小浜氏の家譜は、小浜光隆が志摩国安乗に進出して、九鬼嘉隆の大船（日本丸とも）を拿捕したとする記事を載せている。さらに戸田尊次《たかつぐ》・清水政吉兄弟（小牧の陣で伊勢湾を転戦した大津戸田忠次の子息）が毛利水軍に襲撃された大野・常滑の救護にあたったという記録もある。その一方で、向井政綱は伊勢湾に向かったが、遠州灘を越えるのに手間取り、戦役に間に合わなかったとされる。

これらは、同時代史料による裏付けを欠くが、家康から伊勢湾進出を命じられながら、大勢が決するまで、水軍諸将は本格的に軍事行動を開始しなかった構図が垣間見える。朝鮮出兵（名護屋在陣）で編成・運用の規模を拡張したとはいえ、実戦で朝鮮水軍を相手に鎬《しのぎ》を削った西軍の諸水軍と比較すると、質量ともに見劣りを自覚せざるをえない水準だったのであろう。

徳川将軍家の成立と小笠原正吉の台頭

関ヶ原合戦の後、徳川家康は大坂城に入って、豊臣政権の大老に復帰した。もっとも、翌年の慶長六年（一六〇一）三月には上洛して、以後は江戸・伏見を往復しながら、政務を執るようになり、慶長八年には征夷大将軍に任官する。関ヶ原合戦の勝利は、家康の武威を高め、若干の移行期間を経て、豊臣政権下の大名という立場から脱却し、新たな武家政権を創出することを可能としたのである。

この政権移行期に、小笠原正吉は海事担当の家康側近として目覚ましい働きをみせた。関ヶ原合戦があった慶長五年九月に、家康は瀬戸内海中部の塩飽《しわく》衆（塩飽諸島で存立した廻船集団）に宛てて、羽柴秀吉の朱印状に準拠した知行安堵の朱印状（二八日付）を発給するが、その奉者をつとめたのは正吉だった。また、正吉は伊勢国大湊（伊勢湾最大の港湾都市）の会合衆《えごうしゅう》に秀吉朱印状を提出させて、家康に披露する手続を進めている。家康は関ヶ原合戦に勝利すると、羽柴氏の御用をつとめていた廻船集団から秀吉朱印状を回収し、あらためて自らの朱印状を発給することで、廻船集団の主人を羽柴氏から徳川氏に置き換える作業を開始し、正吉にその差配を委ねたのである。

なお、慶長五年から翌年にかけて、家康が大坂城に在城した時期に、徳川水軍の小笠原信元・中島《なかじま》重好《しげよし》・渡辺喜兵衛（伊豆国宮内）などが福島・伝法《でんぼう》に在番したとされる。福島と伝法は、大坂城下と海上をつなぐ拠点であり、短期間ながら、徳川氏が大坂周辺の水上交通を監視下に置いたことを意味する。後の大坂船手《ふなて》が設置され、大坂城下の海上軍事を統括する態勢の原型でもあった。

さらに福島・伝法の在番にあたった水軍諸将は、正吉の同族であった小笠原信元、正吉の推挙で出仕した中島重好など、正吉と浅からぬ縁を持つもので構成されていた。渡辺喜兵衛についても、子孫の書上《かきあげ》には、正吉と共同で伝法に在番したとある。後の展開も考えると、関東で代官の長谷川長綱・彦坂元正が水軍の管轄に携わったように、家康が在城した時期の大坂城下では、正吉が廻船集団との交渉と並行して、水軍の管轄にも関わっていたものと推測される。

また、一部の記録によると、正吉は淀川の船奉行をつとめたともされる。前述したように、家康は豊臣政権期から伏見城下で乗用の川船《かわぶね》を運航させており、さらに関ヶ原合戦以降に、伏見城を在京中の政庁に設定したことに対応して、伏見周辺の警衛を担う川船奉行を配置する蓋然性《がいぜんせい》はそれなりに高い。実際、慶長一二年に来日した朝鮮使節（回答兼刷還使《さっかんし》）の報告にも、淀城に家康の配下の「将倭」が在城して、羽柴秀吉が生前に使用していた川船も管理していたという記事を見出せる。徳川氏が羽柴氏から川船を接収して、淀川上流域（伏見・淀）で運用していたことはほぼ確実である。

関ヶ原合戦の後、正吉は幡豆《はず》小笠原氏の本領である寺部領を給付され、かつ家康から与えられた朱印状により、紀伊国沿岸で船の諸役を免除される特権まで得ていた。後継者の権之丞《ごんのじょう》も、所領で正吉から引き継いだと思しき交易事業を展開していた。これらの事実と、正吉が淀川の船奉行をつとめていたとする所伝を整合させると、所領の寺部と、奉行としての持場（おそらく伏見・淀）の往来や連絡にあたって、三河湾と大坂湾（淀川河口）の間で、船舶を航行させつつ、両海域を結ぶ交易にも携わっていたという構図が浮かび上がってくるのではないだろうか。

同時期に、三河国大崎の中島重好、伊勢国白子《しろこ》の小浜守隆（景隆次男）、伊豆国宮内の渡辺喜兵衛といった水軍関係者も、正吉の指揮下に設定されていたとみられる。とくに守隆は、徳川氏が畿内から関東に荷物を廻漕するために、伊勢国大湊の船を用いる場合、正吉の指示で、配下を執行役として大湊まで出向させることもあった。なお、守隆には、正吉の死後に改易された権之丞を一時的に白子で匿《かくま》ったという伝承もあるが、正吉・権之丞との二代に亘る友誼を背景に形成されたものだろう。

家康が江戸・伏見の間を頻繁に移動するようになったことは、伏見周辺の水上警衛や、関東と畿内をつなぐ海上連絡線の整備を課題化させた。そこで、側近のうち、かねて海事問題を扱う立場にあった経緯から、正吉が淀川の船奉行に起用され、寺部領を経営しつつ、三河湾・伊勢湾や伊豆半島に配置された海上軍事力、あるいは廻船集団（大湊衆）を統括するようになった模様である。

伊勢海地域（伊勢湾・三河湾）の再編

徳川氏は関ヶ原合戦に勝利すると、戦後処理の一環として、諸大名の領国再編をおこなった。これによって、徳川氏の勢力圏（直轄領と一門・譜代領の総体）は、関東から畿内の東部周縁（近江国や北伊勢）まで拡大した。関東転封までの徳川氏は、三河湾から遠州灘・駿河湾に至る海域を領国に組込みつつ、一五八〇年代に伊勢湾にも影響力を広げていたが、一七世紀初頭には、三河湾を勢力圏に再び収め、さらに伊勢湾北部をも支配下に置くことになった。

かつて織田氏が同盟関係にある徳川氏の領国と合わせ、伊勢海地域（伊勢湾・三河湾）を統合したことについて、東国・西国の経済活動が交差する空間の掌握を意味し、経済力や水軍編成で他大名よりも優位に立つ基盤を形成したという評価がある（環伊勢海政権論）。織田氏の場合は、三河湾の支配を徳川氏に委ねる形であったが、徳川氏の場合も、中伊勢と南伊勢に外様大名が残っており、完全に伊勢海地域を統合したわけではなく、伊勢湾南部の掌握は後の課題となった。

関ヶ原合戦後の領国再編は、徳川氏の家臣団における一万石以上の大身を増大させ、譜代大名の第一世代となった。そのうち、三河湾・伊勢湾の周辺に配置されたものは、左記の通りである。

三河国　吉田―松平家清、西尾―本多康俊、田原―戸田尊次
伊勢国　桑名―本多忠勝、長島―菅沼定仍《さだより》

これらの万石級譜代は、野田菅沼氏の後継者である菅沼定仍を除き、かつて徳川氏の東海大名時代・関東大名時代に、沿岸部で所領を有したことを共通項とした。松平家清は竹谷《たけのや》松平氏（犬飼湊を

支配、遠江鵜津山《うづやま》城・駿河興国寺城の城代を歴任）の当主、戸田尊次は大津戸田氏（大津は渥美半島北岸）の当主、本多康俊は伊奈本多氏（前芝湊を支配）の当主であって、さらに本多忠勝は、関東転封後に上総《かずさ》大多喜城を本拠として、上総国東南岸まで所領を展開させていた。沿岸部の支配について、相応の経験・技量を持つ譜代を配置し、伊勢海地域を固めようとする布陣だろう。

とくに大津戸田尊次は、田原戸田氏の傍流ながら、宗家のかつての本拠を与えられる形となり、弟の清水政吉も、渥美半島西部の中山（北岸）・堀切（南岸）などで知行地を与えられた。尊次・政吉兄弟は、徳川氏の海上軍事・沿岸支配に関わってきた忠次の子息であって、関ヶ原合戦では、西軍に襲撃された知多半島の大野・常滑を救援したともされる。こうした忠次以来の実績を前提として、尊次は田原半島の支配を委ねられ、政吉がその補佐につけられたのである。

なお、吉田に配置された竹谷松平氏は、慶長一七年（一六一二）に無嗣断絶になったが、深溝《ふこうず》松平忠利が同年中に吉田に入封している。深溝松平氏も三河時代に拾石《ひろいし》（宝飯《ほい》郡沿岸）を所領の一部としており、吉田にて徳川氏の伊勢海支配の一角を担う適性を備えていた。その松平忠利が戸田尊次の甥にあたったこと（尊次の妻は忠利の叔母）にも注目すべきである。戦国期の東三河では、吉田（今橋）をめぐり、今橋牧野氏と田原戸田氏が角逐を繰り広げたが、徳川権力は縁戚関係にある深溝松平氏と大津戸田氏の協調に期待して、両氏の所領を隣接させたとみられる。

大津戸田氏の他にも、徳川氏は水軍を構成してきた諸氏を左記のように伊勢海地域に配置した。石高は万石未満であったが、海上活動の継続を可能とする沿岸部で知行を与えられている。

三河国　形原《かたのはら》―松平家信、寺部―小笠原正吉、大崎―中島重好（六〇〇石）
尾張国　師崎―千賀重親

一五九〇年代の徳川氏は、三崎衆（小浜氏・向井氏・間宮氏・千賀氏）と上総衆（形原松平氏・幡豆小笠原氏）を水軍の中心としており、いずれも伊勢海地域の国衆や海賊を出自としていた。しかし、関ヶ原合戦の後に、惣領家が伊勢海地域に復帰したのは、形原松平氏（家信）と千賀氏（重親）のみであった。次項で述べるように、他の三崎衆・上総衆の惣領家は、関東にとどまって、徳川氏（将軍家）の直轄水軍を統括する船手頭に任用されていくことになる。

旧領復帰を果たした形原松平氏と千賀氏のうち、千賀氏は江戸時代を通じて海上軍事に関わるが、形原松平氏は海上軍事への参加を明瞭には見出せなくなり、一六一〇年代後半に加増のうえで内陸部に転封されている。以後、形原松平氏は海上勢力としての存立を停止し、最終的に丹波《たんば》国亀山の大名に定着して幕末まで続く。形原松平氏については、朝鮮出兵（文禄《ぶんろく》の役）にて臨時に海上軍役を課されたという伝承もあり、千賀氏と比較して、海上活動の継続にそこまで重きをおいておらず、徳川権力も海上軍役を強制せず、むしろ領域規模を拡張して、譜代大名に引き立てたのだろう。

その一方で、大崎の中島重好は、新規に入封した存在だった。重好は旧武田氏海賊衆の小浜氏・向井氏に先行して、徳川氏の水軍に参加していた中島与五郎家の当主であった。また、大崎は田原戸田氏のかつての拠点の一つであり、中島与五郎家が入ることで、三河湾における海上軍事の拠点になりえた。実際、大崎中島氏（与五郎家）は、重次・重春の二代にわたって、三河湾で持船を運用しながら、船手役（海上軍役）をつとめている。大津戸田氏のみでは、田原戸田氏の旧領をすべて押さえきれず、大崎中島氏の創出によって補完した模様である。

さらに前項でみたように、小笠原正吉が惣領家に代わって寺部領に入り、伊勢大湊衆などの統制をおこないつつ、自らも三河湾の外部（おそらく大坂湾）に及ぶ海上交易を展開した。これも前述したように、中島与五郎家は一旦没落して、正吉の推挙で再出仕した経緯があり、後に正吉の嫡子権之丞が改易されると、その戦力の一部を引き継いでいる。大崎中島氏は正吉の与力に近い立場にあったものとみられる。あるいは、正吉のもとに海上問題（軍事動員や船舶提供）に関する用命がくだった場合に、大崎中島氏を介して、東三河の吉田城主・田原城主と連携する態勢だったのかもしれない。

また、伊勢国白子には、小浜氏の庶流である守隆（当主光隆の弟）が在番して、寺部の小笠原正吉の指揮を受けながら、大湊統制の実務を担った。この点からも、三河湾・伊勢湾をまたぐ形で、正吉が大きな権限を委ねられていた構図が窺われる。もともと、小浜氏は志摩国の海賊で、九鬼嘉隆に圧迫され、本領から退去して、武田氏・徳川氏の水軍に参加した経緯があった。九鬼嘉隆は関ヶ原合戦で戦没したものの、九鬼氏の志摩国支配は、徳川方に味方した友隆のもとで続いていたため、小浜守隆は志摩国の故地（小浜）ではなく、白子を活動拠点に設定されたのだった。

このように、徳川権力は関ヶ原合戦後にまず三河湾と伊勢湾北部を勢力圏として把握しつつ、伊勢湾南部にも準勢力圏に組み込むための布石を打った。慶長一三年に伊勢国津（安濃津《あのつ》）の富田信高を伊予国《いよ》板島《いたじま》（宇和島）に転封し、入れ替わりに藤堂高虎を伊予国今治《いまばり》から津に移封したのだ。高虎と信高は、いずれも羽柴氏の取立大名だったが、高虎は家康との間に特別な信頼関係を形成していた。また、高虎は伊予国で海上勢力を編成し、朝鮮出兵で水軍として活躍するなど、海上軍事に関する造詣も深かった。もともと、津は博多（筑前国）・坊津《ぼうのつ》（薩摩国）とともに「日本三津」に数えられた海上交通の重要港湾であった。徳川権力はその津を高虎に託すことで、伊勢湾の海上軍事を充実させるとともに、勢力圏の外殻をより強固なものにしようとしたのである。

なお、志摩九鬼氏については、当主友隆の息女が戸田尊次の嫡子忠能《ただよし》と結婚している。友隆は関ヶ原合戦で嘉隆と袂《たもと》を分かち、西国から伊勢湾に進出してきた水軍を相手取って孤軍奮闘していた。そこで、徳川権力は田原に入封した大津戸田氏との間に縁戚関係を成立させ、九鬼氏を自己の海上軍事体制の中に取り込もうとしたのであろう。一六一〇年代中頃まで、徳川権力が大坂湾方面で水軍を運用する場合に、子飼の小浜氏・向井氏とともに九鬼氏を重用した一因と考えられる。

将軍家船手頭の成立

徳川将軍家（徳川権力）は、関東から伊勢海地域（伊勢湾・三河湾）に水軍の一部を転出させる一方で、関東にとどまった三崎衆・上総衆の諸氏を船手頭に任用し、直轄水軍の統括を委ねるようになった。具体的には、小浜氏・向井氏・幡豆小笠原氏・間宮氏の四氏である。

縷述してきたように、これらは伊勢海地域の海上勢力（海賊・国衆）だったが、旧領に復帰して、中小規模の海上活動を展開するのではなく、あえて将軍権力（徳川権力）と結び付き、その海上軍事官僚という立場を得たのである。海上勢力としての自立性をほぼ失いながらも、列島全体を統合する政権のもとで、より大規模かつ広範な海上活動を手がけていくという選択でもあった。

また、船手頭は三崎衆・上総衆の別を問わず、江戸城下の屋敷に常住して、江戸の海上警衛を担いつつ、将軍が鷹狩などで水上を移動する場合に、乗船や供船の運航を担当した。その一方で、必要に応じ、関東沿岸や西国にも出向して、将軍家・大名家の枠組を越えた海事問題に携わることもあった。つまり、将軍の海上親衛隊という性格と、列島支配の尖兵《せんぺい》という性格を兼ね備えたのであった。

船手頭の戦力は、将軍家から預けられた水主《かこ》同心（士分扱いの船員）と軍船（関船《せきぶね》・小早船《こばやぶね》など）を基幹とした。水主同心は徳川将軍家から俸禄を直接支給されており、将軍家の直臣という扱いだった。一組につき三〇人から一三〇人が所属していた水主同心に加え、それぞれの船手頭が召し抱えている家臣、必要に応じて江戸周辺や関東各地から動員される水夫などが合わさり、一人の船手頭が指揮する兵力は数百人に及ぶこともあった。

これは、豊臣政権が戦国期以来の海賊を出自とする水軍大名（来島《くるしま》村上氏・新宮堀内氏など）に課した軍役と同程度の数字である。最盛期の向井氏でも、知行高は六〇〇〇石であり、本来の分限では組織しえない兵力を運用していたことになる。関船や小早船も、漕手だけで一艘ごとに数十人が運航に必要であり、建造・維持に多くの資材（木・竹・釘など）を消費する。水主同心と軍船を将軍家の直臣・持船として、船手頭に指揮権を与えるという方式は、自立的な海上勢力では、万石級に至らなければ用意できない兵力を、各船手頭に指揮させることを可能にしたのである。

こうした船手頭＝海上軍事官僚の成立は、一七世紀初頭ににわかに進行したものではない。武田氏の水軍でも、小浜氏・向井氏のもとに同心衆が形成されていた。武田氏は各海賊に対して、同心に支給すべき俸禄も含めた知行を宛行《あてが》い、同心の雇傭も委託していたが、徳川権力はある時期から海賊の知行と同心の俸禄を分離したのであった。具体的な画期は、未だ不分明なところが多いものの、東海から関東への転封、水軍の大幅な拡充が課題だった名護屋在陣といった段階を経る中で、次第に同心・軍船との関係を吸い上げ、水軍諸氏に指揮権を付与するという改革が進行したのであろう。一七世紀初頭のイギリス商館員が交流のあった向井氏を「提督」と呼称しているのは、彼らの目に向井氏の姿が自立的勢力（海賊）ではなく、徳川将軍家に奉仕する官僚として映っていたことを意味する。

なお、三崎衆を構成した海賊は、戦国大名や国衆に帰属することで、海上活動の規模や範囲を広げてきた経緯があった。同じ海賊でも、自己完結性の高い領域・家中を経営していた村上諸氏や九鬼氏とは性質が違った。さらに徳川氏の水軍に参加した後も、朝鮮出兵などを通じ、大名権力と結合しての権限行使（大船の建造、人員の徴発など）を経験したことを前提として、徳川権力の海上軍事官僚という立場に旧領復帰以上の将来性を見出したものとみられる。上総衆の幡豆小笠原氏も、同様の感覚を共有しており、本領を庶流の正吉に譲って、関東にとどまったのであろう。

大船接収以後の海上軍事

徳川将軍家は慶長一四年（一六〇九）に西国大名から五〇〇石積以上の船舶を接収した。五〇〇石積以上の船とは、安宅船《あたけぶね》とほぼ同義であった。豊臣政権が朝鮮出兵で安宅船の増産を指示したこともあり、同戦役の主軸となった西国の諸大名は、軍船の大型化を進行させており、海上軍事力に著しい西高東低が生じていた。そこで、徳川将軍家は直轄水軍や一門・譜代の水軍を西国大名以上に増強するという軍拡競争をおこなうのではなく、西国大名から五〇〇石積以上の大船を接収することで、海上軍事力に関する東西の不均衡をある程度修正しようとしたのである。

もっとも、接収の対象は、安宅船などの軍船に限定されず、商船にも及んだ。前近代においては、軍船・商船の区別は曖昧であって、戦時に大名権力が商船を徴発して運用することもあった。また、船体が巨大化すれば、大型あるいは多数の火器を積載する余裕もそれだけ増えてくる。そのため、軍船・廻船を問わず、接収を実施する必要があったのだ。

大船接収の場となったのは淡路島であり、海賊大名の九鬼友隆、船手頭の小浜光隆・向井忠勝（政綱嫡子）、先手弓頭（将軍家直属の弓隊指揮官）の久永重勝が派遣された。そして、九鬼友隆・小浜光隆が廻航された船舶の受取、向井忠勝・久永重勝が諸大名への指示を担当した。

　こうした接収の執行方法は、徳川将軍家が小浜氏と向井氏を直轄水軍の中心に位置付けていたことと、全国規模の水軍統制にて九鬼氏の海上軍事力を頼りとしていたことを示している。あるいは、権力の拡大（東海・関東の大大名から全国政権の盟主へ）に対して、直轄水軍の拡充が追いついておらず、九鬼氏の助力を必要としていたという構図も読み取れる。

　また、この慶長一四年の大船接収については、戦国期に発展した水軍の解体や終焉という文脈で語られることが多い。たしかに、徳川将軍家は慶長一四年以降に安宅船の所有を原則として禁じ、武家諸法度にも、寛永《かんえい》一二年（一六三五）の改訂時に五〇〇石積以上の船舶の保持を禁じる条項を盛り込んでいる。商船は寛永一五年から制限の対象外とされたが、軍船の制限は幕末まで継続した。

　しかし、徳川将軍家も、接収した大船を直轄水軍に編入する増強策はとらず、一部を淡路島から伊勢湾への物資輸送に利用するにとどまった。その後も、安宅丸（第七章参照）を除き、安宅船の建造をおこなっていない。たしかに、慶長一四年の大船接収は、海上軍事力の西高東低を前提としたが、けっして西国大名の水軍に一方的に枷《かせ》をはめるものではなかったことにも留意すべきである。

　そもそも、徳川将軍家は慶長一四年以降も諸大名に軍船の新造そのものを禁じてはおらず、五〇〇石積以下という制限さえ守られていれば、一門・譜代でも外様でも、大型軍船の保有を認めていた。その結果、将軍家・大名家とも、幕末まで関船を水軍の主力に位置付けることになる。

　また、安宅船が使われなくなった段階においても、軍船はかならずしも小型化したとはいえない。徳川将軍家や一門大名が御座船（旗艦）に用いた関船の全長をあげていくと、将軍家の天地丸が全長三四メートル、尾張徳川氏の義丸が三八・九メートル、高松松平氏の飛龍丸が三一・八メートルだった。これらに対して、九鬼嘉隆が文禄の役で建造・運用した安宅船の日本丸は、全長三二メートルであったとされる。全長については、とくに大きな変動（小型化）は生じていない。それでも、五〇〇石積以下におさまっていたのは、関船の方が安宅船よりも幅を狭くしており、相対的に船体がスリムだったことによる。天地丸の幅は七・六メートル、日本丸の幅は九・五メートルとされ、全長と幅の比率は、天地丸が約四・五：一、日本丸が約三・四：一となる。

天地丸模型　東京国立博物館

レアル号模型　株式会社帆船模型スタジオM

参考として、レパント海戦（一五七一年）でスペイン艦隊の総旗艦となったガレー船のレアル号をみると、全長五四メートル、幅六・二メートルだった。安宅船はもちろん、関船と比較しても、かなり幅の狭い構造である。レアル号に限らず、当時のヨーロッパで運用されていたガレー船は、全長と幅の比率が八：一から九：一となる傾向にあった。

このように、安宅船は関船やガレー船と比較して、全長と幅の比率が小さく、艪走《ろそう》では機動性が低くなった。朝鮮出兵における運用実績をみても、巨体由来の火力と耐弾性を発揮すること（安骨浦《あんこつほ》海戦など）もあれば、鈍重さのために戦闘に参加できないこと（鳴梁《めいりょう》海戦など）もあった。

外様大名の水軍に五〇〇石積以下という制限を課し、それを将軍家と一門・譜代大名の水軍にも適用するというのは、一見奇妙な施策かもしれない。しかし、安宅船の問題点を踏まえ、相対的にみて汎用性が高い関船を主力に位置付けたとみれば、ある程度の合理性はあったといえよう。

小笠原越中守家の没落

徳川権力の海上軍事が広域化する初期段階で、小笠原正吉（越中守《えっちゅうのかみ》）は三河国寺部領を拠点としながら、海上で関東と畿内をつなぐ役割の一端を担ってきた。正吉の没年については、慶長八年（一六〇三）説と慶長一六年説がある。慶長一四年の大船接収に関与した形跡を確認できないことを鑑みるに、それ以前に死去していたか、第一線から退いていたと理解すべきであろう。

小笠原正吉の嫡子権之丞には、当時から奇妙な噂が取沙汰されていた。じつは、権之丞は正吉の実子ではなく、徳川家康の落胤《らくいん》であるというものだ。家康・権之丞の親子説は、江戸時代の俗書でたびたび取り上げられるが、イエズス会士が一六一七年にまとめた『日本諸王国殉教記』にも記載がある。よって、後世の創作ではなく、実際に広く流布していたことは確実である。

但し、風聞が実在したとしても、家康と権之丞の親子関係が真実だったとは考え難い。幡豆小笠原氏の庶流でありながら、正吉は家康の側近として海事問題で辣腕《らつわん》を振るい、宗家に代わって寺部領を与えられ、権之丞もまた父の没後に小さくない存在感を放っていた。こうした正吉・権之丞父子の権勢を訝《いぶか》しみ、現実離れした風説で説明しようとする発想が生じたと理解しておくべきだろう。

権之丞はキリスト教を信仰していたことでも知られている。一六〇九、一〇年度のイエズス会日本年報は、三河国の信徒として、権之丞を指すとみられる「公方の息子」と呼ばれる若者に言及しており、一六一〇年代に入る前から入信していたと推測される。イエズス会の諸記録によると、権之丞の洗礼名は「ディエゴ」であり、慶長一七年段階で二四歳だった。さらに受洗時の年齢を一八歳とする『日本諸王国殉教記』の記事に従うならば、入信時期は慶長一一年に比定できる。

このように、権之丞は一七世紀以降に成人した世代にあたり、関ヶ原合戦時には成人していた小浜光隆や向井忠勝と比べて若年だった。両人と違い、慶長一四年の大船接収に参加しなかった一因であろう。あるいは、大坂湾にも活動を広げていた正吉の死去、後継者である権之丞の未成熟を前提として、光隆・忠勝が大船接収の実務を担ったと理解すべきだろうか。

それでも、権之丞は駿府におけるキリスト教信徒の第一人者であって、イエズス会が駿府に設立した修道院の庇護者だったとされる。家康は慶長一〇年（一六〇五）に将軍職を嫡子秀忠に譲り、慶長一二年から駿府を居所として、大御所政治を展開していた。その駿府（徳川将軍家の中枢）において、権之丞はキリスト教の布教を支援しうる程度の立場を得ていた模様である。たとえば、駿府の外港である清水の船手頭に相当する立場にあった可能性などが想定されるが、史料不足のために後考を俟《ま》ちたい。

次章でみるように、徳川将軍家はスペイン・ポルトガルとの外交・貿易について、イエズス会士やフランシスコ会士を仲介役として利用しており、向井政綱・忠勝父子も、浦賀貿易を運営する必要から、フランシスコ会士と親しく交際していた。向井父子は入信していなかったが、権之丞はより踏み込んで、キリスト教に向き合っていたのだった。権之丞は駿府に在府しつつ、父親と同様に、寺部領を拠点とした交易活動も営んでおり、浦賀貿易にも関わっていた形跡がある。活動圏内の市場に供給する舶来品を調達するために、宣教団体に接近していた可能性も想定できるのではないだろうか。

しかし、こうしたキリスト教信仰こそが、小笠原権之丞の政治生命を絶つことになった。すなわち、慶長一七年に岡本大八事件に連座して改易されたのである。向井父子の場合、徳川将軍家が禁教に傾斜した段階でもフランシスコ会士との接触を保っていたが、入信はしていなかったために追及を受けることはなかった。権之丞は将軍家から過度に深入りしていると判断されたのであろう。

権之丞が失脚した後、持船のうち、五〇挺立（関船相当）の千鳥丸は、大崎の中島与五郎家に引き継がれたとされる。中島与五郎家には、権之丞の父正吉の推挙で海上軍事に参加し、同じ三河湾地域で所領を与えられた経緯がある。その関係性を前提として、小笠原越中守家が運用してきた戦力の一部を中島与五郎家の指揮下に編入することで、権之丞の改易により生じる海上軍事体制（とくに三河湾方面）の間隙を多少なりとも埋め合わせようとする措置にあたる。

また、改易後の権之丞は、一時的に白子の小浜守隆に匿《かくま》われたという伝承がある。史実とすれば、守隆も小笠原正吉の差図で動いていたことがあり、権之丞とも何らかの交流があって擁護したのだろう。江戸・駿府ではなく、白子という出先で活動する立場によって、徳川将軍家の統制から逸脱した行動がある程度可能となったのである。この点で、将軍家直属の海上勢力も、それなりの自立性を維持していたと考えられる。守隆が後に処罰などを受けていないことも合わせ、慶長年間の将軍家は、関東から東海・畿内へと急速に広がった海上軍事体制を運営するうえで、遠隔地に配した水軍の逸脱行為をある程度容認せざるをえなかった構図も浮かび上がってくる。

この他に、徳川将軍家の海上軍事体制にあって、小笠原正吉と関係のあった存在としては、伊豆国松崎の渡辺氏があげられる。同氏については、後に向井氏の与力に位置付けられている。

本来ならば、権之丞は正吉が立ち上げた小笠原越中守家の二代目として、父と同様に広範に及ぶ海上活動を担うべき立場にあり、若年なりに徳川将軍家の海上軍事体制の中で役割を付与されつつあったものの、改易によって大成せず、越中守家の戦力（持船）や、正吉のもとに集約されていた人脈などは、それぞれ適宜再編されていったのだと整理されよう。

なお、権之丞改易の後も、幡豆小笠原氏の宗家にあたる安芸守家は関東の富津《ふっつ》にとどまり、本領たる寺部との関係は途絶する。安芸守家の場合は、徳川将軍家の船手頭として、将軍権力と密接につながっての海上活動を重視するようになっており、向井氏・小浜氏などと同じく、海上勢力としての基盤を形成した伊勢海地域の故地に復帰する意志を失っていたのであろう。

大坂冬の陣における水上戦闘①——大坂城西方の防衛と羽柴方の水軍

関ヶ原合戦の後も、羽柴氏は大坂城にあって、一大名にとどまらない存在感（広域に及ぶ寺社修造や諸大名との交際など）を保持していた。徳川氏は政治的主導権を握りつつ、羽柴氏と協調することで、ともかくも一〇年以上にわたって政情を安定させていた。しかし、慶長一九年（一六一四）に京都大仏（方広寺）の再建をめぐって、徳川・羽柴両氏の協調は崩れて軍事対決に及んだ。

この大坂冬の陣については、真田丸などの大坂城南方の攻防が有名だが、大坂城周辺の水上交通をめぐる攻防も重要な意味を持った。もともと、大坂城は淀川下流の大川に接続する形で築かれており、城郭の西側には、港湾機能を担う船場に城下町が形成されていた。そこで、羽柴方は徳川方の主攻方面となる南方の防備を補強しつつ、大坂城をめぐる水上交通の維持にも意を払っている。外部との連絡を確保しながら、船場を戦災から防護するための戦略をとったのだ。

船場において、羽柴方は西側に博労淵《ばくろうぶち》砦、南側に木津川口砦を築いており、後者には大船二十余艘が配備されたという。かつて大坂本願寺も、織田氏を敵手とする籠城戦で、木津川の河口を海上との連絡拠点として、毛利氏の水軍から支援（兵糧の搬入など）をたびたび受けていた。

また、羽柴方は西北方面の野田・福島を中心に水軍を展開させていた。野田・福島の両所については、戦国期にも大規模な攻防の舞台となったことがあった。享禄《きょうろく》四年（一五三一）には、細川高国・浦上村宗《むらむね》（備前国守護代）が在城して、細川晴元などが拠る和泉堺の攻略をはかり、元亀《げんき》元年（一五七〇）には、阿波三好氏の軍勢が籠城して、織田信長の攻撃を凌ぎきった。また、徳川氏も関ヶ原合戦後の大坂在城期に水軍（幡豆小笠原氏など）を福島に駐留させている。畿内と瀬戸内海・大坂湾の接続を扼しうる要衝だったのだろう。そこで、羽柴方は野田・福島に水軍を置き、船場を北方から守りつつ、徳川方が大川を遡上して大坂城に迫る事態を防ごうとした模様である。

大坂の陣の段階で、羽柴氏の政戦両略を指導していたのは大野治長《はるなが》だった。その弟の治房が船場、治胤《はるたね》（道犬）が野田・福島の守備を総括したことは、羽柴方がいかに大坂城周辺の水上交通の維持を重視していたかを示していよう。主攻方面とはなりえない河口部の防備に兵力を割き、剰《あまつさ》え敗退を重ねたことについて、治長の軍事的不見識を論《あげつら》う向きは多いが、冬の陣の結末をみるに、河口部を徳川方に制圧された影響はむしろ大きい。徳川方の攻勢に堪えられなかった戦術面の不手際は批判を免れないとしても、河口部の防衛を重視した戦略は至当であったといえよう。

船場や野田・福島に配備された羽柴方水軍の実態はよく分からない。秀吉は織田氏重臣として中国地方の平定を指揮していた時期から、東瀬戸内地域の海上勢力を用い、独自の水軍を編成・運用してきた。また、全国平定の過程で、譜代家臣から脇坂安治《わきざかやすはる》・加藤嘉明《よしあき》・藤堂高虎などを海上軍役専従の大名に取り立て、数千人規模の水軍を組織させた。その一方で、秀吉は親衛隊の性格を有する直属水軍も編成しており、朝鮮出兵時に本営の肥前名護屋城や瀬戸内海航行の警固に用いた。

秀頼の時代にも、直属の水軍はある程度維持されていた。慶長一二年に来日した朝鮮使節（回答兼刷還使）の記録には、大坂城下を通過した際に「板屋船《ばんおくせん》」を目にしたとする記事がある。「板屋船」とは、朝鮮水軍の主力艦船であり、大型の船体に火器を多数積載して、海上戦闘で高い火力を発揮していた。羽柴氏が保持していた安宅船か関船を「板屋船」と同一視したのだろう。

もっとも、大野治房・治胤が船場や野田・福島で統括したのは、水軍だけではなく、陸上部隊も合わせた戦力全般であった。陸海の戦力が共同で沿岸拠点を防衛するという方法論は、小田原の陣における下田城攻防戦、文禄の役中盤以降の韓半島南岸の持久戦に類似する。そして、治房と道犬のもとで、水軍をじかに指揮したのは、数人の船奉行だった。

羽柴方の船奉行のうち、経歴が比較的明瞭なのは樋口淡路守である。樋口氏は和泉国尾崎の海辺土豪であり、織田氏重臣期の秀吉に仕え、船奉行をつとめたとされる。和泉国の海上勢力では、真鍋氏・沼間氏などが織田氏の大坂本願寺攻囲にあたって水軍として動員され、優勢な毛利水軍に圧倒されながらも、伊勢湾から来援した九鬼嘉隆と連携して、ともかくも戦い抜いた。樋口淡路守も環大坂湾地域で培った海事技術を期待され、秀吉から直属水軍の一角を委ねられたのだろう。

このように、海上勢力を出自とするものを権力に直結させ、それぞれの所領では編成しえない規模の水軍を差配させるという手法は、徳川将軍家と共通している。さらに同時期の諸大名も、同様の形式で水軍を運用していた。たとえば、樋口淡路守の子息関大夫も、土佐山内氏の船奉行に任用されている。豊臣・徳川両政権下の諸戦役や天下普請によって、海上軍役（軍事行動や物資廻漕）が肥大化する中で、海上勢力に個別に軍役を課すのではなく、海上軍事官僚（船手頭・船奉行）に運用権限を持たせる方式が、政権・大名を問わずに広まっていた。そして、大坂の陣とは、ほぼ同一の方法論で編成された水軍同士がぶつかった戦役でもあった。

大坂冬の陣における水上戦闘②——徳川方による河口部制圧

大坂城は淀川水系を天然の堀としており、大軍による侵入に適していたのは南側に限定された。但し、大坂城の主要施設（天主など）は北側に偏在しており、周囲（北・西・東）に接近すれば、城内への突入は難しいとしても、大型火器を打ち込むことはできた。そのため、徳川方は南側を主攻方面に定めつつ、大坂城の弱点を衝くべく、東側・西側にも攻勢を仕掛けた。

東側（東北）では、一一月二六日に米沢上杉氏・秋田佐竹氏の軍勢が鴫野《しぎの》と今福に差し向けられ、羽柴方が両地に築いていた砦を攻略した。羽柴方も城中から軍勢を繰り出し、とくに佐竹勢を苦戦させたものの、鴫野と今福の砦を保持することはできなかった。鴫野・今福は、大和川の南北に位置しており、徳川方が両地を制圧した結果、大坂城は河内方面との連絡が難しくなった。

西側の河口部における徳川方の攻勢は、鴫野・今福合戦に先行して始まった。その中心となったのは、池田氏（播磨、備前、淡路）・蜂須賀氏（阿波）・浅野氏（紀伊）だった。いずれも羽柴氏領国（大坂周辺）に隣接する大名として河口部制圧の主力とされたのである。さらに宇喜多氏旧臣の戸川氏・花房氏・岡氏で構成される備中《びっちゅう》組や、海上兵力として、徳川将軍家の直属水軍と九鬼友隆（志摩）も攻略に加わった。陸上部隊と水軍が共同で河口部を固める羽柴方に対して、徳川方も同様の戦力を投入したのだが、兵数・船数とも、徳川方が圧倒しており、戦況も一方的なものとなった。

なお、将軍家船手頭のうち、江戸から大坂に出動したのは、慶長一四年の大船接収と同じく、小浜光隆と向井忠勝であった。両人の技量と兵力（将軍家から預けられた船舶・人員）は、船手頭の中でも、とくに抽《ぬき》んでた水準にあったのだろう。また、尾張徳川氏に付属されていた千賀信親（重親養子）と、伊勢国白子に在番していた小浜守隆（光隆弟）も出動した。

向井氏の家伝によると、忠勝指揮下の兵数は六〇〇人で、関船六艘と荷船・小船一五艘からなる船隊を統率していたという。朝鮮出兵で海賊を出自とする大名が負担した軍役と比較してみると、来島村上氏（七〇〇人）にほぼ比肩し、九鬼氏（一〇〇〇人）の六割程度である。向井氏が海賊大名の動員力と大きく変わらない兵力を運用していたことが窺える。

向井忠勝が（おそらく小浜光隆も）指揮した兵員には、自身が召し抱える家臣や、徳川将軍家から配属された与力・同心の他に、江戸周辺や関東沿岸の各地から動員されたものも含まれていた。江戸城下の佃衆《つくだ》や、武蔵国神奈川・上総《かずさ》国木更津《きさらづ》には、水夫の大坂出向に関する伝承がある。夏の陣においては、関東に残っていた向井政綱が江戸から大坂に派遣する荷船に乗り込ませる水夫の一部を安房《あわ》国館山《たてやま》に割り当てた文書（黒印状）もある。戦時に対応して、将軍家直轄領で徴発された水夫などを常備の人員（家臣・同心）に加えることで、海賊大名並の編成を可能としたのである。

さて、将軍家の直轄水軍と九鬼勢は、伝法《でんぽう》を攻勢の起点とした。伝法は、淀川下流のうち、大坂城に接する大川の北方にあたる中津川の両岸に位置した港であり、徳川方はこの地を水軍の集結地、そして大川侵入の策源地に定めたのだ。羽柴方の水軍は、徳川方が補給拠点の一つとしていた尼崎《あまがさき》の周辺まで進出することもあり、そうした積極的な行動を封じ込めるための布陣でもあった。

また、諸大名のうち、池田氏の水軍は伝法に布陣した徳川方の水軍に加わり、蜂須賀氏の水軍は木津川口を塞いだ。池田氏の船奉行はもと淡路海賊の菅氏、蜂須賀氏の船奉行はもと阿波海賊の森氏であった。海上勢力の系譜が船奉行に登用されて、身代を越えた規模の水軍を統括するという形式は、将軍家船手頭の向井氏・小浜氏、羽柴氏船奉行の樋口氏と共通する。

河口部における徳川方の積極的な軍事行動は、一一月一九日から始まった。将軍家はかねて蜂須賀氏と池田氏・浅野氏に共同作戦を指示していたが、蜂須賀氏船奉行の森村重《むらしげ》による抜け駆けに牽引される形で、一九日に攻撃が実施され、首尾よく砦を攻め落としている。後の真田丸攻防では、徳川方各軍が抜け駆けを制御できずに敗退したものの、抜け駆けが有利に作用することもあったのだ。

この木津川口砦の失陥に動揺したのか、羽柴方は野田・福島の前衛拠点としていた新家《しんけ》砦を自焼させて、同地から兵力を後退させている。一方で、伝法の徳川方水軍は、新家に進出して、木津川口砦を占拠した蜂須賀勢と連絡を取り合いながら、野田・福島を攻略する機会を窺った。

羽柴方も反撃に出て、二六日に軍船二艘が出撃し、九鬼勢と砲火を交わしており、大砲が命中して船上を損傷させながらも無事に撤退している。当時の大砲は、艦船を破壊するほどの威力を持たなかったとはいえ、羽柴方の軍船が堅牢な構造だったことが窺える。文禄の役に際し、名護屋城（秀吉本営）の海上警固に安宅船や鉄甲船を用いたように、羽柴方の直属水軍も侮《あなど》り難い実力を有したのである。大坂城に蓄えられた膨大な金銀も、有力な軍船の維持を可能にしたのだろう。

河口部をめぐる攻防は、二九日に大勢が決した。徳川方の諸勢が水陸から攻撃を仕掛け、野田・福島の両砦と、船場の博労淵砦を陥落させたのだ。船場を守備する大野治房の主力は健在だったが、羽柴方は軍船の多くを拿捕されて、水上における戦闘力を事実上喪失することになった。なお、尾張徳川氏の水軍では、冬の陣で戦利品として得た軍船が主力級として扱われている。圧倒的な兵力差で制圧されたとはいえ、やはり羽柴方水軍の水準は低いものではなかったと理解すべきである。

一連の敗戦を経て、羽柴方は三〇日に船場を放棄して、大坂城の惣構《そうがまえ》まで防衛線を後退させた。以後、徳川方は船場から天満にかけて、諸勢を展開して、大坂城包囲網の西部・北部を構築していき、徳川方の水軍も、西北方面で一翼を担っている。包囲網に舟運で供給される物資の警固などを担ったのだろう。徳川方の沼田真田氏が戦役中に作成したという布陣図では、包囲網の北部西半が「かいそく」の持場となっており、成員として向井忠勝・千賀信親・九鬼友隆・小浜光隆の四人と備中衆（宇喜多氏旧臣の戸川氏・花房氏など）が記載されている。実際の布陣状況とはかならずしも一致していないが、水軍の存在・活動が味方からも重視されていたことが読み取れる。

この後、一二月四日に羽柴方は大坂城の南惣構（真田丸など）に対する大攻勢を撃退したが、同月中に徳川方と和睦を結び、本丸以外の防御区画の破却という不利な条件まで受け容れた。包囲網の各所から多数の大砲で砲撃されて、継戦困難と判断した結果とされる。

大坂城に対する砲撃にあたり、とくに徳川方が注力したのは、本丸の間近に立地する備前島《びぜんじま》であって、一二日に家康自身が視察に出向いたほどだった。そして、徳川方の備前島占領を誘導したのは、備中衆の一員だった花房正成《まさなり》であったと伝えられる。備前島は、豊臣政権期に宇喜多氏（旧備前国主）の屋敷が置かれており、旧臣の正成は、その地勢に通じていたとみられる。また、備前島の占領と、同地への大砲（おそらく平戸オランダ商館から購入したカノン砲）の搬入を可能にしたのは、羽柴方水軍が野田・福島で撃破され、徳川方が水上を比較的容易に移動できた戦況であった。

大坂夏の陣における水上戦闘

翌慶長二〇年（一六一五）の大坂夏の陣でも、徳川方は大坂湾に水軍を出動させている。徳川方は和睦が破綻しつつあった四月上旬から、関東沿岸（安房国館山など）で軍事動員を開始しており、下旬以降は、摂津尼崎に九鬼友隆・向井忠勝・小浜光隆・戸川達安《みちやす》が在番、同地から伝法や木津川に船を適宜派遣して、大坂城に物資を搬入する船舶の監視・抑留にあたった。冬の陣で羽柴方は多くの持船を喪失して、水軍の運用は難しくなっていたものの、大坂城外には羽柴方と気脈を通じて、物資を提供しようとする海上勢力がいまだ残っていたのである。

なお、冬の陣で徳川方水軍の策源地となった伝法と比較して、尼崎は大坂城から遠く離れている。羽柴方によって陸上から攻撃された場合、水軍のみでは対抗し難いため、徳川方主力が大坂城に迫るまでは、間合を取ることにした模様である。冬の陣で野田・福島の攻略に参加した備中衆（宇喜多氏旧臣）のうち、最も大身の戸川達安（庭瀬城主）が尼崎在番に組み込まれたのは、羽柴方の攻勢が尼崎にまで及ぶ事態に備え、それなりに防衛力を充実させるための措置であろう。

ところが、四月二八日に羽柴方が徳川方の直轄都市である和泉国堺を襲撃すると、九鬼友隆や向井忠勝は看過できず、尼崎から堺に出動している。向井氏の家伝によると、その目的は、堺や南方の岸和田に碇泊している船舶の保護にあった。また、堺の襲撃を指揮した大野治胤は、冬の陣で羽柴方水軍の主力が展開した野田・福島の防備を総括していた。堺の襲撃（及び焼き打ち）は、羽柴方の暴走と語られがちだが、同地の船舶を接収して、水軍の再建に利用する動きとも捉えられよう。

この堺をめぐる戦闘で、九鬼友隆・向井忠勝の船団は、陸地に接近して、羽柴勢と銃撃戦を繰り広げたが、忠勝の乗船は浅瀬に乗り上げて危機に陥っている。忠勝は船上の屋形で防戦を指揮していたところ、二〇匁玉の大鉄砲による射撃が集中し、胸に被弾して負傷したという。それでも、討死せずに離岸に成功したことは、軍船の防御力を示している。もっとも、忠勝が後年に筋気《すじけ》の病（痙攣）に悩まされたのは、この時の戦傷が少なからず影響していると考えられる。

羽柴方の和泉国出兵は、大野治房が主導して、岸和田城を攻略し、紀伊国まで進出しようとするものであり、治胤の堺襲撃はその支作戦でもあった。治房は冬の陣で大坂城の港湾機能を担う船場の防衛を総括しており、その延長として、治胤とともに和泉国沿岸を制圧し、紀伊国北部まで戦線を広げて、水軍が著しく弱体化した状況でも、城外との連絡を確保する戦略構想を持っていたようだ。しかしながら、羽柴方先鋒が樫井《かしい》合戦で浅野長晟《ながあきら》（紀伊国主）に敗れたため、和泉国出兵は頓挫して、後世に無為・拙劣な軍事行動と語られ、堺の襲撃も暴挙として強調されることになる。

最終的に、大坂夏の陣は、五月七日に徳川方が大坂城南方で天王寺・岡山の主力決戦を制し、大坂城を制圧したうえで、翌日に城内の一隅に追い詰められた羽柴秀頼を自害させて決着した。尼崎に待機していた小浜光隆・向井忠勝も、大川に侵入して残敵を掃討しながら、極楽橋の前面にあった大野治長の屋敷まで進撃し、数艘の船を拿捕したという。これは、治長の屋敷が船舶の収容・運用拠点となっていたことも示唆している。治房・治胤の動向と合わせ、大野兄弟が大川や河口部の警固、持船の管理などについて、責任を負っていた構図が垣間見えよう。記して後考を俟ちたい。

また、小浜光隆と向井忠勝は、戦後もしばらく尼崎・伝法に在番し、羽柴方残党の捜索や捕縛、あるいは諸大名が拿捕した船舶の受領に携わり、七月頃に関東に帰還した。大坂両陣を通じて、光隆と忠勝は将軍家から指揮権を預けられた直轄水軍を率いて転戦し、忠勝が堺をめぐる攻防で不覚をとったとはいえ、概ね水準を超える働きをみせた。こうした実績も踏まえ、徳川将軍家は長らく小浜・向井両家を海上軍事体制の主軸に位置付けていくことになる。

ところで、よく指摘されるように、大坂の陣で羽柴方が徳川方と戦術面で互角にわたりあえた主因は、実戦経験を有する多数の牢人を召集したことにあった。こうした牢人の中には、岡本大八事件で失脚した小笠原権之丞の姿もあり、夏の陣で討死したとされる。次章でみるように、改易後の権之丞は、赦免を期待していた形跡があるものの、徳川将軍家の岡本大八事件連座者に対する追及は、安穏な隠棲すら許さない過酷なものであった。当然、赦免などは望むべくもなく、武家社会で復権するには、将軍家を打倒するしかないと判断し、羽柴方への参加を選択したものと推測される。

但し、羽柴方における小笠原権之丞の具体的な動向は不明である。そもそも、権之丞が改易前にみせていた権勢の片鱗は、父正吉の実績を前提としたものだった。権之丞当人がその才覚で目立った実績をあげたわけではなく、羽柴方でも特筆すべき地位は用意されなかったということだろう。

小括

徳川権力は慶長五年（一六〇〇）の関ヶ原合戦で覇権を握り、これを慶長一九、二〇年の大坂の陣で確立させせた。徳川権力は両戦役で水軍を運用したが、とくに大坂の陣では、直轄水軍を率いる船手頭の向井氏などが各自の所領規模では編成できない小大名と同等の兵力を統率している。徳川権力の成長に伴い、船手頭が将軍家直属の常備兵力である水主《かこ》同心の指揮、直轄領からの動員といった権限を用いることで、組織する水軍の規模も大きくなったのだ。無論、豊臣政権下ですでに進行していた海賊の軍事官僚化が一七世紀以降に一層整備された面もある。

また、向井氏などの船手頭は、将軍家直轄の水軍を運営するだけではなく、江戸から淡路島に出張して、諸大名が提供した五〇〇石積以上の軍船を回収するなど、列島全体の水軍を統制する施策にも参画するようになった。さらに徳川権力は、直轄領と一門・譜代領で構成される勢力圏の拡張に合わせて、関東転封に従っていた伊勢海（三河湾・伊勢湾）の海上勢力を加増して本領に復帰させる、直轄水軍の一部を伊勢海地域に駐留させる、沿岸の一門・譜代にも独自に水軍を編成させるなどの措置も講じた。こうした水軍の活動範囲や配置の広域化は、徳川権力の勢力圏が西国に展開する一六一〇年代中頃以降により進行して、全国政権としての徳川権力を海から支えていくことになる。

第五章

徳川家康の対ヨーロッパ貿易

——「扇の要」向井政綱・忠勝父子

第四章までは、時系列に沿って、徳川権力の覇権が確定するまでの叙述を進めてきた。本来ならば、覇権確定後の海上軍事の叙述に移っていくべきであろう。だが、本章においては、前章でみた一七世紀初頭にあって、家康が徳川将軍家の創出と並行して手がけた対ヨーロッパ貿易の政策について、海上軍事という観点から概観したい。一六一〇年代後半以降に徳川権力が展開した海上軍事は、いわゆる「鎖国」(国際関係の局限)に少なからず規定されていく。その前提を理解するためにも、やはり家康段階の対ヨーロッパ貿易、とくにスペインとの関係に一章を割く必要がある。

対スペイン貿易の構想

家康は関ヶ原合戦・将軍任官に先行して、関東の領国でスペインとの国際貿易を展開する計画に着手していた。家康が構想した対スペイン貿易は、二つの方針が複合していた。一つは、ルソン島(フィリピン)からのスペイン船の誘致、いま一つは、新スペイン(メキシコ)への日本人の渡航である。そして、この二つの方針に、船手頭《ふなてがしら》の向井氏が深く関与することになる。

スペインは一五世紀末頃から大西洋を渡ってアメリカ大陸に進出し、一六世紀前半にメキシコ市を首府として、大陸中部に形成された植民地や、従属する数多《あまた》のインディオ首長国を管轄する新スペイン領が設定された。この新スペイン領は、アメリカ大陸と東インド(東南アジア)を結ぶ太平洋航路の探査も担い、一五七〇年代にルソン島にフィリピン総督領を設立している。

もともと、ルソン島については、中国商人・イスラム商人などが海禁体制(明〈中華帝国〉との朝貢関係の枠内に国際貿易を限定)の枠外における商取引の場に利用してきた経緯があった。さらにルソン島がスペインの支配下に入り、アメリカ大陸で採掘された銀が流入してくると、より多数の中国商人が渡航するようになった。明が同時期に海禁を南洋方面で緩和していたこと、税制に銀納を導入して、中国大陸で銀の需要が高まっていたことに連動した景況でもあった。こうした交易熱は、ルソン島の首府マニラを東南アジアでも有数の国際貿易都市へと発展させた。

また、ルソン島のスペイン人は、メキシコ銀を貿易の決済手段として消費するだけではなく、日本に交易船を派遣して、中国大陸のシルク（生糸・絹）を輸出し、小麦・火薬・鉄などを輸入することで、銀の総量を増幅させつつ、ルソン島の物資不足を補完する手段としていた。一六世紀末頃の日本の対外貿易において、ルソン島から来航するスペイン船の船数や商品は、マカオ（中国大陸南岸）から来航するポルトガル船を上回ろうとしていたという説すらある。

徳川家康がルソン島との貿易に関心を持ったのは、まだ豊臣政権下の大名だった時期に、和泉《いずみ》国堺の商人からスペイン船がもたらした絹衣を献上され、その品質に感嘆して、より大量に入手したいと望んだことが発端であるという伝承がルソン島の年代記に残されている。

その一方で、家康は慶長《けいちょう》元年（一五九六）頃にフランシスコ会士のマルティン・デ・ラ・アセンシオンに対して、新スペインに船一、二艘を渡航させることを希望し、ルソン島総督府との交渉を仲介するように依頼したとされる。対スペイン貿易の初期段階から、ただ関東にスペイン船を招致するだけではなく、より積極的に関東から交易船を派遣することが計画されていたのである。

当時の対外貿易は、西国（とくに九州）を中心に、中国大陸や東南アジアとの交易船の往来が展開されていた。もっとも、関東においても、実態は不分明ながら、北条氏の時代に中国船が来航しており、小田原の近辺に中国人の居住区までが形成されていたとされる。第三章でみたように、関東大名期の徳川氏は、豊臣政権下の軍役に対応するために、一五九〇年代中頃から、北条氏が整備した動員体制を再起動させるなど、政権の進駐軍という性格からの転換を課題としていた。そして、外来の支配者という立場を克服し、関東の地域社会との融和を高めるには、北条氏のもとで展開されていた海外交易をさらに大規模な形で再開させて、地域に経済的利得をもたらすことが有効であるという認識のもとで、ルソン島・新スペインとの交易を計画したのではないだろうか。

スペインが構築した太平洋航路のうち、ルソン島から新スペインに向かう航路は、新スペインからルソン島に向かう航路と比較して、北方の針路をとっており、日本列島の東部に接近するものとなっていた。家康はこうしたスペインの太平洋航路の特性を利用して、関東にスペイン船を誘致しつつ、関東を太平洋航路に接続させ、日本人の海外渡航をアメリカ大陸にまで広げようとしたのである。

なお、ルソン島との交易は、中国大陸や東南アジアの物産を輸入する従来型の対外貿易の延長線上に位置するが、新スペインとの交易は、①アメリカ大陸を経由して、ヨーロッパの物産（毛織物など）を輸入する、②日本から物産（国内産・輸入品）を輸出して、アメリカ大陸で採掘された銀と交換する、という対外貿易の新機軸を打ち出したものであった。とくに②は、銀の輸出を中心としてきた対外貿易のあり方に大きな変化を生じさせる可能性も帯びていた。

家康の対スペイン貿易構想については、伊豆銀山の開発を促進するうえで、スペインから銀鉱の採掘・精錬技術を導入することが主な目的だったとする議論も少なくない。しかし、技術導入を主眼とする場合、定期的な航路をルソン島・新スペインとの間に開設する必要性は低い。さらに鉱山のない三浦半島を寄港地に指定することも不合理である。後のスペインとの交渉で、家康が銀山開発の技術供与をたびたび働きかけたのは事実だが、貿易構想とは区別して論じるのが妥当だろう。

スペイン船の浦賀来航

家康の対スペイン貿易構想は、仲介役として期待していた在日フランシスコ会士がサン・フェリペ号事件のために豊臣政権から弾圧され、国外追放や潜伏活動に追い込まれたことで一旦頓挫した。豊臣政権の従属大名という立場から、政権の方針と大きく乖離《かいり》した施策は見合わせたのである。

しかし、秀吉が死去した慶長三年（一五九八）以降、家康はあらためてフランシスコ会士と接触し、ルソン島総督府との交易交渉の仲介を求めるようになった。また、フランシスコ会士の中にも、豊臣政権の禁教路線を修正しうる立場（大老）となった家康の貿易構想に積極的に協力して、その好意を得ることで、サン・フェリペ号事件以降の苦境を克服しようとする動向もあった。

当初、ルソン島総督府の対応は鈍かった。家康の要望のうち、①日本人の新スペイン渡航は、少数のスペイン人による中南米支配に脅威を及ぼすこと、日本から再輸出される中国商品がルソン島からもたらされる中国商品の価値を損ねることが懸念され、②関東への交易船派遣は、ルソン島から日本列島東部への航路を開発する必要があった。つまり、スペイン側からみて、いずれもリスク（既存の支配・経済構造への影響）がメリット（貿易利潤）を大きく上回っていたのだ。

それでも、関ヶ原合戦後に家康の政治的主導権が固まると、ルソン島総督府は一六〇三年（慶長八）から関東に年一艘の交易船を派遣するようになった。政治的地位を高めた家康の要望に応じないでいると、家康から対スペイン貿易の仲介役として期待され、布教の再活性化を容認されていた在日フランシスコ会士の活動に支障を生じさせる事態を招きかねなかった。そこで、徳川将軍家との関係を良好に保つための妥協策として、相対的に問題の少ない交易船派遣が開始されたのである。

ところが、船舶の往来が重ねられてきたルソン島―九州の航路と違い、ルソン島―関東の航路を啓開することは容易ではなく、関東に向かいながらも、逆風のために九州に入港せざるをえないという航海の失敗が繰り返された。家康も次第に、ルソン島総督府が故意に関東への航海を失敗させているのではないかと疑念を抱き、キリスト教への態度を硬化させる兆候すら示しつつあった。

ルソン島発のスペイン船が関東にはじめて来航したのは、慶長一一年(一六〇六)のことだった。同年には、フランシスコ・モレノ・ドノソとファン・テーリョをカピタンとする船がそれぞれ関東・九州に派遣されたが、両船とも暴風に遭い、ドノソ船は肥前《ひぜん》国深堀《ふかほり》、テーリョ船は相模国浦賀に到達した。このように、偶発的ながら関東に至る航路を発見したことで、渡航は安定に向かい、以後、数年間はスペイン船の浦賀来航が続き、家康の在日フランシスコ会に対する心証も一旦好転した。

また、スペイン船カピタンは、ルソン島総督の使節という性格も備えており、家康と会見して、積荷の取引や外交に関する交渉をおこなった。とくに慶長一四年に来航したファン・バウティスタ・デ・モリナは、同年に家康が認可した平戸オランダ商館の開設に抗議を申し入れている。

浦賀に来航したスペイン船の主な積荷は生糸であって、ポルトガル勢力が運営するマカオ―長崎航路を経済基盤の一つとする在日イエズス会士から脅威とみなされた。もともとイエズス会士は、ルソン島から日本の市場に大量のシルク(生糸・絹)が供給されて、マカオから輸出するシルクの価格が低下しつつあった状況に危機感を抱いており、浦賀貿易の恒常化を警戒したのだ。

家康はかねて長崎に来航するポルトガル船の積荷をめぐる取引について、豊臣政権期から親交のあったジョアン・ロドリゲス(イエズス会日本管区の会計係・通辞)を「通商代理人」に指名し、統制に参与することを認めていた。そこで、イエズス会士の中には、浦賀貿易でも同様の立場を得ようと働きかけた者がいたものの、家康はこれを認めず、むしろフランシスコ会士を取引の仲介に携わらせた。対ヨーロッパ貿易について、マカオ—長崎貿易（対ポルトガル）の仲介をイエズス会、マニラ—浦賀貿易（対スペイン）の仲介をフランシスコ会に担わせる、という棲《す》み分《わ》けを成立させたことになる。

こうした状況を背景に、フランシスコ会は東国布教の一環として、浦賀にも修道院（教会とも）を開設した。もっとも、イエズス会士からは、スペイン船の来航時にのみフランシスコ会士が滞在するに過ぎず、実体を欠いていると批判されている。イエズス会士とフランシスコ会士は、日本布教をめぐる競合関係から、非難の応酬を繰り返しており、浦賀の修道院に向けた批判も全て事実とは考え難いが、浦賀貿易にフランシスコ会士が深く関わっていたことを下敷きとしているのだろう。

浦賀貿易と向井政綱

徳川権力の構成員で、浦賀に来航したスペイン船との折衝を担ったのは向井政綱だった。具体的な手順は、慶長一六年（一六一一）に来航したスペイン使節の報告書などからある程度復元できる。

向井政綱は基本的に三浦半島の三崎《みさき》番所で海上警衛にあたっていたが、スペイン船が来航すると、三崎から浦賀に出向して、スペイン船曳航《えいこう》を指揮した。また、カピタンと会見し、スペイン船の浦賀滞在中に、乗員と日本人の間に係争を生じさせないための取り決めを協議した。さらにカピタンが駿府や江戸への出府を申し入れた場合は、政綱が家康・秀忠の周辺に取り次いで、指示を仰ぎつつ、行程・宿所などの手配もおこなった。この一連の役割は、政綱の嫡子忠勝にも引き継がれる。

本来、向井政綱は三崎に在番する水軍諸将（三崎衆）の一員であって、三浦半島の海上警衛について、共同で責任を負っていた。しかし、一七世紀以降に江戸城下が直轄水軍の拠点に設定され、他の諸将や嫡子忠勝が江戸の屋敷に常駐するようになった後も、政綱は三崎にとどまり、単独で三崎番所を管轄した。当時、水軍諸将の世代交代が進み、政綱は長老格となっていたため、徳川権力は三浦半島の海上警衛に関する権限を政綱に集約させたのである。

また、スペイン船の入港地に設定された浦賀には、向井政綱の義兄弟（妻の兄）である代官の長谷川長綱が陣屋を置いていた。長綱は慶長九年（一六〇四）に死去しており、以後、享保《きょうほう》改革期に浦賀奉行所が設置されるまでの浦賀支配のあり方は不明なところが多い。紀伊国などから浦賀に来住した干鰯《ほしか》問屋の編成などについて、向井氏が一定の影響力を及ぼしていたことも確認できる。向井氏は三崎番所の他にも、走水《はしりみず》にも番所を設置しており、港湾としての浦賀にも権限を行使しえたのだろう。

浦賀貿易をめぐるスペイン船との折衝は、こうした三浦半島の海上警衛や、浦賀との関わりにおける向井政綱の特殊な立場が複合しての活動であるとすべきである。

さらに向井氏は、スペイン船の浦賀出航時に積荷を託して、渡航先で販売したうえで、その収益で日本向けの輸出品を調達するように依頼することもあった。将軍家船手頭という立場から、スペイン船との折衝に携わるだけではなく、スペイン船の出入港を利用して、自らも海外貿易を展開しようとしていたのである。一七世紀段階でも、向井氏が海賊の交易事業者としての一面を保持していたことが判明する。現在確認される積荷の委託は、新スペイン行の船舶に限られているが、ルソン島に帰帆する船舶にも、同様の依頼をおこなっていた可能性が高いと推測される。

浦賀貿易とウィリアム・アダムス

浦賀貿易の運営には、徳川氏の庇護下にあったオランダ人やイギリス人も参加していた。彼らは、オランダの東洋遠征隊に所属していたリーフデ号の乗員であった。

オランダはヨーロッパでスペイン（ハプスブルク朝）の支配からの独立戦争を遂行しつつ、外洋への進出にも取り組み、一五九〇年代中頃からたびたび船隊を派遣していた。リーフデ号の場合は、一五九八年にロッテルダムから出航したジャック・マヒューを司令官とする船隊の一艘だった。

このマヒュー船隊の目的は、マゼラン海峡を越え、太平洋を横断して、東南アジアで交易をおこなうことにあった。船隊はマゼラン海峡通過の前後に四散したものの、リーフデ号は計画を日本行に修正して航海を継続し、慶長五年（一六〇〇）三月に豊後《ぶんご》国臼杵《うすき》に到達した。

当時、豊臣政権の大老として大坂で政局を主導していた徳川家康は、リーフデ号をまず和泉国堺、次いで関東の徳川氏領国に廻航させた。リーフデ号は太平洋渡航の途上で船員の大半を失っており、船体の損傷も甚だしかったことから、外洋航海の継続は難しくなっており、日本側の援助を必要としていたために、家康の指示に従わざるをえなかったのであろう。

しかし、堺（豊臣政権の直轄都市）はともかく、関東への廻航は、リーフデ号を豊臣政権の公的な管理下から、徳川氏の私的な管理下に移すことを意味した。関東廻航の指示は、家康が会津上杉氏討伐のために大坂を出立する時機に合わせて出されており、イエズス会士などは、リーフデ号の艦載砲を対上杉氏戦争に利用することを目的とした措置ではないかと認識していた。

その一方で、リーフデ号の関東廻航には、先行して日本で活動するスペイン・ポルトガル勢力から離隔する意味もあった。そもそも、オランダの外洋探査には、対立するスペイン・ポルトガル連合の海外拠点を攻撃することも含まれており、リーフデ号が所属したマヒュー船隊も、アフリカ大陸西岸の航行中にサンティアゴ島・アンノボン島、チリ沖の航行中にサンタ・マリア島を襲っていた。徳川家康の周辺に出入していたイエズス会士には、オランダ船を海賊と非難し、処刑を求める動向もみられたが、けっして事実無根の讒言《ざんげん》ではなかったのだ。よって、リーフデ号の船員がこうした追及を免れるには、畿内・九州と比較して、スペイン・ポルトガル勢力の影響が及びにくい徳川氏領国に身を寄せ、ほとぼりが冷める時機を待つ必要があったとみられる。

その後、リーフデ号は浦賀に抑留され、生き残っていた船員約一〇人は浦賀や江戸に居住するようになった。家康としては、浦賀を拠点とする新スペイン、ルソン島との交易において、何らかの形で利用する構想だったのだろう。船員は帰国の目途がつかないために数年で組織的には解散状態となったものの、過半は関東にとどまっており、やがて徳川権力のもとで貿易や造船に関わっていく。

船長のヤコブ・ヤンスゾーン・ファン・クワケルナックは、マヒュー船隊とは別に東南アジアに進出していたオランダ人に接触し、日本との交易を勧めることを家康に申し出て、その許可を得たうえで、慶長一〇年に平戸松浦氏の朱印船に乗って出国した。これに対して、関東に残った乗員のうち、家康からとくに重用されたのがイギリス人航海士のウィリアム・アダムスだった。

アダムスはテムズ川河口のジリンガムの出身で、ロンドンの外港だったライムハウスにて造船を学んだ後、イギリス海軍に徴用され、一五八八年のスペイン無敵艦隊（アルマダ）の迎撃戦では、補給船の船長をつとめている。さらに除隊後は、モロッコ（当時はサアド朝）との貿易を扱うバーバリー商会で八年ほど勤務した。バーバリー商会の対モロッコ貿易は、金属・毛織物を輸出しつつ、硝石・砂糖を輸入するものだったが、イベリア半島周辺を航行するため、スペイン船・ポルトガル船に対する海賊行為も展開していた。アダムスも航海・交易・戦闘などの経験を重ねたことだろう。

また、アダムスはイギリス人だが、その一族の出自を辿ると、オランダもその一部だったネーデルラントからの移住者だった模様であり、同様のイギリス人約一〇人とともに、マヒュー船隊に参加することになったとされる。少年期から培ってきた造船・操船の技能に加え、イスラム教国たるモロッコとの貿易に携わってきた経歴も、イスラム教国が群立する東南アジアで交易・探査を試みる東洋遠征事業に有用であると期待されて雇用されたのではないだろうか。

アダムスが家康の知遇を得たのは、リーフデ号の臼杵着岸からまもなく、船員を代表して大坂に出頭し、家康に日本渡航の事情を説明したことを発端とする。以後、徳川権力とリーフデ号乗員の交渉を中継しつつ、家康の側近に取り立てられ、国際情勢に関する諮問、ヨーロッパ人との交渉の仲介、造船の指導などに用いられた。バーバリー商会で長らく異文化と接してきた経験は、日本の環境や家康から求められる活動への適応を容易にしたと考えられよう。

ウィリアム・アダムスとサン・ブエナ・ベントゥーラ号（後出）の銅像　按針メモリアルパーク。著者撮影

さらにアダムスは、浦賀に屋敷を有しており、スペイン船来航時は、日本人・スペイン人の交渉を仲介するとともに、スペイン人に宿所として屋敷を提供することもあった。その他にも、ギスベルト・デ・コニンク（ギルバート）も浦賀に居住して、ある程度の財産を築いている。また、修繕工のヤコブは、浦賀に入港するスペイン

船の整備に参加していたとみられる。在浦賀のリーフデ号船員たちが対スペイン貿易の運営に協力させられていた状況が窺える。

一般に、アダムスは家康側近という立場を利用し、徳川権力の対ヨーロッパ政策を、スペイン・ポルトガル重視からオランダ・イギリス重視に誘導したと考えられがちである。浦賀貿易への参画は、こうした印象と矛盾するかもしれない。しかし、アダムスによるスペイン・ポルトガルの中傷（布教と侵略の関連付け）という言説は、イエズス会士・フランシスコ会士が、禁教を招いた過誤を糊塗《こと》するために主張した責任転嫁という性格が強い。アダムスその人は、むしろ家康とヨーロッパ人の交渉について、公平な姿勢で斡旋していたと自認しており、後にイギリス使節が来日した際には、スペイン人との親交に疑惑を持たれたほどであった。家康から要求される役割を果たし、かつ相応の経済的利益を得るには、イギリスやオランダの利益のためだけに動くわけにはいかなかったのだ。

近年、アダムスのルーツを遡ると、ネーデルラントからさらにイベリア半島にまで辿り着く可能性が指摘されている。たしかに、一部の宣教師からスペイン育ちと誤解された容貌、スペイン語やラテン語にも長じていたという言語能力は、その出自が単純なものではなかったことを窺わせる。

もともと、スペインが一六世紀のヨーロッパで覇権国家となりえたのは、ハプスブルク家のカール五世を結節点とするネーデルラントとの接合によるところが大きかった。次代のフェリペ二世も、ラモラール・ファン・エフモント（エグモント伯）らネーデルラント貴族の活躍で対フランス戦争を制し、一時はエフモントの仲介で、イギリスとの同盟（メアリ一世と婚姻）を成立させた。そのエフモントの粛清が象徴するように、一五六〇年代以降にスペイン・ネーデルラントの提携は動揺し、オランダの分離を招くが、それまではヒト・モノの往来は盛んであった。アダムスの一族も、こうした構図を前提として、ネーデルラントやイギリスに移住したのではないだろうか。

リーフデ号船員の中でも、とくにアダムスが家康から重用されたのは、その経歴や出自に由来する多様性が家康の浦賀貿易構想に適合的だったことによると整理しておく。但し、家康の期待（仲介者）とアダムスの自意識（航海者）は、かならずしも合致しておらず、やがてアダムスが活動の重点を浦賀貿易から平戸のオランダ・イギリス商館に移していく一因となった。

向井氏、アダムス、フランシスコ会士の提携

アダムスは「三浦按針《あんじん》」の名でも知られている。この日本名は、三浦半島の逸見《へみ》で知行を与えられていたことに由来するとされる。後にアダムスが勤務する平戸イギリス商館の商館長リチャード・コックスは、元和《げんな》二年（一六一六）にアダムスとともに江戸に参府した際に逸見に立ち寄って歓待されており、同地の一〇〇戸以上の農園（世帯か）がアダムスに奉仕していたと記録している。逸見の一部がアダムスの知行に設定されたのではなく、一円的にアダムスの所領となっていた模様である。

向井忠勝木像　三浦市見桃寺

逸見の地は、楠《くす》ヶ浦《うら》湾の奥部、かつ浦賀と武蔵国金沢《かなざわ》を結ぶ往還上に位置していた。スペイン船がもたらした商品は、三《み》雲屋《くもや》などの江戸商人に販売が委託されており、アダムスは商品の江戸搬送に関わることも求められ、逸見に知行を設定されたのかもしれない。
また、三崎番所を管轄する立場から浦賀貿易に参画していた向井政

綱・忠勝父子は、アダムスと親しく交際して、後見人的な存在にあたった。イギリス商館長コックスも、向井父子をアダムスや商館の「友人」と認識し、徳川将軍家や江戸商人との交渉で頼りとしていた。

向井政綱が在番する三崎は、北条氏の時代において、一門の北条氏規《うじのり》（四代氏政の弟）の居城となっていた。その一方で、逸見は氏規重臣の朝比奈泰之《あさひなやすゆき》の所領に設定されていた。向井父子とアダムスの交際、あるいはアダムスの逸見拝領は、三崎の北条氏規と逸見の朝比奈泰之と同様の関係を、向井父子とアダムスのもとで再現しようとする徳川権力の意図に基づくものとも考えられよう。無論、向井父子・アダムスの場合は主従ではなく、徳川氏を共通の主君とする寄親《よりおや》（向井父子）と与力（アダムス）に近い関係性だったと想像される。なお、知行取の将軍家直臣が向井氏の与力として扱われた事例としては、アダムスの他に、伊豆国宮内（松崎）の渡辺氏をあげることができる。

また、向井父子とアダムスの提携は、三浦半島の内部で完結するものではなかった。アダムスは家康から求められ、洋式船の建造を二度指導した。前述したように、家康は秀吉生前から日本人が交易のために関東―新スペイン（メキシコ）を往来する太平洋航路の開設を計画していた。リーフデ号を堺から関東に廻航させたのも、同船を太平洋渡航に運用することも考えての措置だったのだろうが、損傷が甚だしく、もはや外洋への航海には堪えられないと判断し、ヨーロッパ式の造船技術の受容も兼ねて、アダムスに新造させた、という経緯が想定される。

最初の建造は慶長八年から同一〇年頃、二度目の建造は慶長一二年以前とされる。ルソン島総督府が関東に交易船を派遣して、やがて浦賀にスペイン船が入港するようになった時期と重なる。浦賀―マニラ航路の成立に合わせ、浦賀から新スペインに向かう船の確保が課題とされたとも考えられる。

積載重量については、一艘目が八〇トン、二艘目がその一・五倍である一二〇トンであった。当時の日本では、慶長一四年の大船接収にて対象として指定された五〇〇石積以上の船舶が大船に分類されていた。五〇〇石は七五トンに相当するため、アダムスが建造した二艘の洋式船は、いずれも大船に当たる。徳川将軍家は大船の所有・運用を重視していなかったが、アダムスが建造した船は、遠洋での運用を目指したものであり、船体も大型化したのだ。

同時代人である三浦浄心の『慶長見聞集《けんもんしゅう》』には、伊豆国伊東で「唐船」が建造され、隅田川の入江に係留されたという記事が収載されており、アダムスの指導による造船のことを指していると評価されている。後述するように、伊東では、後にスペイン船のサン・フランシスコ号の航海に随伴するための洋式船が建造されており、『慶長見聞集』の記事は概ね事実を伝えたものとみなしうる。

この二度の洋式船建造には、向井政綱も参画した模様で、旧知の角屋《かどや》七郎次郎（一五八〇年代中頃から伊勢国松坂に在住）に宛てた書状にて、「御黒舟」が完成しつつあること、いずれ同船で関東から畿内に向けて航海することを知らせている。また、アダムスも二艘目の一二〇トン船を畿内から関東まで航行させている。政綱とアダムスは、スペイン（あるいは新スペイン）との交渉が妥結して、浦賀発の太平洋航路が開設される展開に備えて、洋式船の試運転を実施していたのだろう。

また、向井父子はアダムスと貿易や造船で提携しつつ、江戸・浦賀で活動するフランシスコ会士とも交際しており、後述するように、徳川将軍家がキリスト教の禁教に傾斜した段階でも、接触を維持したほどであった。とくに忠勝は、家康の外交顧問格でもあったフランシスコ会士のルイス・フライ・ソテロと親しく、一子を預けて受洗させていた。ディエゴ・デ・サン・フランシスコとの対話では、禁教さえなければ、自身も入信の意思があるとまで発言している。リップ・サービスを多分に含むとしても、フランシスコ会士との間に、アダムスに勝るとも劣らない友誼《ゆうぎ》を結んでいたことが窺える。

浦賀貿易の運営・維持は、スペインを相手とする性格から、アダムス以上にフランシスコ会士の協力を不可欠とする。そのため、向井政綱・忠勝父子はソテロをはじめとするフランシスコ会士と親しく交際し、忠勝は子息の受洗という踏み込んだ姿勢まで示したのである。禁教路線への傾斜後は、徳川将軍家の信認を損ね、失脚につながりかねない関係性であったが、向井父子は不信を招く限度を見極めながら、フランシスコ会士との接触を維持したものとみられる。

そして、向井政綱を扇の要とすることで、フランシスコ会士とアダムスなどのリーフデ号乗員が国家や宗教（旧教・新教）の垣根を越え、浦賀貿易の運営に携わっていた構図もみえてくる。

平戸オランダ商館の開設

リーフデ号船長のヤコブ・ヤンスゾーン・ファン・クワケルナックは、慶長一〇年（一六〇五）秋に肥前国平戸の松浦氏がパタニ（マレー半島のイスラム国家）に派遣した朱印船に乗り、日本から出国して、パタニやジョホールでオランダ人と接触し、家康から託された交易の希望を伝達した。

当時、オランダは数次に及ぶ東洋遠征艦隊の派遣を通じ、マレー半島のパタニやジョホール、インドシナ半島のアユタヤ、ジャワ島のバンテンなどと通商関係を結び、東南アジアの各地に商館を設置しており、ルソン島を中心とするスペイン勢力や、マラッカ（マレー半島）を中心とするポルトガル勢力に対抗しうる海上交易網の構築を志向していた。そのため、クワケルナックがもたらした日本情報や家康による誘致は、オランダの海上交易網を東南アジアから東アジアに延伸させるとともに、スペインとポルトガルの交易活動に圧迫を加える好機となった。

この後、ピーテル・フェルフーフを司令官とする船隊（一六〇七年にオランダ本国を出航）がジョホールに到着すると、同地から二艘が分遣され、パタニを経由して日本に向かい、慶長一四年（一六〇九）に平戸に入港した。両船の任務は、徳川将軍家との通商交渉の他に、マカオ（中国大陸）から長崎に渡航するポルトガル船を襲撃し、その積荷を強奪して日本で販売することだった。結局、ポルトガル船と遭遇できず、通商交渉のみが実行されるが、オランダ勢力の海賊としての一面が窺える。

平戸から駿府に出頭したオランダ人一行は、家康と会見して、平戸に商館を開設することを認められ、オランダ勢力は日本市場への参入を果たすことになった。ところが、意外なことに、この平戸オランダ商館の開設をめぐる交渉にアダムスはじかに関与していない。家康はオランダ船の平戸来航を知ると、検分のためにアダムスを平戸に出向させたのだが、行き違いとなってしまったのだ。オランダ一行とアダムスが接触できたのは、双方の復路においてであり、備前《びぜん》国牛窓で面会し、アダムスはオランダ商館の今後の活動に協力することを請け合っている。

もっとも、平戸オランダ商館の立ち上げは、かならずしも順調に進捗しなかった。東南アジアのオランダ勢力は、日本に派遣する交易船を仕立てることに手間取り、商館長のジャック・スペックスが自らパタニに赴いて督促し、ようやく慶長一六年にオランダ船が平戸に到着した。

そのうえで、スペックスはアダムスの案内で駿府・江戸に参府して、徳川将軍家から積荷を自由に販売することを認められた。積荷の取引について、将軍家の統制を受けていたスペイン・ポルトガルと比較して優遇されているように見え、アダムスも後に自身の仲介による成果として自賛している。反面、交易船の来航頻度や、舶載する商品の質量などの関係から、将軍家は開設まもないオランダ商館の商業活動を統制するのではなく、むしろ経営を軌道に乗せるための助成策を適用したともいえよう。実際、このような権利は後に見直され、オランダ商館もまた統制の対象とされていく。

なお、スペックス一行はこの慶長一六年の江戸参府の帰途に海路をとって浦賀に立ち寄り、アダムスの屋敷に宿泊している。初期（家康段階）のオランダ商館の動向には、不明瞭なところが多いものの、商品の一部を江戸で販売しており、三崎に定宿《じょうやど》を設定していたことを確認できる。徳川権力との折衝に尽力したアダムスに勧められ、三浦半島を江戸市場への中継地として利用したのであろう。向井政綱・忠勝父子の具体的な関与は分からないが、番所のある三崎にオランダ人が出入する状況は、父子に相応の利得をもたらしていたと理解して大過はないと思われる。

なお、一六〇九年に日本行の船二艘を分遣した東洋遠征艦隊の本隊は、バンテン（一六〇三年にオランダに商館開設を認可）を経由して、モルッカ諸島への進出をはかったが、バンダ島で司令官のフェルフーフを失っている。その後は、副司令官のフランソワ・ウィッタートが指揮を引き継ぎ、ルソン島のスペイン勢力と対立関係にあったテルナテ島のスルタンと協定を結んだうえで、ルソン島に侵攻して、マニラを圧迫した。ところが、一六一〇年四月にスペイン艦隊が反撃に出ると、オランダ艦隊は第一次ホンダ海戦で大敗し、ウィッタートも戦死することになった。

このルソン島侵攻の頓挫に先行して、オランダ勢力は一六〇七年のポルトガル領マラッカに対する攻撃にも失敗しており、クワケルナックも同戦役で戦死した。このように、一七世紀初頭の段階において、オランダは東南アジアに勢力を扶植しつつも、その過程は順調なものばかりではなかった。平戸オランダ商館への交易船派遣の遅延も、かかる情勢の中で理解すべきだろう。

巷間《こうかん》では、家康はオランダ（及び後に参入するイギリス）との通商開始によって、スペイン・ポルトガルとの交易を重視しなくなったと語られがちである。しかし、家康の存命中に、オランダ商館はスペイン・ポルトガルの代替となりうるほどの経営実績をあげていない。秀忠期・家光期の展開を遡及させて家康期の外交政策を論じるのは、かえって歴代将軍の試行錯誤を軽んじた考え方である。

浦賀貿易をめぐるスペイン側の方針の二分化

当時から、平戸オランダ商館の開設を過大に捉える、あるいは捉えようとする認識は存在した。ルソン島総督のファン・デ・シルバは、平戸オランダ商館の開設について、日蘭同盟の成立と同義であると断じ、一六一〇年から交易船の浦賀派遣を停止することを決定した。もともと、シルバはフランドルでオランダ勢力を相手に戦歴を重ねた軍人であった。それだけに、オランダ人に対する敵愾《てきがい》心《しん》は強く、徳川将軍家がオランダとも通商関係を持ったことに過剰な反応をみせたのである。

もっとも、平戸オランダ商館の開設に先行して、シルバはマニラ—浦賀航路の凍結を志向していた気配がある。一六〇六年以降、毎年一艘のスペイン船がマニラから浦賀に渡航しており、当初はフランシスコ・モレノ・ドノソ、次いでファン・バウティスタ・デ・モリナがカピタンをつとめてきた。ところが、シルバは一六〇九年にモリナを浦賀ではなく平戸に渡航させた。よって、日蘭通商の開始に対する経済制裁とは、浦賀への交易船派遣を中止するための口実だったとも解釈しうる。

浦賀貿易の計画は、ルソン島からの交易船の受入、新スペインへの交易船派遣を二本の柱としていた。前述したように、ルソン島総督府では、海外に渡航する日本人が増加して、中南米—フィリピン諸島の航路を軸としたスペインの環太平洋経営の脅威となる事態が懸念されていた。そのため、シルバはマニラ—浦賀航路を凍結させることで、浦賀貿易の計画を頓挫に追い込み、日本人が浦賀から中南米に渡航してくる展開を未然に阻止しようとした模様である。

その一方で、シルバの前任（臨時総督）にあたるロドリゴ・デ・ビベロ・イ・アベルサは、シルバの強硬な対日姿勢を危ぶんでいた。ビベロは一六〇九年に総督職をシルバに引き継ぎ、新スペインに帰任するが、報告書で経歴が軍事に偏っているシルバの資質を非難している。ビベロ自身は、浦賀貿易計画に関する徳川将軍家の要望に適度に応じることで、日本で活動するフランシスコ会士の安全を確保しつつ、将軍家に渡航日本人の不法行為を規制させるべきだと考えていた。同じルソン島総督でも、ビベロは新スペインの生まれであり、シルバほどには日本人を警戒しておらず、むしろ対日交易を組み込めば、環太平洋経営を一層発展させることができるという意見すら持っていた。

なお、ビベロが乗船したサン・フランシスコ号は、新スペインへの航海の途中で荒天に遭い、上総《かずさ》国岩和田に漂着した。この後、ビベロ一行は向井忠勝とアダムスの手配によって、サン・フランシスコ号に代わり、徳川将軍家から提供された洋式船（「サン・ブエナ・ベントゥーラ号」と命名）を用い、翌年に浦賀を出航し、新スペインに帰着することができた。そして、ビベロが提供された船舶こそ、アダムスが建造を指導した二艘目の洋式船（積載重量一二〇トン）であった。

結果的に、ビベロの航海は、適切な指導さえあれば、日本でも太平洋横断に堪えうる船舶の建造が十分に可能なことを証明したのであった。さらに浦賀から新スペインに向かう航路を開設するためのテスト・ケースにもなった。実際、京都商人の田中勝介《しょうすけ》が家康の認可を得たうえで、サン・ブエナ・ベントゥーラ号に同乗して新スペインに渡航し、数色の羅紗《ラシャ》（毛織物）を買い付けて、慶長一六年に、後述するビスカイノ使節団に同行して帰国している。家康はビベロの帰還援助を通じて、太平洋航路の開設が成就した場合に、新スペインから輸入しうる品物を調査する機会としたのだ。

また、向井忠勝もビベロ一行に商品を託しており、その代金をやはり羅紗などの購入費にあてようとした。これは、徳川将軍家の権力機構の一端たる軍事官僚（船手頭）になった段階でも、向井氏が海賊の交易事業者としての一面を保持していたことを意味する。

ところで、ビベロの日本滞在中に、徳川将軍家はオランダに平戸商館の開設を認可しており、ビベロは新スペイン帰還をめぐる交渉の過程で、オランダ人の追放を求めつつ、帰還後に家康が要望してきたメキシコ―浦賀航路の開設や、鉱山開発の技術提供が実現するように尽力することを請け合っている。平戸オランダ商館の設立を容認しない姿勢はシルバと共通するが、シルバとは違い、具体的な利益を提示することで、徳川将軍家にオランダとの断交を受け容れさせようとしたのだ。

この家康とビベロの交渉には、在日フランシスコ会士のソテロも介在していた。さらにソテロは、徳川将軍家の使節としてビベロ一行に同行し、スペイン本国や新スペイン政庁に対し、日本と新スペインの双方向的な交易を認めさせるための交渉をおこなう計画を家康に提案した。家康もこれに同意して、書簡や覚書を作成している。実際には、ソテロではなく、同僚のアロンソ・ムニョスが新スペインに渡航したものの、後の慶長遣欧使節の原型と言うべき構想にあたる。ソテロもまた将軍家との信頼関係が布教活動の安定・発展に不可欠であると認識しており、ルソン島総督よりも高位の存在である国王・副王との直接交渉で、緊迫化しつつあった情勢の解決を望んだのである。

こうしたビベロやソテロの努力とは逆に、シルバは一六一〇年（慶長一五）七月に徳川将軍家のもとに使節を派遣し、①オランダ人の追放、②スペイン船の積荷販売に関する将軍家の統制解除、③ルソン島渡航の朱印船による銀輸出の停止（及び生糸買入の制限）を要求したうえで、その履行によって、浦賀への交易船派遣を再開して、十分な量の生糸を輸出すると通告した。ある意味で、平戸オランダ商館の成立を利用して、将軍家の貿易政策に大幅な変更（②③）を迫った形であった。

前述したように、シルバはルソン島に迫ったオランダ艦隊を同年四月の第一次ホンダ海戦で破っており、以後、ジャワ島からオランダ勢力を追い落とす計画を進めていく。その一環として、日本とオランダの通商関係を絶とうとしたのだろうが、徳川将軍家の反発を招きかねない要求を突き付ける態度には、ビベロが危惧した軍事偏重の資質が如実にあらわれている。

このシルバの通告は、若干の紆余曲折を経て、慶長一六年九月に家康のもとに届いた。しかし、家康は三点の要求をいずれも拒んでおり、浦賀―マニラの定期航路は途絶することになった。浦賀貿易のために、貿易政策全体の修正はおこなえないと判断したのであろう。

もっとも、家康は浦賀貿易そのものに見切りをつけたわけではない。ビベロ送還を通じて航路が開設された新スペインとの直接交渉に活路を見出そうとするようになる。

ノッサ・セニョーラ・ダ・グラッサ号事件の衝撃

慶長一四年（一六〇九）は、対ポルトガル関係でも重大な変動が生じた年だった。

家康はスペイン（ルソン島・新スペイン）との浦賀貿易計画を進めつつ、中国大陸のマカオから肥前国長崎に来航するポルトガル船との商取引も掌握しようとしており、慶長六年（一六〇一）頃にイエズス会士のジョアン・ロドリゲスを通商代理人に指名して、長崎における日本人・ポルトガル人の商取引の調停に関与させるようになった。家康とロドリゲスは、豊臣政権が朝鮮出兵を遂行していた文禄二年（一五九三）に、肥前国名護屋の陣中で対面して以来、親しい間柄にあった。そこで、家康は対ポルトガル貿易を統制下に置くうえで、長崎奉行の任免や糸割符《いとわっぷ》商人の設定の他に、ポルトガル側にも信頼する調停者を設定することにして、ロドリゲスを起用したのである。

　また、ロドリゲスはたびたび江戸・駿府に出府したが、その帰途に家康から依頼され、船で伊豆国に立ち寄って、銀山を視察したこともあった。家康は銀の増産をはかって、主にスペインからヨーロッパの採掘・精錬技術を導入しようとしていたが、ロドリゲスなどのイエズス会士を通じて、ポルトガルに技術の提供を働きかける試みもおこなわれていたのだ。

　このように、家康のもとに出入りする宣教師において、ロドリゲスはフランシスコ会士のソテロとともに双璧をなす存在となっていた。しかし、家康・ロドリゲスの信頼関係は、ノッサ・セニョーラ・ダ・グラッサ号（マードレ・デ・デウス号とも）の爆沈事件によって破綻する。

　ノッサ・セニョーラ・ダ・グラッサ号は、慶長一四年五月にマカオから長崎に入港したポルトガル船であり、前マカオ総督のアンドレ・ペッソアがカピタンをつとめていた。このペッソアは、前年に島原有馬氏の朱印船の乗員がマカオ寄港時に起こした暴動の鎮圧を指揮して、日本人を多数死傷させていた。そこで、家康は有馬氏の申し入れに応じ、ロドリゲスを介してペッソアに、長崎から駿府に出頭して、事件の弁明をおこなうように要求した。ところが、ペッソアは出頭に応じず、家康は有馬氏にノッサ・セニョーラ・ダ・グラッサ号に対する報復攻撃を認めた。朱印船貿易の制度は、中央権力が海外における日本人の不法行為を規制しつつ、安全な活動を保証することを骨子とする。よって、家康はまずペッソアを駿府に召喚して、日本人殺傷に関する謝罪を引き出そうとしたが、難航する交渉に見切りをつけて、有馬氏が自力で復讐を果たすことを認めたのだ。

　有馬氏はノッサ・セニョーラ・ダ・グラッサ号を攻撃するにあたり、二〇〇〇人ほどの兵力と約三〇艘の船を用意したとされる。かつて肥前国で佐賀龍造寺氏と勢力を分け合った古豪であった有馬氏は、相応の規模の水軍を編成していた。また、朝鮮出兵で海上戦闘も経験しており、とくに慶長の役序盤の巨済島海戦では、朝鮮水軍の撃滅に加わっている。このように、有馬氏は水軍運用について蓄積してきたノウハウをもとに、ポルトガル船襲撃に臨んだのである。

戦闘は一二月九日から一二日にまで及び、ノッサ・セニョーラ・ダ・グラッサ号は最終的に炎上・沈没することになった。当初、ポルトガル側は大砲・鉄砲の火力を駆使して、有馬勢の襲撃を寄せ付けなかったが、逆風のために長崎港外に出られず、衆寡敵せず、追い詰められていった。また、有馬勢は中途から数層構造の矢倉を設置した楼船まで投入してきた。鎖を巻きつけて防弾性を高めた矢倉に多数の射手を乗り込ませることで、火器の性能の劣位を補い、射撃戦で優位に立とうとしたのだ。そして、この戦術が効を奏し、ノッサ・セニョーラ・ダ・グラッサ号は有馬勢に肉薄され、楼船に投じようとした火壺が甲板で発火し、たちまち全船に燃え広がり、ペッソアの決断で自爆したという。

一艘のポルトガル船を撃破するのに四日を要したのは、船舶の強度、火器の性能などで、日欧の海上軍事力に大きな質的格差があったことを示している。それでも、長崎港内から取り逃がさずに沈没に至らしめた結末は、物量の優位で質的な劣位を克服できるという戦訓を残した。後の「鎖国」体制にて、ヨーロッパの船舶を軍事的に威圧する必要が生じると、徳川将軍家が諸大名に極端なまでに大規模な水軍を出動させたのは、この戦訓を踏まえて採用した対応策とも考えられる。

さて、このノッサ・セニョーラ・ダ・グラッサ号事件の後、ロドリゲスもペッソアの出頭をめぐる交渉に失敗した責任を問われ、慶長一五年二月に日本国内から退去させられ、以後はマカオで活動する。在日イエズス会士において、家康周辺と折衝する役割は、ペドロ・モレホンに引き継がれたが、後にそのモレホンの動きがイエズス会の日本布教を破局に向かわせたとされる。

なお、家康が有馬氏にノッサ・セニョーラ・ダ・グラッサ号の攻撃を許可したのは、たとえマカオのポルトガル船が長崎に来航しなくなったとしても、九州や浦賀に来航するスペイン船や、新たに平戸に商館を設けたオランダ船によって、対外貿易の縮小は生じないという見込によった。もともと、マカオのポルトガル勢力や在日イエズス会士は、貿易・布教の両面で、スペイン勢力が日本に進出してくることを歓迎しておらず、家康の浦賀貿易計画にも非協力的だった。とくにマカオの政庁は、スペインの国王（一五八〇年代からポルトガル国王を兼任）に対日貿易の中止を要求したほどだった。家康がこうした動きをどこまで把握していたかは不分明だが、前述したイエズス会士の浦賀貿易への介入などに不信感を募らせており、ポルトガル勢力に鉄槌を加える手段として、有馬氏にノッサ・セニョーラ・ダ・グラッサ号を襲撃させたという一面もあったのではないだろうか。

もっとも、家康もポルトガルとの貿易を断絶させる意図まではなく、慶長一六年にインドのゴア総督（東ユーラシアのポルトガル拠点を統括）から派遣された使節と会見して、通商継続の合意を成立させ、翌年から再びポルトガル船が長崎に入港するようになった。この段階では、スペイン船の浦賀入港がすでに途絶えており、平戸オランダ商館も十分に稼働していなかったため、マカオ―長崎航路の復旧によって、対外貿易の縮小を避けることが選択されたといえる。

キリスト教弾圧への傾斜

ノッサ・セニョーラ・ダ・グラッサ号事件は、徳川将軍家がキリスト教への態度を決定的に硬化させた慶長一七年（一六一二）の岡本大八事件の発端ともなった。岡本大八は、家康年寄（老中）の筆頭格にあたる本多正純《まさずみ》の与力で、かつキリスト教の信徒だった。その大八が信徒大名の有馬晴信と結んで進めていた政治工作が発覚し、将軍家をキリスト教弾圧に転換させたのである。

有馬晴信が岡本大八と結託したのは、マカオで殺傷された朱印船乗員の復讐を自力で果たし、日本の武威を内外に示したことに過剰な自信を抱いたことを起因とする。また、肥前国の諸大名は、国際貿易港たる長崎で紛争が生じた場合に、武力行使の担い手たるべき役割を潜在的に帯びていたが、島原有馬氏の所領は、佐賀鍋島氏・唐津寺沢氏よりも長崎に近く、さらに火力・防御力に優れるヨーロッパ船を撃破しうる海上軍事力を有すると証明した形となっていた。

そして、こうした自信を背景として、有馬晴信は鍋島氏の領国に属していた諫早《いさはや》領の併合を望み、岡本大八に工作資金を提供して、徳川将軍家から諫早領割譲の裁定を引き出そうとした。鍋島氏は主家の龍造寺氏宗家が慶長一二年に没落し、その領国・家中を引き継いでから年数がさほど経っておらず、安定感に問題を抱えていたことも、晴信を強気にさせたとみられる。

フランシスコ会士の報告書によると、有馬晴信と岡本大八の接触を仲介したのは、ロドリゲスに代わり、将軍家と在日イエズス会士の仲介役となっていたペドロ・モレホンだったという。事実とすれば、ポルトガル船（マカオ発）の来航が途絶えかねない状況の中で、信徒大名である有馬氏の勢力を拡大させて、長崎（日本布教の中枢）の安全を確保しようとしたのだろう。ポルトガル船を沈めた有馬氏を頼るという拗《ねじ》れた構図だが、ある意味で、マカオからの自立をはかる動向にあたる。

政治工作の実態は不明だが、有馬晴信は岡本大八を介して、徳川家中のキリスト教信徒に働きかけようとしたのだろうか。前章でみた小笠原権之丞《ごんのじょう》（正吉後継）や、女中のジュリア（おたあ）など、当時の家康周辺では、信徒がそれなりの勢力を形成していた。なお、通説では、大八が虚言を弄して、晴信から資金を詐取したとされるが、これは有馬氏の改易を避けたい徳川将軍家と、キリスト教を保護してきた晴信を被害者に仕立てようとする（あるいは政治工作への関与を糊塗したい）モレホンらイエズス会士の作為が奇妙に一致して形成された言説である。

こうした有馬晴信の政治工作は、慶長一七年正月に嫡子の直純が本多正純に密告したことで発覚した。直純としては、鍋島氏との係争を有利に解決しようとする運動がかえって徳川将軍家の忌諱するところに触れる事態を恐れ、工作を強制的に停止させようとした模様である。実際、有馬氏は事件後にキリスト教信仰の放棄を条件として、直純による家督相続を将軍家から認められることになった。

しかし、事件は有馬氏の不祥事では終わらなかった。家康は有馬晴信・岡本大八を処断するとともに、キリスト教の全面的な禁令に踏み切ったのだ。これまでの徳川将軍家は、キリスト教の禁令を内外に掲げながら、それなりに布教を容認して、ロドリゲス（イエズス会）やソテロ（フランシスコ会）をアダムスと同様に外交顧問格として用いてきたが、以後は妥協を排する方向に傾いていく。

もともと、一神教のキリスト教は、多神教社会たる日本で布教を展開するにあたり、諸々の問題（寺社の排斥・破却など）を生じさせ、日本国内でキリスト教国に対する疑心（布教を手段とする侵略）が形成される一因となっていた。そのため、豊臣政権は一五八〇年代後半からキリスト教の布教に一定の制限（寺社への過剰な対決姿勢の禁止）をかけつつ、イエズス会士・フランシスコ会士が仲介する対ヨーロッパ貿易を維持すべく、全面的な禁教には踏み込まず、宣教師も政権中枢に出入りしていた。家康もこうした方針を引き継いだが、その周辺では、キリスト教をめぐる正負の認識が危うい均衡を保っていた。そして、キリスト教信仰を媒介とした有馬晴信と岡本大八の共謀、両者の結託にイエズス会士が関与した疑惑が相乗して、均衡は負の側に振り切れてしまったのである。

また、岡本大八事件によるキリスト教禁令の徹底化は、駿府詰の将軍家直臣におけるキリスト教信徒を摘発することから始まった。有馬晴信の政治工作への関与が疑われた模様であり、単なる改易にとどまらず、閑居すら認めないで、窮死に至らせようとする過酷な追及がおこなわれた。そして、前章で述べたように、水軍関係者としては、イエズス会が駿府に建てた修道院の庇護者だったという小笠原権之丞も連座することになった。さらに権之丞の弟も改易されており、当時浦賀に来航していたスペイン船のサン・フランシスコ号（使節セバスティアン・ビスカイノの乗船）に乗って、新スペインに渡航しようとしたところ、権之丞に説得されて思いとどまった。これは、権之丞兄弟がイエズス会だけではなく、フランシスコ会とも交流を持ち、同会が徳川将軍家から仲介を委託されていた浦賀貿易にも少なからず関わっていた可能性を示唆する一幕でもあった。

イエズス会の年報において、権之丞は弟の亡命を中止させるうえで、安易に国外へ難を逃れるのではなく、あえて国内で苦難に耐えてこそ、信仰に殉じる道だという論理を用いたことになっている。もっとも、江戸時代中期の編纂ながら、権之丞は改易時に棄教していたという記録もあり（『武徳編年集成』）、年報の記事を無批判に信ずるべきではない。将来的な赦免を期待し、将軍家の不興・疑心をより深める事態を避けるために、スペイン勢力との通謀とみなされかねない行為（新スペインへの逃亡）を思いとどまらせたというのが実情ではないだろうか。前章でみたように、権之丞が大坂の陣で羽柴方に参加したことも、赦免の可能性に見切りをつけての選択と説明できる。

この小笠原権之丞の弟による新スペインへの渡航未遂は、国際交易港としての浦賀がキリスト教信徒の潜伏や海外渡航、あるいはスペイン勢力との接触の場にもなりうることを示していた。徳川将軍家の首府たる江戸の安全を万全にするうえで、由々しき事態であり、将軍家がやがて浦賀貿易の継続にこだわらなくなり、むしろ国際貿易の場を限定する路線に転じる一因と考えることもできよう。

対スペイン交渉継続の試み①——サン・セバスティアン号の建造と座礁

岡本大八事件によるキリスト教禁令の全面化に先行して、慶長一六年（一六一一）に、新スペインからセバスティアン・ビスカイノの一行がサン・フランシスコ号で浦賀に来航した。前年のビベロ送還に関する答礼使節と、日本近海に存在するとされた金銀島の探索隊を兼ねていた。また、ビベロとともに新スペインに渡航した田中勝介も、現地で購入した羅紗などを携え、サン・フランシスコ号に同乗しており、ルソン島総督府が凍結したマニラ—浦賀航路に代わって、浦賀と新スペインを結ぶ航路を開設する試みがいちおうの成功をおさめたことも意味した。

家康が次に取り組んだ課題は、浦賀と新スペインの間の航路を恒常化させることであった。ビスカイノも、太平洋航路をめぐる対日交渉に関する裁量を新スペイン副王からある程度委ねられており、駿府の家康や江戸の秀忠と折衝した。その結果、ビスカイノ一行が金銀島探検や日本沿岸の測量を進めている間に、徳川将軍家が新規に外洋船を建造し、その完成を待って、サン・フランシスコ号に同行して、新スペインに渡航させる、という合意が成立した。

太平洋渡航が可能な船舶を日本でも建造できることは、サン・ブエナ・ベントゥーラ号によるビベロ一行の送還成功で証明されていたが、これはスペイン人が運航したものであり、日本人船員が操船しての渡航実績は欠けていた。そこで、ビスカイノ一行との並航を通じて、関東—新スペインの間で交易船を往来させるためのノウハウを得ようとしたのである。

この外洋船の新造は、伊豆国伊東で実施されることになり、向井忠勝がビスカイノから提示された諸条件を徳川方に取り次いだ。アダムスが指導した二度の造船も、伊東でおこなわれており、その経験を前提とした建造地の設定だろう。建造は慶長一六年一二月に始まり、航行可能な程度に船体が仕上がると、伊東から浦賀に廻航され、ビベロ一行と航海をともにして、新スペインに向かうための艤《ぎ》装《そう》段階に入った。同船はスペイン人から「サン・セバスティアン号」と称された。

ところが、ビスカイノ一行のサン・フランシスコ号は、サン・セバスティアン号を伴わずに、慶長一七年八月中頃に新スペインへの帰還と金銀島探索のために浦賀から出航した。同年三月以降、徳川将軍家は岡本大八事件に対応して、キリスト教の禁圧に乗り出しており、かねてキリスト教の保護を求めてきたビスカイノにも、布教を拒絶して、商船の往来のみを望む旨の新スペイン副王宛て返書を渡していた。そのため、ビスカイノは将軍家との約定を遵守する意欲を減退させていたのだ。但し、サン・セバスティアン号の放置については、キリスト教禁令への感情的な意趣返しとばかりは言い切れない。もともと、ビスカイノは伊東で建造する外洋船の積載量を一〇〇トン以内に収めるべきだと助言していたのだが、サン・セバスティアン号を実見したところ、船体が過大であり、日本人の操船技術では、とても太平洋を越えられないと判断して、同行をとりやめたという事情もあった。

実際、サン・セバスティアン号は九月九日に浦賀を出港して、独力で新スペインに渡航しようとしたものの、ほとんど航行できずに座礁してしまった。アダムスの指導で西洋船建造を二度実施したとはいえ、その経験を十分に消化・吸収できていなかったことを示す顚末《てんまつ》であった。なお、船体が過大となったのは、より多数の商品を積載するためであったという。向井政綱・忠勝父子の指示によるものだったかどうかは不分明だが、少なくとも無関係ということはありえないだろう。

この時、フランシスコ会士のソテロも、徳川将軍家の使者という立場で、日本・スペインの通商条約の締結交渉にあたるべく、サン・セバスティアン号に同乗していた。家康はキリスト教禁令の徹底路線を打ち出す一方で、ソテロとの信頼関係はある程度維持しており、新スペイン政庁やスペイン本国との直接交渉を委ねたのである。また、家康が岡本大八事件（有馬氏の諫早領併合計画）への関与を疑っていたのはイエズス会士であって、フランシスコ会士への不信感は相対的に軽く、ソテロの成果次第で、禁教を再度緩和する選択肢も保留していたと推測される。

対スペイン交渉継続の試み②——慶長遣欧使節

サン・セバスティアン号の座礁によって、ソテロを使者とする交渉は頓挫したが、思わぬ好機が到来する。すなわち、ビスカイノ一行のサン・フランシスコ号も、台風のために大きく損傷し、太平洋渡航を断念して慶長一七年（一六一二）一〇月中頃に浦賀にもどってきたのだ。ビスカイノはサン・フランシスコ号を修理するために、徳川将軍家に援助を要請したものの、合意に違背して、サン・セバスティアン号を置き去りにして浦賀から出航した経緯もあって、将軍家の態度は冷淡であった。そこで、ビスカイノ一行は自力による太平洋渡航を諦めて仙台伊達氏を頼り、同氏が建造した船に乗って、新スペインに帰還することになった。そして、ソテロは伊達氏とビスカイノの交渉を仲介することで、日本から新スペインに直接渡航する手段を確保したのである。

伊達氏の当主政宗は、かねて太平洋貿易への参入を望んでおり、慶長一六年五月頃から、たびたびビスカイノに接触して、ソテロも交え、領国と新スペインの間に航路を開設する計画を持ちかけていた。家康と同じく、太平洋に面した東国の地勢を活かして、アメリカ大陸やヨーロッパとの交易を展開しようとする構想であった。なお、徳川将軍家が新スペインに渡航させようとしたサン・セバスティアン号には、伊達氏の家臣も同乗していた。これは、将軍家が伊達氏の太平洋貿易参入を認めていたことを意味する。家康としては、ルソン島総督府がマニラ—浦賀航路を凍結してきたように、関東で対スペイン交易を継続することが困難になりつつあると感じ、伊達氏領国を拠点とする交易路を新設して、東国における国際貿易を維持・振興する思惑があったのだろう。

このような経緯を前提として、ビスカイノやソテロは伊達氏を頼ったのだが、さらに徳川将軍家も、伊達氏による外洋船の建造と新スペイン渡航（ビスカイノ一行送還）を承認していた。スペイン側が「サン・ファン・バウティスタ号」と称した船の建造には、向井氏が伊達氏領国に派遣した船大工も参加している。おそらくは、アダムスが実施した二度の造船や、サン・セバスティアン号の建造に関わった面々であろう。サン・セバスティアン号は座礁したが、サン・ファン・バウティスタ号はスペイン人船員の適切な運航によって、無事に新スペインに到達することになる。

また、向井氏はサン・ファン・バウティスタ号に多数の積荷を託しており、家臣約一〇人も乗船させている。サン・ブエナ・ベントゥーラ号の渡航と同じく、機会を捉えて、新スペインとの交易を試みるとともに、サン・セバスティアン号の失敗を踏まえて、太平洋航行を経験した家臣を通じ、外洋船の建造技術に加え、運航技術も修得することを望んだのだろう。

さて、よく知られているように、ソテロはサン・ファン・バウティスタ号で新スペインに渡航した後、さらに大西洋を越えて、ヨーロッパのスペインやローマを歴訪した。そして、伊達氏の使節として、ソテロに同行したのが、支倉長経《はせくらながつね》（一般には「常長《つねなが》」）であった。もともと、ソテロは家康からスペイン本国との通商交渉を委ねられたのだが、支倉長経の同行によって、伊達氏の使節を先導する役目も帯び、キリスト教信仰の中心地ローマにまで足を伸ばしたのである。また、ソテロ自身も、家康の代理を称しながら、支倉長経を伊達氏が布教を要望するために派遣した宗教使節に仕立て、フランシスコ会の日本布教の実績を誇示することに、より重点を置いた観がある。このソテロの独走によって、慶長遣欧使節は後世に伊達氏の外交使節としての一面が強調され、非現実的な虚説（スペインの軍事力を利用した伊達氏の徳川将軍家打倒計画）までが形成された。

なお、サン・ファン・バウティスタ号の建造・渡航には、ウィリアム・アダムスも関与していた形跡がある。伊達氏の記録によると、慶長一八年（一六一三）九月のビスカイノ、ソテロらの出航に先行して、同年八月に政宗は「南蛮あんじん」から合羽《かっぱ》一領を進上されている。「按針」は、アダムスの日本における名称として知られている。「あんじん（按針）」という語そのものは、航海士一般に使用される傾向もあり、アダムスではなく、ビスカイノ一行の航海士であった可能性も指摘されている。但し、伊達氏がスペイン人との交渉に用いた通辞の「トメ」がアダムスの友人だったことを考慮すると、盟友の向井氏と同様に、アダムスもまたサン・ファン・バウティスタ号の太平洋渡航に何らかの形（「トメ」の推挙、積荷の委託など）で参画しており、その一環として、政宗に音信物《いんしんもの》を贈ったとも理解できよう。

ところで、ビスカイノの報告書には、徳川将軍家との交渉をめぐり、しばしばアダムスと争論に及んだことが記されている。その一方で、慶長一八年に来日したイギリス使節ジョン・セーリスの報告書は、スペイン人と親しむアダムスに少なからぬ不信感を向けており、浦賀でアダムスが、スペイン人から託されたサン・フランシスコ号やその積荷の購入を持ちかけてきたという記事まである。ビスカイノの報告書のアダムス非難は、イギリス人の世話になったとは書きにくいための作為が含まれており、実態としては、それなりにアダムスを頼っていた面があったはずである。

こうしてみると、伊達氏の慶長遣欧使節とは、浦賀貿易の運営に関わってきた向井氏・フランシスコ会士・アダムスの協力でなしえた事業であったという評価も成立しそうである。三者の思惑は、浦賀における対スペイン交易が維持できなくなる可能性が高まりつつある中で、伊達氏領国に交易拠点を移すという選択肢も含めつつ、事態の改善をはかる点で一致していたのだろう。

浦賀貿易と太平洋貿易構想の終焉

サン・ファン・バウティスタ号は慶長一八年（一六一三）九月に出帆して、約三ヵ月で太平洋を横断し、新スペインのアカプルコに到着した。この後、ソテロは支倉長経などを伴い、新スペインを陸路横断してから、ヨーロッパに渡航して、スペインやローマを歴訪するが、サン・ファン・バウティスタ号は、ソテロらを待っている間に、新スペイン使節の乗艦として日本に派遣されている。

この新スペイン使節の中心は、フランシスコ会士のディエゴ・デ・カタリーナであった。また、派遣の名目は、ビベロ一行が徳川将軍家から提供されたサン・ブエナ・ベントゥーラ号で新スペインに帰還した際に、フランシスコ会士のアロンソ・ムニョスが携えてきた徳川将軍家の親書に答礼することだった。同時に、サン・ファン・バウティスタ号を日本にもどして、日本人の新スペイン渡航を拒絶することも目的としていた。以前から、日本人渡航者の増加によって、スペインの中南米支配が動揺する事態が憂慮されており、慶長遣欧使節の到来で警戒感が一層掻き立てられたのだ。

その一方で、サン・ファン・バウティスタ号には、多数の羅紗も積載されていた。日本人の渡航を警戒しつつ、対日交易で利益を得ようとする論理も並存していたのである。

サン・ファン・バウティスタ号は元和元年（一六一五）七月に浦賀に来航した。伊達氏領国から出航した船だが、徳川将軍家への答礼という使節の目的から、将軍家の直轄地である浦賀に入港したのだ。今回も、向井氏が受け入れを担当し、また交渉（積荷の取引を含む）の折衝にあたるべく、当時はイギリス商館に雇用されていたアダムスも徳川将軍家から浦賀出向を命じられ、禁教下で潜伏して活動していたフランシスコ会士までが姿を現した。向井氏を扇の要として、アダムスとフランシスコ会士が折衝に携わる浦賀貿易の方法論が起動した形だった。向井氏としては、スペイン人との交渉に宣教師の介在は不可欠と認識しており、スペイン船の入港中に限り、あえてフランシスコ会士の浦賀潜入を黙認したとしても、徳川将軍家の許容範囲にとどまると判断していたのであろう。

ところが、カタリーナ使節団は向井氏を介して、徳川家康・秀忠に会見を申し入れ、まず駿府、次いで江戸に出府したものの、家康・秀忠とも、最低限の儀礼として進物を受領するにとどまり、具体的な交渉には応じなかった。その理由は、使節団がフランシスコ会士で構成されていたことにあった。徳川将軍家は禁教路線への傾斜を経て、宣教師が前面に立つ形式の交渉を拒絶する方針をとっていたのだ。それ故に、ソテロに委託する形式の使節派遣を外様の伊達氏に委ねたともいえよう。

こうして、カタリーナ使節団は実質的に追い返されることになったが、本来、新スペイン政庁からは、浦賀よりの太平洋渡航を禁じられ、サン・ファン・バウティスタ号を日本に残し、ルソン島を経由して帰還するように命じられていた。しかし、伊達氏はサン・ファン・バウティスタ号について、自家の持船であると主張し、ヨーロッパを歴訪している支倉長経を迎えるべく、家臣の横沢将監《しょうげん》をカピタンとして乗り込ませ、新スペインに渡航させた。また、おそらくは運航の実質的な指揮を執るために、向井氏配下の上乗《うわのり》も同乗した。このサン・ファン・バウティスタ号の再渡航は、徳川将軍家も承認しており、渡海朱印状を発給している。たしかに、徳川将軍家はカタリーナ使節団との交渉を拒絶したが、新スペインとの太平洋交易を継続する選択肢も保留していたのである。

なお、江戸で拘禁されていたフランシスコ会士のディエゴ・デ・サン・フランシスコは、向井忠勝の尽力で身柄を解放され、江戸及び三崎の忠勝の屋敷で手厚く歓待されたうえで、サン・ファン・バウティスタ号にて送還された。忠勝はサン・ファン・バウティスタ号が第一次航海で積載した商品の販売が遅れていると聞き及び、ディエゴに対して、解放の見返りとして、新スペイン政庁の便宜を得るように依頼したのであった。さらに第二次航海でも、サン・ファン・バウティスタ号は多くの商品を積載することになった。徳川将軍家に直属する船手頭（軍事官僚）となりつつも、機会を捉え、海上交易（軍事活動と並ぶ海賊の存立基盤）で利益をあげようとする向井氏の志向性が窺える。一歩間違えば、小笠原権之丞のように、将軍家の不興を蒙って失脚しかねない振舞だが、政綱・忠勝の向井父子は、許容範囲の見極めが巧みだったのだろう。事実として、忠勝はフランシスコ会士との接触をとくに追及されることなく、将軍家の海上軍事における存在感も一層増大させていくことになる。

また、伊達政宗は横沢将監に託した新スペイン副王宛ての書状で、今後、伊達氏領国と新スペインの間で、サン・ファン・バウティスタ号を毎年往来させたいと申し入れている。支倉長経の出迎えにより、太平洋渡航を終了させるのではなく、往還航路の常設化を目指したのである。ソテロ・長経がスペイン本国との交渉で、然るべき成果を出すことに期待をかけていたのだろう。

サン・ファン・バウティスタ号は元和二年八月に浦賀を出航するが、同時期に向井忠勝はアダムスに北方航路と金銀島の探検に参画するように勧誘している。北方航路とは、蝦夷地から北海を越えて、ヨーロッパに到達するものであり、慶長一八年（一六一三）頃にも、アダムスは家康から計画への参加を打診されていた。その後、アダムスは平戸イギリス商館に雇用されての活動に軸足を移していたが、忠勝はサン・ファン・バウティスタ号の再渡航に合わせ、かつてビスカイノが探査した金銀島の発見を兼ねて北方航路の調査を実施し、伊達氏領国と新スペインの航路の安定・発展に資する構想を持ち、アダムスに協力を求めたのではないだろうか。実際、アダムスは同年にイギリス商館との契約期間が満了すると、契約を更新せずに独立して活動するようになる。ソテロの成果次第で、北方航路の調査が具体化する可能性があり、自身も参加しうる条件を整えようとしたのだろう。

但し、徳川将軍家は元和二年八月にサン・ファン・バウティスタ号の再出航と前後して、ヨーロッパ船の入港を肥前国平戸・長崎に限定する決定を下した。これは、浦賀を対スペイン貿易の拠点とする計画の放棄を意味した。家康が四月に死去して、秀忠の親政が始まってまもない時期だった。秀忠は家康と違い、禁教と貿易の両立は難しいと早々に判断して、ヨーロッパ人（キリスト教徒）が活動する空間を江戸から離隔し、局限する路線を打ち出したのである。もっとも、向井忠勝がアダムスに北方航路探査を働きかけたのは、貿易制限の決定後だった。忠勝の判断では、北方航路の探査や、伊達氏領国―新スペインの往還航路は、秀忠の許容範囲に収まった模様である。

さて、伊達氏・向井氏が半ば強行した観もあるサン・ファン・バウティスタ号の二回目の太平洋渡航だが、スペイン人の水夫は約一〇人にとどまり、日本人が二〇〇人ほど乗り込んで運航したところ、過酷な航海となり、アカプルコ到着までに多数の死者を出してしまった。やはり数度の建造や航海では、ヨーロッパの技術を自家薬籠中のものとするには不十分だったのである。

その後、サン・ファン・バウティスタ号は、ソテロ・支倉長経らを乗せ、一六一八年（元和四）八月にルソン島に到着した。ソテロと長経は、ヨーロッパ歴訪中にスペイン国王やローマ教皇との会見を果たしており、日本布教の成果を誇示する宗教使節としては、相応の成果はあったものの、太平洋貿易をめぐる交渉については、具体的な合意などを取り付けることはできなかった。結果論としては、ルソン島や新スペインの政庁が抱いていた日本に対する不信感・警戒感を緩和せずに、頭越しにスペイン本国と交渉して妥協を引き出そうという発想に、大きな無理があったといえよう。

また、サン・ファン・バウティスタ号がルソン島に達した段階で、徳川将軍家がヨーロッパ船の入港を平戸・長崎に限定してから二年が経っており、ルソン島から浦賀に直接渡航することは難しい情勢となっていた。伊達氏領国に至っては、ルソン島からの航路はまだ構築されていなかった。さらにルソン島総督府が対オランダ戦争に備えて、サン・ファン・バウティスタ号を駐留艦隊に編入したため、同船を用いた伊達氏領国—新スペインの交易の恒常化も完全に潰《つい》えることになった。そこで、支倉長経らの日本人随員は、元和六年七月頃に長崎行の交易船で日本に帰国している。なお、アダムスは同年四月に死去しており、慶長遣欧使節の最終的な結末を知ることはなかった。

ソテロはしばらくルソン島にとどまり、マニラに日本人聖職者養成の神学校を設立するなど、日本布教を支援する態勢の整備に取り組んだ。ともかくも伊達氏の使節にヨーロッパを歴訪させたという成果に意気を強めていた模様である。無論、日本への再入国も望んでおり、元和八年に中国船に乗り込み、薩摩国から九州に潜入したが、まもなく捕縛されて、肥前国大村で入牢《じゅろう》することになった。

この後、ソテロは寛永《かんえい》元年（一六二四）七月に火刑に処された。ソテロは日本への再入国について、遣欧使節の報告のためと主張し、伊達氏も釈放を働きかけたことから、徳川将軍家（秀忠政権）は即座の処刑を一年以上にわたって躊躇したのであった。使節の派遣は、家康の承認と援助のもとで実行されており、将軍家・伊達氏とも、通商交渉で成果がなかった以上、再入国は認め難いにせよ、ある意味で愚直に任を果たしたソテロを処刑することに少なからず後ろめたさを覚えたのだろう。

ルソン島の脅威化

前節でみたように、大御所家康が元和二年（一六一六）四月に死去すると、将軍秀忠の親政が始まり、八月には、ヨーロッパ船舶の寄港地を肥前国長崎・平戸に限定する方針が打ち出された。さらに同年中に伊豆国下田に船番所《ふなばんしょ》が設置されており、寛永二年（一六二五）までに、安房《あわ》国館山が船手頭の小浜守隆《おばまもりたか》・石川政次《まさつぐ》の知行地に設定されるなど、関東沿岸の防備が整えられていく。

これらは、秀忠政権がスペインとの関係を家康段階よりも一層冷却化させ、通商の断絶に至る過程と重なり合っている。ルソン島のスペイン勢力は、家康の浦賀貿易計画によって、関東に船舶を直接渡航させた経験を有しており、元和九年には、関係改善を求める使節を乗せた船が関東に向かい、渡航に失敗して薩摩国に着岸したこともあった。マニラ―浦賀航路の凍結によって、必要な情報・技術が薄れていたとしても、再起動も可能だったことを意味する一幕だった。秀忠政権による関東沿岸の防備強化は、こうしたスペインに対する警戒感も作用しての施策であったと考えられる。

また、ルソン島のスペイン勢力も、積極的な軍事行動を展開していた。

ルソン島総督のファン・デ・シルバは、一六一〇年にホンダ沖でオランダ艦隊を破ったことに自信を深め、インド洋方面のポルトガル勢力と連携して、ジャワ島やモルッカ諸島のオランダ勢力に対し、大攻勢を仕掛ける計画を進めた。シルバは数千人に及ぶ兵力を集め、ガレオン船を中心とする一〇艘以上の艦隊を編成して、一六一六年二月にマニラから出撃した。この遠征には、マニラ在住の日本人で構成された部隊（歩兵五〇〇人）も参加しており、かつて浦賀向け交易船のカピタンをつとめたフランシスコ・モレノ・ドノソが指揮を執っていた。数回の日本行の経験によって、日本人の習慣に詳しくなっており、マニラ在住の日本人からも信望を得ていたことを背景とする人選だった。

ところで、シルバについては、慶長一九年に日本からルソン島に追放された高山右近（もと信徒大名）を歓待したことでも知られている。右近の「美しき殉教物語」の掉尾《とうび》を飾る場面だが、シルバとしては、殉教者として声望の高かった右近を厚遇することで、マニラ在住の日本人信徒の歓心を買い、総督府の軍事動員に応じるように仕向ける思惑もあったのだろう。

結局、シルバの遠征は惨憺《さんたん》たる結果に終わった。インドのゴアから出撃したポルトガル艦隊と合流すべく、マラッカ海峡に向かったところ、船舶の座礁と人員の熱病罹患《りかん》が相次ぎ、四月にはシルバ自身もマラッカで病死して、スペイン艦隊は満身創痍《そうい》になって六月にマニラに帰還した。

もっとも、ジャワ島遠征の失敗によって、ルソン島のスペイン勢力が逼塞《ひっそく》状態に陥ったわけでもなかった。同年にオランダの東洋遠征艦隊が再びルソン島に侵攻したが、スペイン側も反撃して、第二次ホンダ海戦でオランダ艦隊を敗走させている。その後も、ルソン島総督府はマカオのポルトガル勢力と協力して、オランダの攻勢をたびたび退けており、オランダはついにマニラやマカオを攻略することはできなかった。さらにルソン島総督府は、一六二六年五月に艦隊を台湾に派遣し、北部の基隆《キールン》を占領・拠点化して、一六四〇年代まで維持している。一七世紀前半の東ユーラシア海上の趨勢は、オランダの伸張、スペイン・ポルトガルの退潮という文脈で語られがちだが、スペインは衰勢一方ではなく、挽回の努力を重ねたからこそ、ある程度の存在感を維持しえたのである。

なお、基隆の占領にあたり、スペイン艦隊は日本から同地に逃れていたキリスト教信徒の協力も得ていた。当時の東ユーラシア情勢において、台湾は中国大陸との密貿易に適した空間として各勢力の注目を集め、日本の交易船も渡航していたが、禁教路線のもとで日本から弾き出された信徒が居住する場にもなっており、これらがスペイン勢力と結び付くこともあったのだ。シルバのジャワ遠征に従軍した日本人部隊も、フランシスコ会士の呼びかけで組織されていた。「鎖国」形成の過程で、日本人の海外渡航や、在外日本人の帰国が禁じられた一因であろう。

さらにルソン島のスペイン勢力と、アユタヤ朝の対立の中で、一六二八年にスペイン艦隊が王朝の外港にあたるチャオプラヤ川（メナム川）の河口を襲撃したところ、高木作右衛門を船主とする朱印船が巻き添えで捕獲される事件が起きている。これは朱印船制度の根幹（徳川将軍家による日本人の海外活動の統制と安全保障）を揺るがす事態であった。

このように、徳川将軍家の禁教路線によって、ルソン島のスペイン勢力は、艦隊の編成・運用能力や、日本布教の支援態勢、在外日本人信徒との結合などの要因が重なり、日本に脅威を及ぼしうる存在となっていた。また、家康の死去からまもない元和二年（一六一六）には、平戸イギリス商館長のリチャード・コックスが江戸出府時に向井忠勝と会談した際、ルソン島の攻略を勧め、外洋船建造の技術供与も申し出たところ、忠勝も将軍秀忠とその周囲に取り次ぐことを請け合ったという局面もあった。それまでスペインとの交易で利益を得てきた忠勝ですら、禁教路線の中で、ルソン島からスペイン勢力を排除する提案を一考の価値ありと認識するようになっていたのである。海上軍事の責任者として、今後、ルソン島のスペイン勢力が諸々の問題を生じさせると感じていたものと推測される。

もっとも、徳川将軍家はルソン島への出兵を実行するには至らなかった。島原松倉氏（外様）に出兵を委ねようとした時期もあるが、計画段階にとどまった。そもそも、ヨーロッパ人が建設した海外拠点は、概して兵力の規模こそ小さいものの、その攻略は存外に難しい。スマトラ島のアチェ王国によるマラッカ攻撃（一六二九年）、ジャワ島のマタラム王国によるバタヴィア攻撃（一六二八年）は、数万人の規模に及ぶものだったが、かえって甚大な打撃を蒙る結果に終わった。とくにアチェは、オスマン帝国と提携し、強大な海軍と火力を整備していたが、それでもマラッカを抜けなかった。ヨーロッパ人は船舶・火器の性能や運用法の優越によって、数的な劣勢を克服したのである。

成功例として、イランのサファヴィー朝によるホルムズ攻撃（一六二二年）、マレーのジョホール王国によるマラッカ攻撃（一六四一年）もあるが、これらは同じヨーロッパ人との共同作戦であり（ホルムズ攻撃―イギリス、マラッカ攻撃―オランダ）、相応の対価を支払っていた。

徳川将軍家の場合、豊臣政権が朝鮮出兵に失敗して、武威の低下や責任問題によって崩壊した前例があるだけに、不用意な対外出兵には慎重にならざるをえない。イギリスなりオランダなりの支援を得ての出兵も、やはり武威に瑕疵《かし》を生じさせる危険性があった。そのため、ルソン島をはじめとするスペイン・ポルトガル拠点への攻撃が幾度か検討されたものの、いずれも実行には至らなかったのだろう。代わって、沿岸警戒態勢の整備が「鎖国」形成期に進行することになる。

アダムスの転身とその晩年

徳川将軍家の外交政策におけるウィリアム・アダムスの立ち位置も、浦賀貿易が頓挫に向かう中で、少なからず変化していった。本章でみてきたように、将軍家がアダムスに求めた主要な役割は、三浦半島（とくに浦賀）を拠点とした対スペイン貿易に携わることにあり、イギリスやオランダとの貿易開始の仲介は、アダムス自身の認識は別としても、副次的なものでしかなかった。よって、浦賀貿易が頓挫すれば、将軍家がアダムスを重用する理由の過半は消失する。

慶長一八年（一六一三）にイギリス使節ジョン・セーリスが肥前国平戸に来航すると、アダムスは平戸に出向いたうえで、使節を駿府・江戸に案内し、向井氏の協力も得て、家康・秀忠との会見を実現させ、オランダと同じく、平戸での商館開設の認可を将軍家から取り付けた。このように、日英通商の開始が決定すると、アダムスは家康に帰国を希望して許された。家康としても、浦賀―マニラ航路の凍結によって、アダムスを無理に引き留める必要性は薄くなったと判断したのだろう。実際には、アダムスは直ちに帰国はせず、イギリス商館に勤務するが、これは折り合いが悪かったセーリスとの同行を避けつつ、故国に持ち帰る財産を稼ぎ出すためであった。

ところで、アダムスと日本人妻の間には、子息ジョセフと息女スザンナが出生していた（日本名は不明）。アダムスが家康から帰国を許され、活動の重点を平戸に移した後も、妻子はアダムスの知行地であった逸見《へみ》にとどまり、とくにジョセフは、徳川将軍家から逸見領の相続を認められた。将軍家は、アダムスの対外政策に関する貢献に報い、その家を旗本として存立させることにしたのだ。この段階の将軍家は、まだ三浦半島を拠点とした対外交易を継続する方法を探っており、ジョセフにアダムスが担ってきた役割をある程度引き継がせようとしていた可能性も考慮すべきだろう。

また、結果的にアダムスが平戸イギリス商館に雇用されたことで、徳川将軍家も、アダムスをオランダ商館・イギリス商館との交渉の仲介者として用い、前述したように、サン・ファン・バウティスタ号の浦賀入港時には、アダムスも浦賀に差し向け、対応に参加させている。逸見の領地も、アダムスや商館員が江戸に出府する際の拠点や、アダムスの商業活動を支える使用人の供給地として活用された。なお、アダムスの日本人妻の一族は、浦賀の商人であったと思《おぼ》しいが、アダムスを介して、イギリス商館と交渉を持ち、対外貿易に携わることを試みた。徳川将軍家にしても、浦賀・逸見の地域社会にしても、対外貿易の継続について、引き続きアダムスを頼りとしていたのだ。

アダムス自身も、年来の徳川将軍家との絆を捨てきれずにいた模様である。元和二年（一六一六）

に向井忠勝から北方航路探査への協力を求められると、イギリス商館との契約を理由に断りつつ、契約の満了後は、商館との提携関係を継続しつつも、将軍家から渡海朱印状を直接取得する独立事業者となった。イギリス商館員としてのアダムスは、商館所属の交易船の船長として、東南アジア（ベトナム・アユタヤなど）に渡航し、日本市場に供給する商品の調達にあたったが、大きな利益をあげることはできずにいた。こうした状況から、再び徳川将軍家の対外政策に携わりうる立場を確保し、慶長遣欧使節の結果（北方航路探査の前提）を待っていたのだろう。

アダムスが元和六年（一六二〇）四月に平戸で死去すると、日本人妻とその義兄（イギリス人は「アンドレア」と呼称）は、貿易事業の継承を望み、アダムス名義で交付済の渡海朱印状の扱いをめぐり、その引取を主張するイギリス商館・オランダ商館と争い、向井忠勝も調停をおこなっている。アダムスの晩年まで、向井氏との交流が継続していたことが窺える。三浦半島を拠点とした国際交易が頓挫した後も、向井氏はアダムスの事業を支援することで、相応の利得を得ていたのかもしれない。

アダムスの死後、ジョセフは正式に将軍家直臣の立場と逸見の知行地を相続し、二代目の「三浦按針」として、寛永元年（一六二四）からたびたび渡海朱印状を取得し、東南アジア（カンボジアなど）に交易船を派遣するようになった。年代の経過とともに、徳川将軍家から朱印船（寛永八年以降は奉書船）の派遣を認可される事業者は限定されていくが、ジョセフは日本船の海外渡航が全面的に禁止される寛永一二年まで派遣を継続した数少ない事業者の一人だった。アダムスが築いた徳川将軍家との信頼関係を、ジョセフもそれなりに継承できていたことを意味する。

なお、日本船の海外渡航が停止した後、ジョセフは寛永一三年八月に逸見鹿島社の社殿修造の大旦那をつとめている。鹿島社は航海神でもあり、また戦国期には、三崎城主である北条氏規《うじのり》の重臣朝比奈泰之が建立の大旦那となっていた。ジョセフとしては、一〇年以上に及ぶ海外貿易の事業を総括しつつ、今後も逸見の領主として存立するうえで、地域信仰を保護する姿勢を打ち出したとみられる。当時、三崎番所は向井氏の専管となっており、逸見と同じく三浦半島東岸に所在する走水にも、向井氏管轄の番所が設置されていた。「三浦按針」家の存立には、アダムス以来の向井氏との関係がより重要になると見定め、向井氏を北条氏規（三崎）、自己を朝比奈泰之（逸見）に擬《なぞら》え、将軍家直臣における立ち位置（向井氏の与力か）を再定義する思惑もあったのではないだろうか。

もっとも、ジョセフの確実な動向は、鹿島社修造を最後に途絶え、無嗣断絶という伝承もある。「三浦按針」家は、海外貿易のために取り立てられた家であり、さらに一六四〇年代以降、向井氏の権勢も衰勢に陥ったため、養子縁組による存続すら難しかったものと推測される。

小括

徳川権力は豊臣政権下の大名だった段階から、三浦半島の浦賀を拠点として、スペイン領ルソン島や新スペイン《ノビスパン》（現在のメキシコ）と交易することを計画した。一七世紀初頭の一時期には、ルソン島や新スペインから浦賀に来航するとともに、日本で建造された船が浦賀から新スペインに渡航することもあった。一六世紀中頃以来、対ヨーロッパ交易は主に西国で展開されてきたが、徳川権力は東国にもヨーロッパ船の入港地をつくり、経済的利潤をもたらそうとしたのだ。あるいは、スペインが創出した太平洋交易圏に日本も接続させようとする試みともいえる。

このように、徳川権力は浦賀貿易を振興しつつ、一六世紀後半から伸張していた長崎貿易の掌握も進めた。そして、浦賀におけるスペイン人との交渉にはフランシスコ会士、長崎におけるポルトガル人との交渉にはイエズス会士を関与させた。また、浦賀貿易については、三浦半島を拠点とした将軍家船手頭の向井政綱・忠勝父子、ウィリアム・アダムス（三浦按針）などのオランダ船リーフデ号乗員も運営に参加していた。新教徒のアダムスらと、旧教徒のスペイン人・フランシスコ会士の関係は、浦賀に緊張を生じさせるリスクもあったが、向井父子が間に立つ形で緩和されていた。歴史上有名な伊達政宗の慶長遣欧使節も、本来は向井父子を扇の要とした浦賀貿易事業の一部にあたる。

結局、徳川権力はキリスト教に対する不信感を深め、禁教路線に傾斜して、その対外政策は、いわゆる「鎖国」へと向かっていく。その前後にオランダ・イギリスが肥前国平戸に商館を開設し、いずれも徳川権力中枢への取次ぎをアダムスに依頼しつつ、江戸への商品輸送の中継地として三浦半島を活用した。向井父子もイギリス商館から徳川権力への働きかけをそれなりに支援したが、浦賀貿易ほどの積極性はみられない。当時のイギリス（及びオランダ）との貿易には、スペインとの貿易ほどの旨味がなく、あくまでアダムスとの友誼から協力したに過ぎなかったのだ。徳川権力の海上軍事官僚となりつつも、海上交易の事業者としての海賊らしい嗅覚とドライさも残していたといえよう。

第六章

西国統治と「鎖国」

——拡張する海上軍事体制

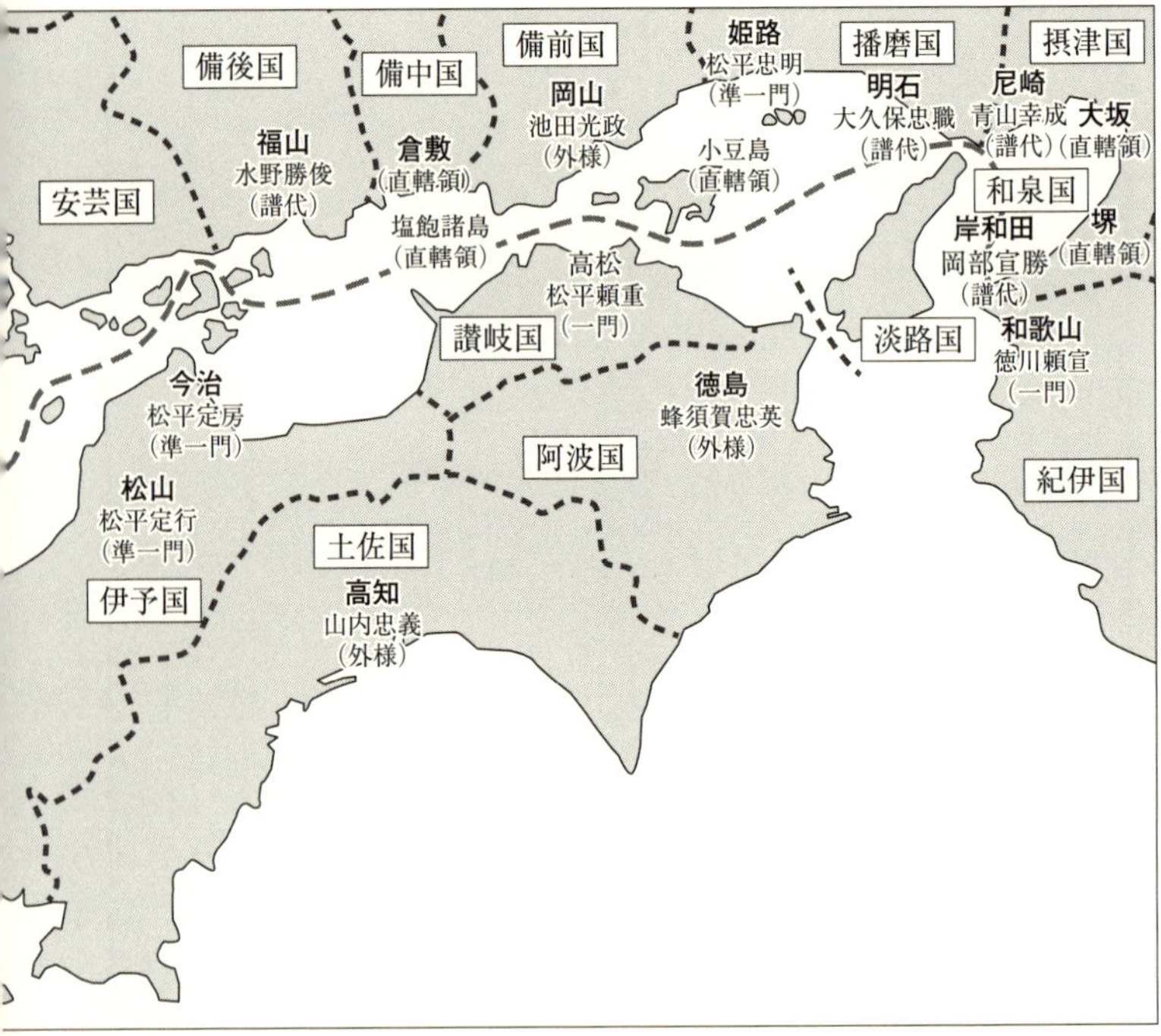
備後国
備中国
備前国
姫路
松平忠明
（準一門）
播磨国
摂津国
明石
大久保忠職
（譜代）
尼崎
青山幸成
（譜代）
大坂
（直轄領）
岡山
池田光政
（外様）
小豆島
（直轄領）
福山
水野勝俊
（譜代）
倉敷
（直轄領）
安芸国
和泉国
塩飽諸島
（直轄領）
高松
松平頼重
（一門）
岸和田
岡部宣勝
（譜代）
堺
（直轄領）
讃岐国
淡路国
和歌山
徳川頼宣
（一門）
今治
松平定房
（準一門）
徳島
蜂須賀忠英
（外様）
阿波国
紀伊国
松山
松平定行
（準一門）
土佐国
伊予国
高知
山内忠義
（外様）

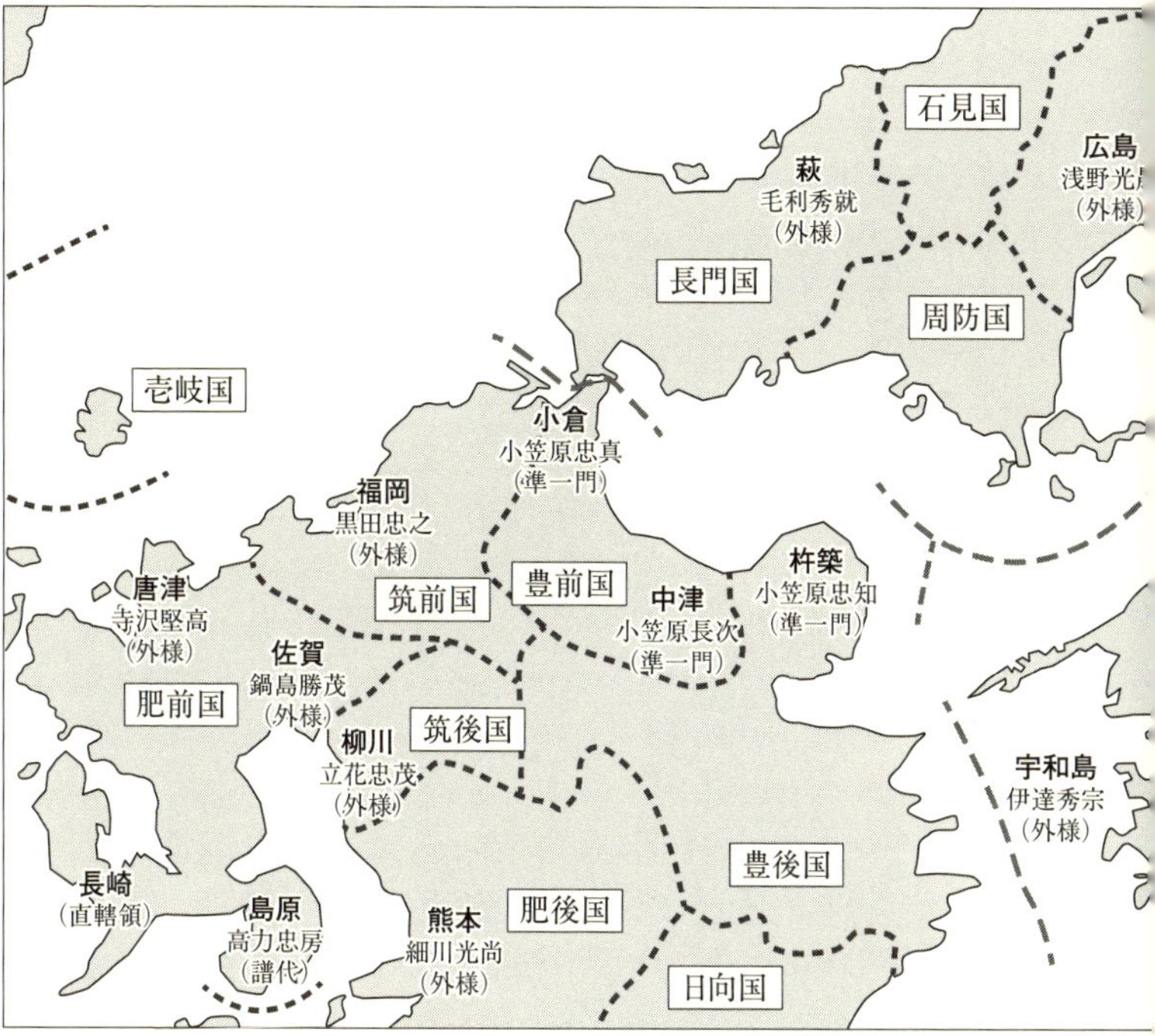

寛永19年（1642）頃の西国統治

徳川権力が日本列島全体の支配を確立するには、江戸を中心として、勢力圏（直轄領と一門・譜代領）を固めるだけでは不十分である。勢力圏の一体性に拘《こだわ》らず、多少散在したとしても、より遠方に支配の拠点を設け、一門・譜代大名を配置していく必要がある。また、対外政策が「鎖国」に傾斜すると、ヨーロッパ船の渡航地であった九州を対象とする警戒態勢の整備も課題となった。

本章では、一六一〇年代後半以降に、徳川権力の西国統治と「鎖国」が、将軍家や一門・譜代大名の海上軍事に大小の影響を及ぼしながら、進展していった状況を取り上げる。

大坂船手の成立

徳川将軍家は慶長《けいちょう》二〇年（一六一五）に羽柴氏を滅ぼすと、大坂城とその城下の復興を進めたうえで、元和《げんな》五年（一六一九）に畿内の軍事支配の中心を伏見城から大坂城に移し、城代を頂点とする直轄体制を整備していった。その初期段階にあたる元和六年には、城下の海上軍事を担う大坂船手《ふなて》が創設され、江戸常駐の将軍家船手頭から小浜光隆が起用された。

これまでも、慶長一四年の大船接収や慶長一九、二〇年の大坂の陣にて、小浜光隆は江戸から大坂湾に派遣されてきたが、以後は大坂城下に常駐し、必要に応じて江戸に出府した。小浜氏は向井氏と並ぶ船手頭の実力者であり、その転出によって、向井忠勝は名実ともに江戸城下における海上軍事の第一人者となった。将軍家の勢力圏が畿内以西に伸長する動向の中で、海上軍事の構造も、向井氏を中心とする江戸、小浜氏を中心とする大坂に二極化したのである。

大坂船手の戦力は、江戸の船手頭と同じく、徳川将軍家から預けられた船舶と水主《かこ》同心を基軸として、小浜氏の家臣が加わる構成だった。同心の人数は一〇〇人であり、向井氏（江戸）の一三〇人には及ばないものの、標準的な船手頭に預けられる同心は三〇人であるから、将軍家の海上軍事体制において、向井氏・小浜氏の勢力がいかに卓絶していたかが分かる。

さらに大坂船手は、大坂城下の海上警衛にあたるだけではなく、畿内以西の諸大名が編成していた水軍の統制にも携わった。徳川将軍家は慶長一四年に西国大名から五〇〇石積以上の大船を接収し、以後は安宅船《あたけぶね》の保有を禁じたが、海上軍役を求める可能性もあるため、関船《せきぶね》・小早船《こばやぶね》の維持や新造は認めていた。とくに一国・半国規模の大名の水軍は、九鬼氏などの海賊大名以上の船数・人員であり、将軍家は小浜氏を介して、適度に監察しながら、必要に応じて利用する方針をとったのだ。

監察の主たる対象は、軍用船を五〇〇石積以下にとどめる制限を遵守しているかどうかであり、筑《ちく》前《ぜん》黒田氏は当主乗船として鳳凰丸《ほうおうまる》を新造したところ、小浜光隆から制限超過の疑いを告発され、苦境に陥ったことがある。反対に、阿波《あわ》蜂須賀氏の場合は、五〇〇石積以下なのかどうか微妙な関船を建造したものの、完成前に光隆に点検を要請し、制限以内と判定され、国持大名の格に相応《ふさわ》しい船という言質《げんち》まで得ている。諸大名としても、徳川将軍家から無用の嫌疑を蒙らずに大型軍船を保有するには、大坂船手の承認を経ておく手続が肝要となっていったのである。

また、徳川将軍家は西国方面で海上軍事力を動かす際に、諸大名の水軍を用いる事例が多く、大坂船手を通じて、船舶の提供などを指示することもあった。たとえば、島原の乱において、小浜光隆は畿内周辺や四国・中国の大名の船舶を大坂に集め、大坂から九州に渡航する上使（板倉重昌や松平信綱）に貸与している。さらに将軍家は、「鎖国」体制を整備していく中で、松平忠明《ただあきら》（播磨《はりま》国姫路）・松平定行（伊予《いよ》国松山）といった準一門大名を長崎有事（ポルトガル船来航）の責任者に指定するようになり、長崎への出動時には、やはり大坂船手が諸大名から船舶を集め、準一門大名が率いていく水軍に編入させ、長崎に参集した九州の諸大名が指揮に服しうる陣容とする手筈を整えた。

こうした諸大名の水軍と比較して、より直接的に大坂船手に統率されていたのが、古代以来の交通の要衝である塩飽《しわく》諸島・小豆《しょうど》島の海民だった。両島は、小堀政一《まさかず》（伏見奉行・備中《びっちゅう》国代官）の管理下にあったが、政一の没後は、大坂船手が町奉行と共同で支配するようになった。そして、大坂船手は必要に応じて、塩飽諸島と小豆島から水夫を動員するとともに、両地を瀬戸内海の海上交通や中国・四国・九州の動静を監察する中継点として活用したのである。

なお、大坂船手所属の船舶には、川船《かわぶね》（一六挺立《ちょうだて》の紀伊国丸《きのくにまる》など）も含まれており、大坂から伏見・淀まで遡上することがあった。第三章でみたように、徳川氏はまだ豊臣大名だった時期から、淀川（宇治川）で持船を運航させており、その指揮を小浜政精《まさきよ》に委ねていた。一七世紀初頭には、伏見城代のもとで、小笠原正吉が船奉行をつとめたともされる。大坂船手による川船の管轄・運用は、政精・正吉の活動を引き継ぎつつ、大坂と京都をつなぐ河川交通を監察する意味合いがあったとみられる。

江戸の船手頭も、隅田川で川船（一二挺立の大川御座など）を運用したが、遡上の範囲は大坂船手に及ばなかった。かかる相違の背景には、河川交通の監察の他に、徳川将軍が上洛時に大坂を視察する際、あるいは朝鮮使節（回答兼刷還使・通信使）が大坂・京都の間を往来する際に、大坂船手が淀川航行用の乗船や供船を用意していたという事情もあった。さらに将軍や朝鮮使節の淀川航行にも、将軍家直属の川船に加え、西国大名が江戸参府や上洛の折に淀川通航に用いるために大坂に碇泊させていた川船が徴用されており、大坂船手が管理を担った。諸大名の持船を大坂船手が監察・利用するという構図は、海上にとどまらず、淀川でも展開されていたことになる。

ところで、小浜光隆が寛永《かんえい》一九年（一六四二）に死去した後は、嫡子の嘉隆が大坂船手の地位を襲職した。嘉隆は父親とは別に、江戸で船手頭として活動していたため、その経験に基づいて、光隆の権限を支障なく継承・行使することができた。しかし、その嘉隆が寛文《かんぶん》四年（一六六四）に死去すると、嫡子の広隆が年少で、小浜氏は海上軍役に対応し難くなった。そのため、徳川将軍家は広隆に大坂船手を襲職させず、大坂船手を二人制に変更して、水主同心も各五〇人に再編している。幼年の当主では、大坂船手の職責に堪えられないが、小浜氏でなければ一〇〇人以上の同心を統制しきれないという判断から、人員の分掌という措置がとられたのであろう。

その後、小浜広隆は成長とともに大坂船手に起用されるが、小浜氏は一八世紀前半以降に大坂船手に就任しなくなる。さらに寛文期以降の大坂船手には、小浜氏を除けば、海上勢力（海賊・沿岸国衆）をルーツとしない旗本が起用されていることにも注目すべきである。江戸の船手頭も、一六四〇年代から、非海上勢力の旗本の就任者が増えており、やはり一八世紀前半までに、向井氏の他に、世襲の家はなくなっていく。船舶・人員の直轄制度を通じて、特定の家（海上勢力）に船手頭をつとめさせる海上軍事体制の属人的態様の解消が、江戸と大坂で並行して進んだのであった。

伊勢山田奉行の船手役兼任

徳川将軍家は、一六二〇年代から直轄の海上軍事力を江戸・大坂に二極化させたが、さらに一六三〇年代に入ると、伊勢山田奉行に船手役を兼務させ、東西の両極をつなぐ存在とした。

もともと、徳川将軍家は大坂船手の創設に先行して、伊勢国の白子《しろこ》に小浜守隆（光隆弟）を配置することで、知多半島の千賀《せんが》重親・信親（師崎《もろざき》）、三河湾の小笠原正吉・権之丞《ごんのじょう》（寺部）や中島重好《なかじましげよし》・重春（大崎）と合わせ、伊勢海（伊勢湾・三河湾）を「徳川の海」として把握する役割を担わせていた。小浜光隆の大坂船手起用についても、守隆との兄弟関係によって、大坂湾・伊勢湾の連絡が円滑になるという期待が少なからず作用していたと推測される。

もっとも、小浜守隆が寛永六年（一六二九）に没した後、嫡子の安隆は、江戸常駐の船手頭として活動するようになり、寛永一〇年から、山田奉行の花房幸次《はなぶさよしつぐ》が船手役を兼ねた。山田奉行は一七世紀初頭から存在し、伊勢神宮と門前町の山田・宇治の支配にあたってきたが、海上軍事力の運用も職権に追加されたのである。徳川将軍家は同年に志摩九鬼氏（織豊政権以来の水軍大名）を摂津国三田《さんだ》・丹波国綾部に転封しており、長らく海上軍事の補完に用いてきた九鬼氏が抜けた穴を埋めつつ、関東―畿内の海上交通の中継点たる伊勢湾に配置する海上軍事力を強化するための措置でもあった。

山田奉行の海上軍事力は、虎丸《とらまる》（関船）などの軍船と、水主同心七〇人を基幹としており、とくに同心の人数は、江戸の向井氏（一三〇人）、大坂の小浜氏（一〇〇人）に次いだ。これほどの戦力を統率して、江戸・大坂の連携を中継するには、相応の力量を要することは論を俟《ま》たない。

船手役を兼任した最初の奉行である花房幸次の家（花房志摩守家）は、関ヶ原合戦で西軍に参加して没落した備前宇喜多氏の旧臣だったが、合戦直前に主家と訣別していたために、徳川氏が備中国猿《さる》掛《かけ》の領主（五〇〇〇石）に取り立てた経緯があった。幸次の祖父正幸《まさよし》は、宇喜多氏のもとで備前国南東岸の虫明《むしあげ》（院政期に瀬戸内海の海賊を追討した平忠盛〈清盛父〉が和歌に詠んだこともある水上交通の拠点）に配置されており、花房志摩守家は同地で海上軍事への適性を培ったとみられる。

また、大坂の陣において、花房志摩守家の正成・幸次父子は、同様に備中国で取り立てられていた他の宇喜多氏旧臣（戸川達安《みちやす》〈庭瀬〉・花房職之《もとゆき》〈高松〉・岡越前守〈甲弩《こうの》〉）と「備中組」を構成し、羽

虎丸模型　山田奉行所記念館

柴方が水軍の拠点としていた福島砦の攻略に参加した。宇喜多氏の大坂屋敷があった備前島（大砲による本丸攻撃に活用）を奪取したのも、正成・幸次だったとされる。志摩守家が徳川体制下で拠点とした猿掛は内陸部に位置したが、備中国の宇喜多氏旧臣は、倉敷・笠岡で船舶を運用することを認められていた形跡がある。そのため、志摩守家は実戦に参加できる程度に海上活動に関する技量を保持し、やがて船手役も兼ねることになった山田奉行に選ばれたのだろう。

この花房幸次の没後は、寛永一八年に江戸の船手頭から石川政次が後任の山田奉行に起用され、引き続き船手役を兼ねた。次章でみるように、政次は一〇年以上にわたって船手頭をつとめ、向井氏と比較しても遜色のない手腕を発揮してきた。さらに山田奉行に就任することで、徳川将軍家の海上軍事体制の中にあって、政次は向井氏（江戸）・小浜氏（大坂）に次ぐ第三位の地位を得たのである。

また、徳川権力は戦国期から伊勢湾・三河湾を出自とする海上勢力を用いて、水軍の整備を進めてきたが、花房幸次の海上軍事に関する技量は、瀬戸内地域で涵養《かんよう》されたものであり、石川政次に至っては、船手頭に起用されるまで、海上活動に携わった経験がなかった。徳川将軍家の権力が空間的に拡大するほど（関東・東海から大坂以西へ）、海上軍事体制の規模も、伊勢湾・三河湾の海上勢力のみでは担いきれなくなり、任用の対象も広げられていったのだ。

尾張徳川氏・紀伊徳川氏の海上軍事体制

徳川一門のうち、尾張家・紀伊家・水戸家は「御三家」として知られている。御三家の初代当主（尾張家―義直《よしなお》、紀伊家―頼宣《よりのぶ》、水戸家―頼房《よりふさ》）は、いずれも家康の老年期に出生した子息であり、家康が大御所時代に居所とした駿府で養育されたが、家康の没後は自立して、領国・家中を運営するようになり、それぞれ水軍を編成し、徳川将軍家の全国支配を海上軍事の面でも補完した。ここでは、とくに徳川権力の西国展開と関わる尾張家と紀伊家の事例を取り上げることにする。

1　尾張徳川氏

尾張徳川氏の初代義直（家康九男）は、当初は甲斐国主の立場にあったが、慶長一二年（一六〇七）に没した異母兄の松平忠吉《ただよし》に代わって尾張国主に転じた。義直は忠吉のもとで形成されていた家臣団を基本的に引き継いでおり、その中には、知多半島の師崎《もろざき》を拠点とした千賀《せんが》氏もいて、将軍家の海上軍事における向井氏・小浜氏と同じく、尾張家による水軍の編成・運用の中心を担った。

第三、四章でみたように、千賀氏はもともと知多半島の南端に勢力を扶植した海賊であり、徳川氏の関東転封に従って、三浦半島に移ったものの、関ヶ原合戦の後、知多半島にもどって、従前から所領としていた須佐《すさ》・篠島《しのじま》・日間賀島《ひまかじま》などを回復した他に、新たに師崎を加増され、同地を本拠とするようになった。師崎は、関ヶ原合戦で千賀氏が形原《かたのはら》松平氏・幡豆《はず》小笠原氏と共同で守衛して西軍の水軍に対峙した要衝であって、伊勢湾と三河湾を扼する篠島・日間賀島と合わせ、知多半島周辺の海上交通に影響力を行使するうえで、適切な地勢だったのだろう。

義直が駿府で過ごしていた時期、千賀氏は徳川将軍家の直属に近い扱いで、大坂の陣では、当主信親が将軍家船手頭の向井忠勝・小浜光隆や志摩鳥羽城主の九鬼友隆とともに羽柴方海上拠点の攻略に参加し、隠居重親は将軍秀忠の本陣に詰めて、河口部の視察や水軍諸将との連絡にあたった。それでも、義直の成人・自立に伴って、千賀氏は一六一〇年代中頃から尾張家の船奉行という立場を付与され、尾張家の大名権力に直属する水軍の整備を進めていった。

尾張徳川氏船蔵跡　現在は名古屋市熱田区白鳥公園。著者撮影

当初、尾張家が保有した最大の軍船は、大坂の陣で千賀氏が鹵獲《ろかく》した大坂丸《おおさかまる》であり、千賀氏の指導で、関船・小早船を相次いで建造して、寛永七年（一六三〇）には、全長約三九メートル、肩幅約一一メートルの義丸《よしまる》（六八挺立）を完成させている。以後、尾張家は持船のうち、義丸を「第一丸《だいいちまる》」、大坂丸を「第二丸《だいにまる》」と称したという。もっとも、大坂で建造・購入された軍船も少なからずあり、義丸の建造にあたっても、千賀信親の旧知である船大工の川上和泉が大坂から招聘《しょうへい》されている。豊臣政権下（あるいは本願寺が大坂を本山としていた時期も含めて）で大坂の造船が発達し、徳川体制のもとでも技術的優位が継続して、尾張家などの諸大名が水軍

の整備に活用していた状況が窺えよう。

また、尾張家は千賀氏知行地の師崎に船番所をもうけ、伊勢湾・三河湾の海上往来を監察させつつ、本拠の名古屋と熱田湊の間を堀川という運河でつなぎ、城下の白鳥《しろとり》と熱田に船番所・船蔵《ふなぐら》・水主《かこ》屋敷などを置いた。さらに尾張家の船奉行は、早くから二人制となっており、一方は千賀氏の当主が世襲し、もう一方は海賊の系譜とは無関係の家臣が起用された。千賀氏が戦国期から海賊として蓄積してきた技量を基礎に、海上軍事体制を構築しながらも、その運用について、千賀氏に依存しきるのではなく、あくまでも大名権力が手綱を握るための工夫を凝らしていたのである。

2　紀伊徳川氏

紀伊徳川氏の初代頼宣（家康一〇男）は、父が晩年に居所とした駿府城を引き継ぎ、駿河国・遠江《とおとうみ》国を領国としたが、元和五年（一六一九）に紀伊国に転封された。先行して播磨国に配置された本多忠政（姫路）・小笠原忠真《ただざね》（明石）とともに、徳川将軍家の畿内・西国経営の基点たる大坂を南北から支えさせつつ、江戸・大坂の連結を補強する布石であった。

また、紀伊国は熊野海賊をはじめ、数多の海上勢力が群立した地域であり、戦国期には、新宮堀内氏が領域権力として成長し、豊臣政権下で海上軍役を担う水軍大名として存立した。豊臣政権も一門で大和郡山城主の羽柴秀長（秀吉弟）に紀伊国の支配も委ね、秀長は家臣の藤堂高虎・桑山重晴・杉若無心《わかむしん》を沿岸各所に配することで、水軍を編成させている。とくに高虎は、朝鮮出兵にて志摩国の九鬼嘉隆《よしたか》、淡路国の脇坂安治《わきさかやすはる》・加藤嘉明《よしあき》と並び、日本水軍の中心的位置を占めた。

頼宣の場合は、和歌山城を自らの居城として、将軍家が付属させた重臣のうち、安藤直次を田辺領主、水野重央《しげなか》を新宮領主とした。和歌山城は桑山氏が築いた城郭であり、田辺は杉若氏、新宮は堀内氏の旧領にあたった。尾張家と同様に、大名権力に直属する水軍を整備しつつ、付家老《つけがろう》の安藤氏と水野氏にも、領域支配を委ねるとともに、水軍の編成を求めた布陣であろう。

初期の紀伊家においては、竹本氏と稲生《いのう》氏が船奉行を世襲していた。両家の初代のうち、一方の竹本吉久は、もともと千賀氏の配下であり、尾張家から出向する形で、頼宣の船奉行に取り立てられるという経緯を辿っている。もう一方の稲生重次も、戦国期に知多半島の亀崎を拠点として、後に千賀氏の配下に参加した稲生氏の一族であった。この竹本氏・稲生氏の出自は、紀伊家が水軍を整備していくうえで、尾張家・千賀氏の助成を受けていたことを意味する。尾張家・紀伊家の領国は、伊勢湾を挟んで近接しており、海上の連携を容易にするための人事であり、かつ千賀氏が尾張家・紀伊家の権力と結び付き、知多半島から紀伊半島に勢力を伸長していった展開とも評価できよう。

紀伊家の直轄水軍は、和歌山城下の湊（紀ノ川左岸の河口周辺）を拠点としており、同所に船蔵や船番所、あるいは奉行・配下の役所が設けられていた。もともと、湊は雑賀衆《さいかしゅう》が海上活動の拠所としていた経緯があり、紀伊家も和歌山の外港にして、水軍の中枢という機能を付与したことになる。さらに竹本氏・稲生氏の指揮下にあった船頭は、頼宣が転封前に支配した駿河・遠江両国沿岸を出自とするものや、湊に存立してきた旧雑賀衆の系譜、船舶の運用経験を有する他国の牢人などで構成されていた。千賀氏傘下から抜擢《ばってき》された竹本氏・稲生氏のみでは、国持大名に相応しい規模の水軍を運用することは難しく、操船に長《た》けた船頭を集めて補強したのだろう。

なお、紀伊家は当主の上洛時に用いる川船を大坂屋敷に配備しており、必要に応じて、大坂船手に貸与することもあった。あるいは、寛永一九年（一六四二）に松平頼重《よりしげ》（水戸徳川氏の初代頼房の庶長子）が讃岐国高松に入封すると、紀伊家から提供された関船も利用して、水軍の整備を進めた事例も確認される。紀伊家の水軍は、領内の海事支配にとどまらず、徳川将軍家が畿内以西で展開する一門・譜代大名まで含めた戦略を支える役割も果たしていたのである。

瀬戸内地域の徳川大名と海上軍事

徳川将軍家は一六一〇年代後半から大坂を直轄地として畿内・西国支配の基点としつつ、次第に一門・譜代を環瀬戸内地域に転封して、西国経営を確固たるものにしていった。

まず元和三年（一六一七）に外様の池田氏を播磨国から因幡《いなば》国に移し、播磨国を区分けして、姫路に本多忠政（一五万石）、明石に小笠原忠真（一〇万石）を配置した。忠政は家康の重臣だった忠勝の後継者であり、松平信康（家康長男）の息女を妻としていた。忠真も信康息女（忠政妻の姉）を母としており、さらに自身も忠政の息女と結婚している。忠政・忠真の両人とも、徳川一門に準じる立場にあったことから、畿内の外郭と西国支配の前衛を兼ねた役割を委ねられたのであった。

また、姫路の本多忠政と明石の小笠原忠真は、それぞれ有力な水軍を編成した。これらは、池田氏が残していった軍船などを基盤としつつ、縁戚関係にあった阿波蜂須賀氏（忠真姉が入輿）の援助も得て整備したものであった。とくに忠政は、徳川将軍家から特別に安宅船の所有を認められていた。西国経営の要として、軍船を五〇〇石積以下に制限する原則の適用外とされたのだ。

その後、元和五年に福島正則が改易されると、領国の大部分である安芸国と西備後《びんご》に浅野氏が入封する一方で、備後国福山には、家康の母方の従弟にあたる水野勝成《かつなり》（一〇万石）が配置された。勝成も大転輪丸《だいてんりんまる》などの軍船を建造するとともに、縁戚の肥後加藤氏が寛永九年（一六三二）に改易されると、大坂船手小浜光隆の管理下に入った持船を引き渡され、水軍の規模を一層拡充させた。

さらに加藤氏改易後の肥後国には、細川氏が豊前《ぶぜん》国から移っており、細川氏旧領の主要部のうち、小倉《こくら》に小笠原忠真（一五万石）、中津に忠真の甥の長次（八万石）が入った。小笠原氏は蜂須賀氏の他に、細川氏とも縁戚関係（忠真妹が入輿）にあり、小倉・中津に入封した後は、徳川将軍家から「九州物主《ものぬし》」と位置付けられた細川氏と連携しながら、水軍を整備・運用していった。

このように、徳川将軍家は準一門格で一〇万石級の大名を中国地方の東部（姫路）と中部（福山）、九州の北部（小倉）に配置していったが、やがて四国の北部にも、有力な一門・譜代領を設定することで、徳川大名を介して、環瀬戸内海地域を統制する戦略をとった。

まず寛永一二年には、久松松平定行（一五万石）が伊予国松山、その弟の定房（三万石）が同国今《いま》治《ばり》に転封された。久松松平氏は家康異父弟の系譜であり、定行・定房兄弟は家康の甥にあたる。本多忠政・小笠原忠真・水野勝成と同じく、準一門格に分類されうる存在だった。

なお、豊臣政権期には、松山領で加藤嘉明、今治領で藤堂高虎が有力な水軍を編成していた。加藤氏の転封後は、蒲生忠知《ただとも》（家康外孫）が松山領に入り、忠知の死後に松平定行が新領主に起用され、それに合わせ、今治領も定房の所領に設定されるという経緯を辿った。そして、松山・今治の両久松松平氏は、蒲生氏や加藤氏・藤堂氏が編成していた水軍を引き継ぎ、より多くの船舶が必要な場合は、親族の土佐山内氏（定行妹が入輿）から借用することもあった。

とくに松山家の水軍は、三津《みつ》を拠点に設定するとともに、有事（後述の長崎出張）には、所領の各所から船舶を臨時に動員する態勢を構築していた。この点については、来島《くるしま》から供出された船舶が相対的に多かったことも注目される。戦国期の来島には、海賊村上氏の一族（通康《みちやす》・通総《みちふさ》父子など）が存立して、伊予守護家の河野氏を支えつつ、瀬戸内海の海上勢力として大きな存在感を示した。一七世紀以降、来島村上氏は他所に転出していたが、来島そのものは、松山領に組み込まれながらも、海民の活動（漁業・交易）は依然盛んであり、大名家の海上軍事にも活用されていたのである。

その後、讃岐生駒氏が改易されると、寛永一九年に徳川頼房（水戸家初代）の庶長子松平頼重が生駒氏旧領の主要部にあたる高松（一二万石）に入封した。前項でみたように、頼重は入国に際して、紀伊徳川氏から関船二艘を提供され、さらに生駒氏が整備していた軍船約四〇艘も引き継ぎ、松山松平氏と同様に、領内の船舶も動員する海上軍事体制の拡充を進めた。

こうした成果の確認も兼ね、頼重は船遊を名目とした調練を繰り返した。また、寛文九年（一六六九）には、大型関船の飛龍丸《ひりゅうまる》（全長約三二メートル、肩幅九・四メートル）を完成させた。建造に先行して松山の松平定頼（定行後継）や小倉の小笠原忠真が死去しており、両人の役割（緊急時の九州出張など）をある程度引き継ぐことも意識し、海上軍事力の一層の強化をはかった模様である。

このように、徳川将軍家は漸進的に瀬戸内地域に配置する一門・譜代を充実させたが、姫路の本多氏は三代（忠政・政朝・政勝）で転封され、寛永一六年に奥平松平忠明《ただあきら》（家康外孫）が姫路に入封した。以後も、姫路の領主は、江戸時代の中頃まで、代替わりのたびに交代したが、一〇万石級の領国規模は維持された。将軍家は姫路を大坂に次ぐ西国統治の重要拠点と見定め、その時々の実力派譜代に支配を委ね、「西国探題」に位置付ける方針をとったのだ。一方で、軍船や人員（船頭・水夫・大工など）については、領主の交代に関係なく、姫路城に固定して付属する「城付」の扱いだった。転封・入封のたびに、海上軍事力の陣容を再構築する手間を省く工夫であった。

また、瀬戸内地域に配置された徳川大名のうち、小笠原氏が肥後細川氏・阿波蜂須賀氏（本多氏経由で備前・因幡の両池田氏とも）、久松松平氏が安芸浅野氏・土佐山内氏・薩摩島津氏と縁戚関係にあったことにも留意すべきである。徳川将軍家の西国経営には、小笠原氏と久松松平氏が有する西国の外様国持大名との縁戚関係を活用して進展していった面がある。海上軍事においても、小笠原氏・久松松平氏は縁戚関係を頼って援助を引き出すとともに、外様衆が保有する水軍の規模について、将軍家の許容範囲（五〇〇石積以下の制限遵守など）に収まるように監視・助言することもあった。

伊勢湾地域の大名配置と海上軍事

第四章でみたように、徳川氏は関ヶ原合戦後に伊勢海地域（伊勢湾・三河湾）に一門・譜代を配置していった。伊勢国においては、とくに桑名（北部）が重視されており、まず家康重臣の本多忠勝（一〇万石）が配置され、本多氏の姫路転封後は、家康異父弟の久松松平定勝（一一万石）が入封した。定勝の嫡子定行が伊予国松山に転じた後も、その弟の定綱が桑名領を引き継いでいる。

もともと、桑名は伊勢湾でも有数の港湾都市であり、伊勢湾の海上交通と伊勢・尾張・近江の陸上交通を連環させる要衝だった。戦国期には、近江六角氏と伊勢長野氏が同地の支配をめぐって競合していた。豊臣政権は、この桑名に一柳《ひとつやなぎ》氏や氏家氏を配置して、桑名を中心とする支配領域を創出したが、徳川氏は桑名領の規模をさらに拡張し、尾張徳川氏・彦根井伊氏と合わせ、関東と畿内の接合・連絡を万全とする態勢の担い手とすべく、譜代の実力者を配置し続けたのである。

また、本多氏は姫路、久松松平氏は松山で、有力な水軍を編成したが、いずれも桑名時代に船奉行による船舶の運用・動員を経験していた。桑名領は、一〇万石級の譜代に、水軍の編成に関するノウハウを会得させる空間としても機能していたという評価も成り立つだろう。

伊勢国に配置された最大の大名は、津（安濃津、中部）の藤堂氏である。藤堂氏は豊臣政権の取立大名だったが、初代の高虎は、家康から厚い信頼を得ており、東海地域の外様衆が関ヶ原合戦以降に西国に転封されていく趨勢にあって、例外的に慶長一三年（一六〇八）に伊予国今治から津に転封されることになった。津もまた伊勢湾屈指の重要港湾であって、織田氏・羽柴氏は伊勢国を支配下に置いていく中で、桑名と同様に、津を中心とする支配領域を創出していた。

さらに藤堂高虎は、豊臣政権期に海上軍役を担う水軍大名として活動しており、朝鮮出兵では、九鬼氏に勝るとも劣らぬ戦績をあげていた。徳川将軍家としても、高虎を中伊勢に配置して、勢力圏の外縁を固めるとともに、津を拠点に水軍の整備を続け、伊勢海を「徳川の海」とする戦略の一翼を担うことを期待したのであろう。なお、高虎も津に転封されると、小浜氏の一族を家中に迎え、船奉行に据えている。すでに水軍運用に関するノウハウは十分に積んでいたはずだが、あえて小浜氏の一族を船奉行に起用し、将軍家の海上軍事との同調を容易にしようとした措置と推測される。

海上軍事という観点で、とくに重要な大名配置の変動は、寛永一〇年（一六三三）に志摩国から九鬼氏が摂津国三田《さんだ》・丹波国綾部に転封されて、その旧領が譜代大名の領国に再設定されたことである。戦国期以来の海上勢力の解体という文脈で理解されがちな措置で、徳川将軍家が水軍の編成・運用に消極的だったとする言説の論拠としてよく指摘される一件でもある。しかし、第四章でみたように、徳川将軍家は大船接収や大坂両陣で九鬼氏の海上軍事力を有効に活用しており、むしろ直轄水軍を補完する存在として位置付けていた。九鬼氏転封の後、山田奉行に船手役を兼任させたことも、伊勢湾の海上軍事体制を維持するための努力であった。

たしかに、九鬼氏は織豊政権や徳川将軍家のもとで、海上軍役を担い、領域権力として存立してきたが、それだけに海上軍事の運営を担う重臣の権勢も強かった。その結果、将軍家の海上軍事を支えてきた守隆（友隆から改名）の晩年から家中運営が動揺していた。そこで、将軍家はあえて九鬼氏を内陸に転封し、海上軍事から切り離すことで、重臣の権勢を抑制し、大名権力の確立を促す苦肉の策をとったのであって、積極的に九鬼氏の水軍大名としての命脈を絶ったとは言い難い。

なお、九鬼氏の転封をうけて、志摩国に入封したのは、元年寄（老中）の内藤忠重であり、九鬼氏が残していった持船や人的資源（船頭・水夫など）も、忠重のもとである程度維持された。もともと、忠重は秀忠の大御所期に将軍家光に付属された年寄だったが、家光親政体制が発足すると、権力中枢の再編（家光と同世代の側近登用）に伴い、年寄の地位を退いていた。その一方で、忠重は九鬼氏に代わって志摩国に配置されることで、伊勢湾の海上軍事の一角を占める立場に転じたのである。徳川将軍家は九鬼氏の不安定化を奇貨として、閣僚級譜代に志摩国と同地の海上軍事力を掌握させ、伊勢海を「徳川の海」とする戦略を一層進展させたと評価することもできるだろう。

「鎖国」をめぐる海上軍事①――初期の長崎奉行

徳川将軍家の海上軍事体制が西国に展開していく中で、「鎖国」体制の整備も進行した。この「鎖国」体制においては、肥前国長崎が日本国内で外国船の来航を受け容れる唯一の国際貿易港に位置付けられるが、長崎の内外でいかに海上軍事力を運用するかも課題となった。

元来、長崎は大村氏（肥前国衆）の支配領域の一部であった。その大村氏がキリスト教信仰を受容していたことから、その領国では、イエズス会による布教と、同会の周旋によるポルトガル船との貿易が進展した。天正八年（一五八〇）には、大村氏からイエズス会に長崎の地が寄進され、やがて日本布教の中心地に設定された。但し、長崎の周辺には、一五五〇、六〇年代からすでに中国船が来航していたとされ、イエズス会の支配下でも、中国商人の出入は継続した。

大村氏がイエズス会に長崎を寄進したことは、佐賀龍造寺氏や平戸松浦氏との対戦の中で、既存の国際貿易拠点の保護をイエズス会に委ねつつ、さらなる発展を期待したという面がある。そして、イエズス会も信徒大名（島原有馬氏など）との外交による長崎支配の安定に意を注ぐとともに、自力で長崎を防衛する事態も想定し、戦力の基幹としてフスタ船（小型ガレー船）を駐留させていた。

豊臣政権は九州を平定すると、イエズス会から長崎の支配権を接収して、まず外様の鍋島氏（佐賀）、次いで譜代の寺沢氏（唐津）に管轄させた。豊臣政権がイエズス会の長崎経営を否定した発端の一つは、長崎のフスタ船の献上を履行しなかったことであった。国外勢力が特定の拠点で軍事力を持つ状況が警戒の対象となった、という構図である。イエズス会が長崎を日本布教の中枢とすることは容認されたが、以後、豊臣政権とイエズス会の関係は、妥協・緊張の間を行き来するようになった。さらに引き続き来航するポルトガル船・中国船との取引を統制する必要もあり、豊臣政権は鍋島氏・寺沢氏の軍事力を背景として、長崎とその周辺の治安を維持しようとしたのであった。

関ヶ原合戦の後、徳川氏は幾つかの都市と同じく、長崎を直轄化したが、豊臣政権とは違い、大名に支配を委託するのではなく、基本的に専任の奉行を起用する方針をとった。長崎でおこなわれる国際貿易をより積極的に統制下（糸割符制度の施行など）に置こうとする姿勢のあらわれだった。

徳川体制下における最初の長崎奉行である小笠原一庵《いちあん》は、慶長八年から少なくとも同一〇年頃まで在任した。この一庵は三河国の出身で、一五九〇年代から徳川氏の海上軍事力を担ってきた幡豆小笠原氏の一族とする伝承もある。幡豆小笠原氏の越中守正吉は、関ヶ原合戦後に三河湾・伊勢湾の海上軍事を統括しつつ、本章でもみたように、伏見で淀川の船奉行をつとめていた形跡もある。一庵が幡豆小笠原氏の一族であれば、正吉との提携を前提としていた可能性も想定される。

小笠原一庵の後は、慶長一一年頃から長谷川藤広《ふじひろ》が長崎奉行に在任している。藤広は伊勢北畠氏の旧臣であり、家康の侍妾に参加していた妹（清雲院）を後ろ盾にしていた。一庵から藤広に奉行が交代した理由は不明だが、小笠原正吉の確実な動向は慶長一〇年が終見であり、正吉の死去・引退が長崎奉行の交代に少なからぬ影響を及ぼしたと理解できるかもしれない。

また、長崎奉行としての長谷川藤広は、慶長一四年（一六〇九）一二月に家康の承認を得て、島原有馬氏と共同でポルトガル船（マカオ発）のノッサ・セニョーラ・ダ・グラッサ号を襲撃して自爆させた事件でも知られている。とくにポルトガル側を追い詰めた楼船は、藤広の弟忠兵衛の創意によるものだったとされる。長谷川兄弟が海上軍事に一定の才覚を有していたことが窺えるが、赴任前から相応の知見を備えていたのか、長崎での活動を通じて獲得したのかは定かではない。

長谷川藤広が慶長一九年から和泉堺奉行に転じ、甥の藤正が後任に起用されたように、しばらくは長谷川一族が長崎の支配を請け負う属人的状況が続いたが、寛永三年（一六二六）には、旗本の水野守信が長崎奉行に就任している。この間に、元和二年（一六一六）九月、ヨーロッパ船の入港を長崎・平戸にのみ認める貿易制限令が発出され、その方針がやがて中国船にも適用されたため、対外貿易における長崎の重要性はさらに高まっていた。かかる状況から、徳川将軍家はより実効的な貿易統制を実現するには、特定の家に長崎奉行を世襲させる方針を改めるべきだと認識したのだろう。

水野一族の中でも、守信は家康生母の実家である緒川・刈谷家ではなく、知多半島の西南部にあって安宅船も含む水軍を編成していた常滑《とこなめ》家の系統にあたる。長崎支配と有事への対応について、常滑水野氏に蓄積された海事支配・水軍運用のノウハウを活用しようとした人事とも考えられる。

「鎖国」をめぐる海上軍事②――長崎奉行二人制への移行と管轄下の海上軍事力

水野守信が長谷川藤広と同様に寛永五年(一六二八)に堺奉行に転任すると、竹中重義(豊後《ぶんご》国府内)が後任の長崎奉行となった。小笠原一庵・長谷川藤広や水野守信と違い、竹中重義は羽柴氏の取立大名だった。これまで、徳川将軍家は直臣から長崎奉行を起用してきたが、豊臣政権下の佐賀鍋島氏・唐津寺沢氏と同じく、大名に長崎の支配を委ねる方式を採用したのである。

この竹中重義の長崎奉行就任は、徳川将軍家の対ヨーロッパ外交の尖鋭化に連動していた。元和二年(一六一六)以降、将軍家(秀忠体制)は交易船の入港を制限する方針を打ち出すとともに、キリスト教の禁圧をより厳重に執行するようになっていた。寛永元年(一六二四)には、布教支援に積極的とみなしたスペイン領ルソン島との交易を絶つという強硬な措置までとり、禁教もさらに過酷化していった。もっとも、こうした将軍家の施策は、スペイン船が渡航を強行した場合や、キリスト教信仰が深く浸透している長崎とその周辺で騒擾《そうじょう》が生じた場合に、武力行使が必要となるリスクも高めていた。

しかし、小笠原一庵以降の初期段階の長崎奉行は、対外貿易の管理者という性格が強く、海上軍事に関する知見があったとしても、十分な規模の兵力を組織・運用することはできない。よって、長崎港内での武力行使には、近隣の大名による助力が必須であった。ノッサ・セニョーラ・ダ・グラッサ号事件は、島原有馬氏とポルトガル領マカオの紛争を本質としつつも、長崎港内の武力行使に有馬氏の軍事力が動員された一面も指摘できる。それ故に、有馬晴信は過剰な自信を抱き、不用意な政治工作（キリスト教人脈を介した諫早領併合の働きかけ）に手を染め、かえって徳川将軍家のキリスト教に対する警戒感を助長して、禁教の発端をつくってしまった。

徳川将軍家はこうした経緯を踏まえ、ある程度の動員力を有する大名を奉行に起用して、長崎とその周辺の有事に備えようとしたのであろう。竹中重義は羽柴氏の取立大名だったが、駿府で大御所家康に近侍していた時期もあり、改易された松平忠直（元越前国主、家康孫）の身柄を預けられたように、将軍家から厚い信頼を得ていた。また、府内は別府湾南部の港湾都市でもあり、かつては戦国大名の豊後大友氏の本拠地だった。その大友氏は、毛利氏を敵手として鎬《しのぎ》を削る水準の水軍を編成しており、大友氏改易後に府内に入封した福原長堯《ながたか》も、慶長の役にて朝鮮水軍を壊滅させた巨済島海戦に参加し、ある程度の戦果（鹵《ろ》獲《かく》一艘）をあげている。竹中重義もまた相応の水軍を保持しており、有事に対応しやすいという期待感を徳川将軍家から持たれていたのではないだろうか。

ところが、竹中重義の起用は、大名を長崎奉行とした最初で最後の人事となった。

たしかに、竹中重義は四〇〇人ほどの手勢を率いて長崎に赴き、キリスト教の弾圧を積極的に展開した。その一方で、寛永七年と翌年の二度に亘り、島原松倉氏の船をルソン島に渡航させ、交易をおこなわせている。当時の徳川将軍家は、スペイン船隊による朱印船の襲撃事件や、日本布教の支援態勢から、ルソン島のスペイン勢力をやや過剰に警戒しており、松倉氏が提案していたルソン島侵攻の準備を認めていた。重義はその松倉氏の計画を利用し、ルソン島の偵察を名目として、停止状態にあるスペインとの交易を変則的な形で実施したのである。禁教政策を進展させるという将軍家の大方針に沿いながらも、経済的な利得も得ようとする態度だった。

しかし、徳川将軍家の中枢には、こうした竹中重義の振る舞いについて、裁量の範囲を越えた独走とみなす認識もあった模様である。秀忠（大御所）が寛永九年に死去すると、家光（将軍）は代替わりの改革の一環として、翌年に重義を長崎奉行から更迭し、糾明のうえで切腹させた。このように、大名を長崎奉行に起用するという人事は、領域権力に特有の自立性から、将軍家が認識する裁量の範囲から逸脱しかねないという問題点を露呈し、以後は封印されることになった。

家光政権はこの粛清事件を踏まえ、長崎奉行の起用を旗本に限定するとともに、二人制を原則とする方針を打ち出した。大名よりは徳川将軍家の意向と乖離した行動をとりにくい旗本（非領域権力）と、二人制による相互監視を組み合わせ、独走に歯止めをかけようとしたのだ。

二人制における最初の長崎奉行は、曽我古祐《ひさすけ》と今村正長であり、両人のうち正長は下田奉行の立場にあった。下田は徳川将軍家の海上軍事を支える港湾であり、軍船も管轄していた下田奉行は広義の船手頭とする認識もあった。つまり、今村正長は港湾都市の行政に加え、水軍の編成・運用にも相応の経験を積んでいたことを前提として、竹中重義の失脚で動揺した長崎統治（禁教と貿易監察）の立て直しを託されたのである。

但し、曽我古祐と今村正長の起用は臨時的な措置であって、一年ほどで、榊原職直《もとなお》と神尾《かんお》元勝が後任の長崎奉行に就任している。このうち、榊原職直は備中《びっちゅう》国高松の領主である宇喜多氏旧臣の花房氏（助兵衛家）の出身だった。前述したように、備中国に所領を給付された宇喜多氏旧臣は、徳川将軍家から海上軍役の担い手として扱われ、これも前述したように、花房幸次《よしつぐ》（志摩守家、猿掛領主）は寛永一〇年から伊勢山田奉行と船手役を兼任している。将軍が依然として長崎有事に備え、海上軍事の適性を有する旗本を奉行に任用していたことが窺えよう。

また、二人制移行後の長崎奉行は、次第に海上軍事力の整備も進めている。その経過は十分に明らかになっていないが、人員については、延宝《えんぽう》九年（一六八一）頃に二〇人の水主同心が長崎奉行に所属していた。さらに外部の野母《のも》番所（寛永一五年〈一六三八〉設置）と小瀬戸《こせど》番所（元禄元年〈一六八八〉設置）にも、それぞれ一〇人ほどの水主同心が配置されていた。三〇人から四〇人という水主同心の人数は、江戸常駐の標準的な船手頭一人に所属する配下とほぼ同規模であった。

軍船についても、六四挺立の孔雀丸《くじやくまる》をはじめ、数艘の関船・小早船などが長崎奉行に所属していたという。慶安元年（一六四八）には、長崎港北奥の馬込《まごめ》に船蔵が建設され、軍船が収容されるようになった。これ以前から、長崎奉行は軍船を運用していたが、前年に断絶した唐津寺沢氏の持船の一部も編入され、戦力が一層充実したことに伴い、あらためて管理態勢が整えられた模様である。

そして、長崎奉行は必要に応じ、管轄下にある軍船を鉄砲・弓・槍で武装して出動した。漕手だけで数百人の兵力となるが、水主同心を基幹としつつ、長崎の住民や近隣の郷村に軍役を課すことで、船隊の運用を可能とする仕組が構築されていた。これも、江戸常駐の船手頭と共通する。

もっとも、対外関係の最前線となった長崎の治安維持を単独で担うほどの規模ではなく、有事・平事を問わず、九州の諸大名の軍事力に依存する構造となった。それでも、長崎に参集した諸大名の水軍を統御するには、長崎奉行もある程度の水軍を保持すべきであり、けっして小さくはない努力を払っていたのである。実際、数百人という戦力の規模は、豊臣政権期における海賊由来の大名（来島村上氏・淡路菅氏など）の動員力とさほど大きな差はなかった。

「鎖国」をめぐる海上軍事③――沿岸警備体制の構築・運用

島原の乱の後、徳川将軍家はポルトガルとの通商関係を断ち、オランダ商館を平戸（松浦氏領国）

から長崎に移すなど、外国船の入港を長崎に限定する態勢を整えた。後世に「鎖国」「海禁」と称される状況にあたる。その一方で、ポルトガルやスペインの船舶が九州周辺に接近する事態も想定しており、西国の諸大名に対して、遠見番所の設置など、沿岸警備体制の整備を求めるようになった。

徳川将軍家も寛永一七年（一六四〇）から同一九年にかけて、江戸常駐の船手頭を上使として西国に派遣し、港湾の調査をおこなった。寛永一七年の上使は小浜嘉隆・間宮長澄、同一八年の上使は石川政次・小浜安隆、同一九年の上使は向井直宗・小笠原信盛だった。この調査は、将軍家の直轄領にとどまらず、大名領国にまで立ち入って実施された。将軍家が沿岸警備体制の構築・運営を適切に指導するうえで、各港湾に関する情報をなるべく詳細に把握しておこうとしたのだ。

また、船手頭による港湾調査は、関船・小早船で編成された船団を江戸から運航する形で実施されており、その対象は、九州南端にあたる薩摩島津氏の領国にまで及んだ。水軍の航行距離としては、豊臣政権期の小田原合戦や朝鮮出兵よりもさらに長大であった。無論、大坂などの中継拠点、諸大名の協力が可能ならしめた航行だが、船手頭や配下の技量も、相応の水準にあったといえよう。

さらに国際貿易港たる長崎では、北九州の諸大名（筑前黒田氏・肥後細川氏・佐賀鍋島氏）が交代で在番の人員・持船を配置して、長崎奉行を補佐するとともに、奉行・在番の兵力のみでは対応しきれない有事が生じた場合は、より大規模な軍勢を長崎警備に参集させる態勢も整備された。

正保四年（一六四七）に通商再開を要望するポルトガル船二艘が長崎に来航した際には、九州各地から約五万人の軍勢が長崎に参集して、ポルトガル船を威圧することで、交渉拒絶の強制力となった。また、諸大名は全軍を軍船・輸送船に分乗させる水軍編成で長崎に出動しており、船数は全体で一〇〇〇艘を超えていた。これは、諸大名が長崎出陣について、徳川将軍家に忠節をみせる機会と捉え、将軍家の想定以上に兵力が膨張した結果でもあった。しかし、沿岸警備体制という対外的緊張の中で、諸大名が対外戦争（朝鮮出兵）を展開した豊臣政権期に勝るとも劣らない規模の海上軍事力の動員能力を維持していたからこそ、参集する軍勢・船団も肥大化したのである。

また、有事に長崎に参集する軍勢の統制には、長崎奉行も参与していたが、総指揮を執るのは、西国に配置された準一門の譜代大名であった。当初は、播磨国姫路の松平忠明《ただあきら》（家康外孫）が長崎有事の責任者に起用され、忠明の没後は、嫡子忠弘が年少だったことから、伊予国松山の松平定行（家康甥）がその立場を引き継ぎ、正保四年のポルトガル船来航時に長崎に出向して、諸大名の統率にあたった。その定行が隠居すると、長崎有事の指揮権も、嫡子の定頼に引き継がれた。忠明と違い、定行は後継者が成人していたため、指揮権は移動しなかったのである。しかし、定頼の死後は、嫡子定長の幼少を理由として、豊前国小倉の小笠原忠真（家康曽孫）が新たな長崎有事の責任者となった。

長崎有事の総指揮を委ねられた松平忠明・松平定行・小笠原忠真は、本章でみたように、いずれも一〇万石級の有力譜代であった。そもそも、長崎奉行はもちろん老中でも、数万規模の大軍を指揮するには、格が不足しており、島原の乱でも、松平信綱は単独で上使をつとめるのではなく、戸田氏鉄《うじかね》（美濃国大垣一〇万石、妻は家康異父妹の娘）と組み、格の不足を補っていた。そのため、長崎有事の総指揮は、家格と動員力を兼ね備えた準一門大名に委ねられたのである。

なお、これも本章で述べたように、松平忠明・松平定行・小笠原忠真は、各所領で水軍の編成も進めていた。さらに徳川将軍家も、松平忠明に長崎有事の総指揮を命じるにあたり、大坂船手に対し、長崎出陣時に周辺の大名から船舶を供出させ、忠明に引き渡すように指示した。長崎で諸大名の水軍を円滑に指揮させるうえで、忠明の戦力を増強しておくべきだと認識していたのだろう。

この方針が松平定行・小笠原忠真にも適用されていたかどうかは不明である。定行については、正保四年の長崎出陣にて、土佐山内氏からも持船を借用し、約一〇〇艘の船団を組織した。全体の船数は黒田氏の約四〇〇艘、細川氏・鍋島氏の各約三〇〇艘には及ばなかったが、軍船（関船・小早船）は約五〇艘であり、黒田氏（約六〇艘）・細川氏（約八〇艘）・鍋島氏（約三〇艘）よりも、比率では勝っていた。また、慶安二年（一六四九）にも、定行は長崎に視察のために出動するが、その際は軍船八〇艘を中心とする約三七〇艘の船団を率いていた。両事例とも、松山松平氏の領国規模（一五万石）と照らし合わせると、やや過大な数字であり、山内氏からの借用の他に、徳川将軍家の助成（大砲の貸与は確認される）で、国持大名と同等の船団を編成したものと推測される。

ところで、正保四年のポルトガル船入港時の対応（圧倒的な船数で威圧）について、当時のオランダ商館長は実効性に疑問を呈し、ポルトガル側に火器を使用する意思があれば、容易に突破できたと評価している。もっとも、ヨーロッパ勢力の少数ながら火力に勝る艦船に、敵対勢力の大船団が打破される展開は、マタラムのバタヴィア攻囲戦（一六二八～二九年・対オランダ）、アチェのマラッカ攻囲戦（一六二九年・対ポルトガル）など、同時期の東ユーラシア地域でしばしばみられた様相だった。あるいは、福建鄭氏の台湾占領（一六六一～六二年・対オランダ）のように、船数の優位で火力の劣位を克服した事例もある。船数を揃えて威圧する徳川将軍家の方針は、同時代の東ユーラシア地域にて、相応に普遍的であった。一六世紀末頃から統一政権（豊臣政権・徳川将軍家）が求めてきた海上軍役を果たすべく、諸大名が船奉行による海上軍事の直轄化・大規模化を進めてきたことで、ともかくも長崎に大規模な水軍を参集させる対応が可能になったのである。

無論、オランダ商館長が指摘した問題点は、徳川将軍家も十分に認識していた。承応《じょうおう》三年（一六五四）には、異国船が長崎港内に不法に侵入した場合、陸上からの砲撃で沈めるように指示しつつ、退去したならば、船を出して追撃することを禁じている。不用意に海上戦闘をおこない、損害を蒙ることで、日本（及び将軍家）の武威に傷を付けるような事態を避けようとしていたのだ。

さらに承応三年の指示にみられるように、長崎港内の各所には、砲台も設置されていた。水軍の質的劣位を補う措置であって、朝鮮出兵にて、日本水軍が陸上の城砦（倭城）と連携することで、朝鮮水軍に対抗していた戦術の延長線上に位置する。しかし、一七世紀以降は政治的安定が続き、内戦・外征をほぼ経験しなかったため、装備や戦術の更新も停止した。そのため、一八世紀末頃以降にヨーロッパ勢力の技術的優位がより顕著になると、「鎖国」の維持も困難の度を増していき、その見直しをめぐる試行錯誤の中で、徳川将軍家を中心とする政治秩序も解体に向かうことになる。

島原をめぐる海上軍事

縷述してきたように、単独では十分な海上軍事力を運用できない長崎奉行は、港内での武力行使について、肥前国内でも相対的に近接していた島原の大名からとくに助力を得ていた。

一七世紀初頭の段階で、肥前国島原には有馬氏が存立していた。戦国期の有馬氏は、佐賀龍造寺氏と覇を競った有力国衆であり、キリスト教の信徒大名としても知られる。長崎をイエズス会に寄進した大村氏も、有馬氏の従属国衆だった時期がある。さらに有馬氏は、水軍の運用もおこなっており、前述したように、慶長一四年（一六〇九）には、鎖で防弾性を高めた楼船まで投入して、長崎でポルトガル船（マカオ発）のノッサ・セニョーラ・ダ・グラッサ号を自爆に追い込んだ。

徳川将軍家も長崎貿易の直轄化を武力で支える存在として、有馬氏に期待を寄せており、慶長一五年には、有馬晴信の嫡子直純と、譜代の重鎮たる本多忠政（当時は伊勢国桑名）の息女栄寿院を結婚させた。忠政の正室は、家康の長男信康の次女にあたり、直純は家康の曽孫と結婚したことになる。信康の血統を介して、将軍家・有馬氏の関係をより深化させようとする政略だった。

ところが、有馬晴信はこうした徳川将軍家の優待に過剰な自信を抱き、戦国期に龍造寺氏との競合に敗れて喪失し、当時は鍋島氏（もと龍造寺氏重臣）の支配下にあった諫早領の回復を望み、キリスト教信仰に基づく人脈を活用して、家康の周辺に働きかける政治工作（その中心が本多正純の与力岡本大八）に手を染めた。その一方で、嫡子の直純は、将軍家の施策（諸大名の領国保全）に対する介入にあたる晴信の画策に危機感を抱き、長崎奉行の長谷川藤広とも相談して、将軍家に工作の存在を告発し、晴信の処断、キリスト教信仰の放棄と引き替えに、家督の相続を認められた。

その後、徳川将軍家は慶長一九年に有馬氏を日向国延岡《ひゅうがのべおか》に転封し、元和二年（一六一六）に松倉氏を大和国五条から島原に移封した。たしかに、直純は将軍家の要求に従い、キリスト教の摘発を進めていたが、家中・領民に信仰が深く浸透しており、貫徹は容易ではなかった。そこで、有馬氏と島原地域を切り離すことで、双方の脱キリスト教化を促進する措置が講じられたのだ。そもそも、ノッサ・セニョーラ・ダ・グラッサ号事件と岡本大八事件の顛末は、将軍家が有馬氏を十分に制御できなかったことを一因とする。当主を晴信から直純に置換したとしても、領域権力である以上は、相応の自立性は残るため、対外情勢の最前線（長崎周辺）から遠ざけておく方が無難だったのだろう。

新たに島原の領主となった松倉氏は、もともと大和筒井氏の重臣で、筒井氏の伊賀国転封を経て、豊臣政権下で自立した。関ヶ原合戦後は徳川将軍家と主従関係を結び、大坂の陣で力戦して、将軍家の信頼を深め、島原地域の脱キリスト教化や、長崎奉行の軍事的支援を委ねられたのだった。

但し、松倉氏も当初はキリスト教の弾圧に消極的だった。入部してまもない島原地域を円滑に支配し、有馬氏と同じく、海外貿易を展開するうえで、領内に残る宣教師・信徒（交易船の派遣、ヨーロッパ船との取引の周旋役）との妥協をはかったのだった。その松倉氏も、寛永二年（一六二五）頃から、過酷なキリスト教弾圧を展開するようになる。徳川将軍家がスペイン領ルソンとの通商関係を断絶させたことをうけた方針転換だった。すなわち、キリスト教を容認するメリットの一半（経済的利得）が大きく後退し、かえって将軍家の嫌疑を蒙りかねないと判断したのだ。

さらに松倉氏は方針を尖鋭化させ、宣教師（フランシスコ会）が日本に密入国する経路を絶つために、ルソン島への武力攻撃を計画して、偵察船をルソン島に派遣した。前述したように、これは長崎奉行の竹中重義から便宜（渡航認可）を得たものであった。ルソン島の情勢を探査するだけではなく、通商断絶後もスペイン勢力との交易を継続するための一手でもあった。ノッサ・セニョーラ・ダ・グラッサ号事件とはまた違った形で、長崎奉行と島原領主の提携が発動したことになる。

しかし、ルソン島への遠征は、一大名が単独で遂行しうる計画ではない。領国の規模（四万石）に釣り合わない過剰な軍事力を用意するための負担は、領民に転嫁され、過酷な弾圧と収奪が相乗し、有馬氏の支配を懐古する動向を生じさせ、キリスト教信徒を中心とする蜂起の背景となった。

そこで、徳川将軍家は島原の乱を鎮圧すると、松倉氏に苛政の責を負わせて改易し、寛永一五年に高力《こうりき》氏を島原に入封させた。その高力氏が寛文八年（一六六八）に改易されると、翌年には、深溝《ふこうず》松平氏が島原に入封し、以後、一時的な転封もあったが、江戸時代を通じて島原を支配していく。高力氏・深溝松平氏は、いずれも譜代であり、岡本大八事件・島原の乱を踏まえ、外様よりも信頼性の高い大名に島原を委ねようとした将軍家の意図が透けて見える。

高力氏・深溝松平氏は、いずれも島原地域の復興を進めつつ、松倉氏時代の軍備（城郭や軍船）もある程度保持しており、佐賀鍋島氏などと連絡を取りつつ、長崎奉行の軍事力を補完する役割を担った。第一章・第二章でみてきたように、高力氏の事実上の初代にあたる清長は、戦国期・豊臣期に徳川氏の海上軍事力統制に参与する立場にあり、深溝松平氏も戦国期に拾石《ひろいし》を外港として支配するとともに、一七世紀前半には、環三河湾地域に属す吉田・刈谷を領国としていた時期がある。島原で海上軍事力を編成しつつ、長崎奉行を支える適性があると将軍家から判断されたのであろう。

なお、高力氏が島原領主として存立していた寛文四年（一六六四）には、三河国田原《たはら》から戸田忠昌が肥後国天草に転封されて、さらに徳川将軍家から船二艘を供与されている。島原の乱以後、天草は将軍家の直轄領となっていたが、大名領に変更されたのだった。こうして天草領主となった忠昌は、徳川氏が三河時代に取り立て、水軍としても用いた大津戸田氏の嫡流にあたる。将軍家はその忠昌を天草に配置することで、長崎の警備を南方から固める布石としたのだろう。

また、深溝松平氏と大津戸田氏は、戦国期に縁戚関係を成立させ、一六一〇年代から一六三〇年代にかけて、近接する吉田・田原で存立していた。深溝松平氏が島原領主に選ばれた一因として、天草の戸田忠昌と連携をとりやすいという期待もあったと推測される。

ところが、戸田忠昌は寛文一一年から奏者番・寺社奉行を兼任して、徳川将軍家の政務に参画するようになり、所領も天草から転封されている。忠昌は後に老中まで昇進しているが、将軍家は忠昌の政治的才覚に期待を寄せ、長崎の警備よりも、権力中枢の運営に参加させることを優先した模様である。さらに忠昌が転出した後、天草に新たな領主は入封せず、同地は将軍家の直轄領にもどされている。徳川将軍家の成立から七〇年近くが経過し、国内の政情が安定して、対外的な危機感も薄らいでいく中で、軍事中心の施策が後退していく動向の一コマにあたる。

小括

徳川権力は一六一〇年代中頃から西国の統治を深め、さらにスペイン・ポルトガル勢力を排除する「鎖国」路線も進める中で、海上軍事体制の枠組を拡張していった。

その結果、将軍家は大坂を江戸に次ぐ直轄水軍の拠点に位置付け、江戸・大坂をつなぐ伊勢湾でも、山田奉行に水軍を統率させた。また、伊勢湾から瀬戸内海・北九州にかけて配置された一門・譜代大名も、それぞれが水軍を編成した。これらによって、徳川権力は西国の外様大名を統制しながら、スペイン・ポルトガル勢力の再来時には、外様大名の水軍も活用する態勢を整えた。

このように、徳川権力は有事に大規模な海上軍事力を結集する仕組をつくってはいたが、実際の行使にはきわめて慎重であった。豊臣政権が朝鮮出兵に失敗して崩壊した経緯、かつ日本の海上軍事力が国際的にはかならずしも高い水準にはないという自覚が相乗して形成された方針だった。ある意味で、こうした慎重さこそが、徳川権力を長期政権としたともいえる。

第七章
「水都」にして「軍都」＝江戸

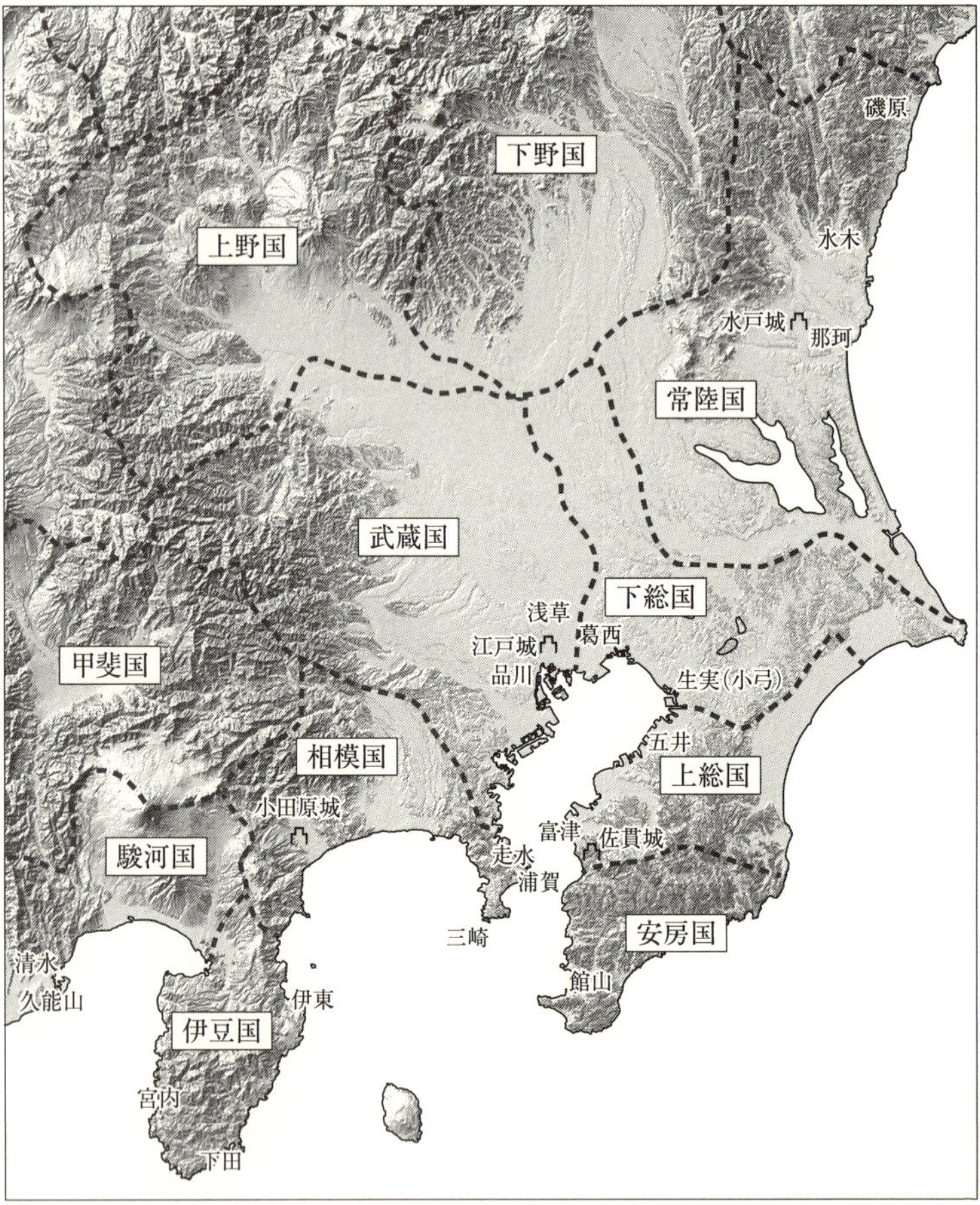

下野国
上野国
磯原
水木
水戸城
那珂
常陸国
武蔵国
下総国
浅草
葛西
江戸城
品川
甲斐国
生実(小弓)
五井
相模国
上総国
小田原城
富津
佐貫城
駿河国
走水
浦賀
三崎
安房国
清水
久能山
館山
伊東
伊豆国
宮内
下田

本章関連地図

徳川権力の本拠である江戸は、隅田川を軸として、その両岸に多数の堀（水路）が張りめぐらされ、舟運でヒト・モノが盛んに行き交う「水都」だった。また、江戸は徳川将軍家を盟主とする幕藩体制（領域国家の連合体）の中枢でもあるため、諸大名や旗本が在府し、江戸城や寺院などの要所を守衛する軍役を通じて、治安を維持していたことから、「軍都」としての性格も指摘されている。

このように、「水都」「軍都」の性格を有した江戸において、船手頭《ふなてがしら》と指揮下の水軍は、将軍直轄軍団の一部を構成しつつ、城下における水上交通を監察する役割を担っていた。また、より視野を広げると、関東とその周辺の海域でも、江戸を海上から防備するための工夫がなされていた。本章においては、徳川権力の心臓部にあたる江戸・関東をめぐる海上軍事を概観したい。

江戸の拡大と船手頭の八丁堀屋敷

徳川将軍家は、直轄軍団（大番・書院番・小姓組番、先手組《さきてぐみ》・持組《もちぐみ》など）の大半を江戸に駐在させており、船手頭も一部（大坂船手）を除き、江戸城下で持船・水主《かこ》同心の統率にあたった。

すでに一五九〇年代（豊臣大名期）の江戸城と城下の拡張によって、江戸には多数の物資が廻漕されており、その監察拠点として、日比谷入江に「舟の御役所」が設置されていた。さらに一七世紀に入って、徳川氏の政治的主導権が成立すると、諸大名を動員しての大規模工事（天下普請）が可能となった。当然、江戸に物資を廻漕する船舶も増加し、「別本慶長江戸図」に描かれた「舟の御役所」による統制や監視の充実もより重要となってくる。また、徳川氏が豊臣政権期のような関東の有力大名という立場にとどまらず、新たな政治秩序を運営していくならば、江戸城と城下を一大名の本拠から全国政権の首府に相応しい規模に拡張させる必要があった。

こうした江戸城と城下の拡張には、前島にまで城域を広げる必要があったものの、日比谷入江の存在がいよいよ制約となるため、慶長八年（一六〇三）頃に埋め立てられた。これによって、日比谷入江が主に担ってきた港湾としての機能は、隅田川河口部周辺や前島東岸に移ることになった。その一方で、一五九〇年代に前島に開削された道三堀《どうさんぼり》（日本橋の架橋後は、外堀から内側を「道三堀」、外側を「日本橋川」と区別）が江戸城の内堀まで延伸され、普請の資材などを運搬するための水路に設定された。この道三堀の他にも、埋め残しや開削を組み合わせることで、江戸城下は多数の堀が縦横に交差する「水都」の様相を呈していった。

しかし、日比谷入江の埋め立ては、同所にあった「舟の御役所」の機能を他所に移設することを不可欠とした。そのため、旧前島東岸のうち、日本橋川寄りに船手頭の屋敷が設置されて、船番所としての機能も担うようになった。慶長一六年に来日したスペイン使節ビスカイノは、江戸訪問時に河口で向井忠勝に迎えられ、屋敷を宿所として提供されたと証言している。同年までに、船手頭をつとめる向井氏や小浜氏・幡豆《はず》小笠原氏・間宮氏が江戸城下で屋敷を与えられていたことは確実である。

また、大坂冬の陣では、向井政綱の指示で、安房国館山《たてやま》から水夫が徴発され、江戸に赴いて坂東丸《ばんどうまる》（大坂に兵糧を廻漕）に乗船するように指示された事例が確認されている。これは、一六一〇年代中頃の段階で、江戸城下にて軍船の発着がおこなわれていたことを意味する。

但し、慶長一六年にビスカイノ一行を迎え入れた段階の向井氏屋敷と、旧前島東岸にて日本橋川に面した地点に設けられた向井氏屋敷が同一であったとまでは即断できない。

徳川将軍家は江戸城普請の資材を各地から輸送してくる船の停泊・荷揚のために、慶長一八年頃に旧前島東部に船入の開削を実施した。船入は全一〇本であり、そのうちの二本は、日本橋川と並行する形で外堀まで掘り進められ、後に「紅葉川《もみじがわ》」「京橋川」と称された。そして、残りの八本は船舶の収容、積荷の陸揚をおこなう空間として用いられた。さらに船入以東の埋め立てが順次進行して、海船を京橋川に誘導する水路も形成された。この水路は、全長八丁（約八七〇メートル）に及び、「八丁堀船入」と称され、埋立地全体が「八丁堀」と称される由来になったとされる。

また、京橋川・紅葉川・日本橋川を繋ぐ水路として楓川《かえでがわ》も開削され、船入のうち、日本橋寄りの五本は、向井氏をはじめとする船手頭の屋敷と向かい合う形となった。これによって、船手頭の屋敷は、かつての「舟の御役所」と同様に、物資の廻漕を監察する機能を担った。ところが、船入開削の段階で、前島東岸の埋め立てがどの程度進行していたかが不分明なのである。

考え方はおよそ三つほどある。①船入一〇本が開削された慶長一八年までに、前島以東の埋め立てが相応に進行しており、その埋立地の東縁に船手頭の屋敷が設置されていた状況で、船入と京橋川・楓川などが開削され、後に東方への埋め立てが進行していった。②慶長一八年の時点では、旧前島以東の埋め立ては進行しておらず、開削当初の船入と京橋川・紅葉川は、内海に面した構造となっていた。③やはり慶長一八年までに埋め立ては進行しておらず、まず旧前島東岸に船手頭の屋敷が設置され、次いで八丁堀などの開削、旧前島以東の埋め立てが実施されていった。

②の場合、ビスカイノ一行の宿所となった向井氏の江戸屋敷は、後の八丁堀屋敷（楓川沿い）とは別の地点に所在したことになる。さらに後に「按針町《あんじんちょう》」と称される区画に存在したというウィリアム・アダムスの江戸屋敷は、しばしば向井氏との提携関係を前提として、その八丁堀の近辺に設定されたと論じられてきたが、八丁堀屋敷の成立が慶長一八年以降だとすると、アダムスの屋敷拝領も同様のはずである。しかし、アダムスは慶長一八年から帰国を見据えつつ、活動の重点を平戸イギ

リス商館に移しており、江戸で屋敷を得る必要性は低い。そのため、アダムスの江戸屋敷の所在は、向井氏との提携関係とは別の要因から設定された可能性も浮上してくる。

これらの問題から、船手頭の江戸屋敷が成立した時期・経緯を確定することは難しい。新たな史料の発見、考古学によるアプローチも含め、今後の検証に期待したい。

船手頭屋敷（八丁堀）の構造

船手頭の屋敷は、『江戸幕府日記』で「番所」とも称されており、各船手頭の居住空間にとどまらない役割を担っていた。とくに楓川沿いに設置された屋敷は、船入と向かい合うことで、江戸城下における海船と川船《かわぶね》・陸送の結節点を監察（及び保護）する機能を持った。

この楓川沿いの屋敷のうち、とくに日本橋川との合流点に位置した向井氏（忠勝時代）の屋敷が、序章でも取り上げた「江戸図屏風《びょうぶ》」に描かれている。その描写によると、外部（日本橋川沿い）に関《せき》船《ぶね》が繋留され、内部に日本橋川・楓川に通じる水路が引かれており、船舶の収容機能を備え、単体で水軍の拠点となりうる存在だったことが読み取れる。視角は異なるが、出光美術館所蔵の「江戸名所図屏風」にも、向井氏の八丁堀屋敷が描かれており、船蔵《ふなぐら》に格納された関船や、まさに屋敷に接岸しようとしている屋形船の姿など、水軍基地としての性格をより明確に表現している。

また、江戸時代に作成された数多の「江戸図」には、八丁堀埋立地の北方に水路が開削されて、楓川沿いに並ぶ船手頭屋敷の東側に達しているものや、楓川沿いの船手頭屋敷の門前に船蔵が設置されているものがある。楓川沿いの屋敷が持たされた水軍基地としての機能は、向井氏に限らず、他の船手頭にも共通していたとみられる。

但し、楓川などの水路は、関船や小早船《こばやぶね》を自在に運航するには、幅と水深が不足していた。そのため、各船手頭の指揮下にある軍船は、普段から全て屋敷で管理されていたわけではなく、多くが深川の船蔵に収容され、八丁堀周辺では、主に川船が運用されていた。船手頭やその配下の技量が、海船よりも川船の運航に長じたものに変質していく前提としても理解できるだろう。

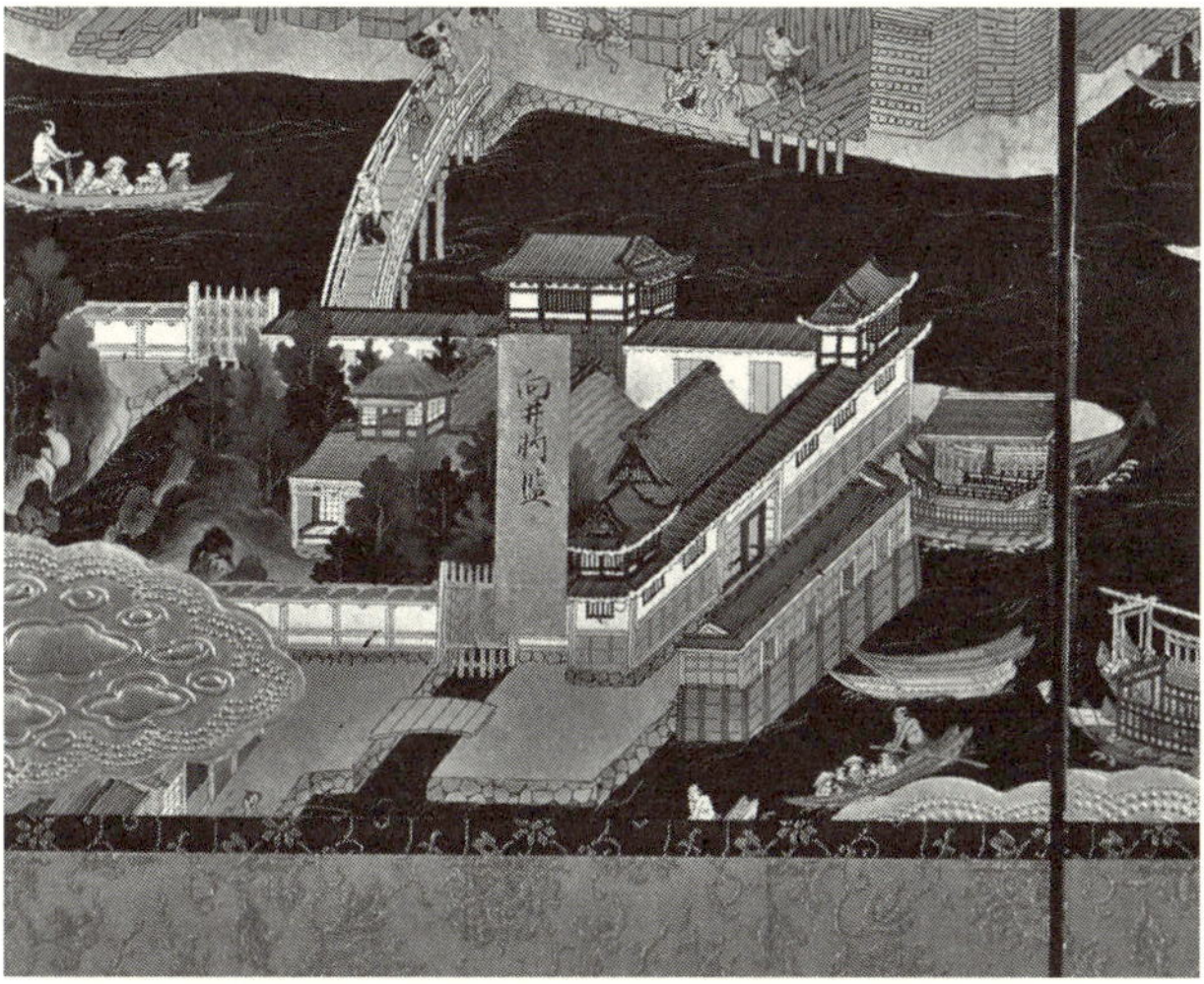

向井氏の八丁堀屋敷（「江戸図屏風」）　国立歴史民俗博物館

なお、初期の楓川には、海賊橋・下野《しもつけ》橋・弾《だん》正《じょう》橋などの橋が架橋されていた。海賊橋はもと海賊の向井氏、下野橋は家康の外孫にあたる蒲生忠郷《がもうたださと》（下野守、陸奥《むつ》国会津）、弾正橋は江戸町奉行の島田利正（弾正）の屋敷の門前に架橋されたことを名称の由来とする。このうち、忠郷の屋敷は、その死後に家康の甥である松平定綱（美濃国大垣→伊勢国桑名）が拝領した。そして、船手頭の屋敷と同じく、忠郷・定綱や利正の屋敷も、船入と向かい合う形となっていた。舟運を利用しやすい環境を用意するとともに、楓川周辺の治安維持について、相応の責任を求められていた模様である。

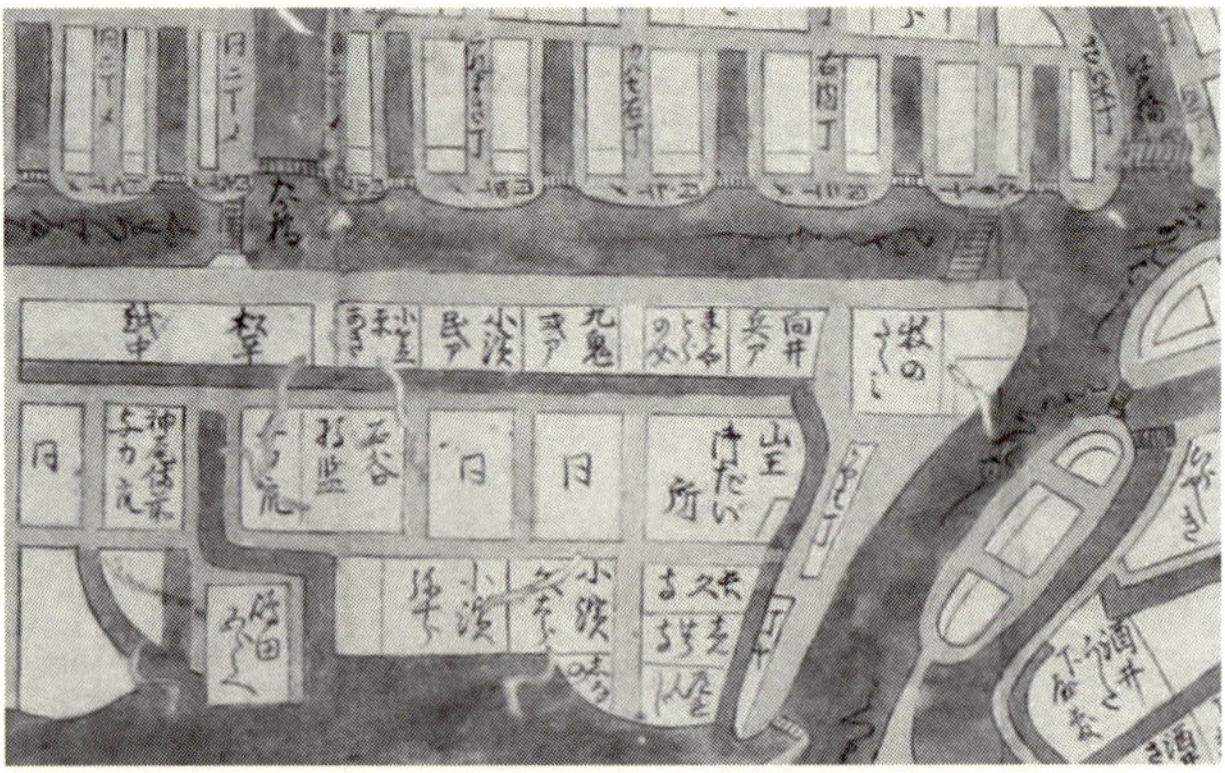

「武州古改江戸之図」 早稲田大学図書館。承応2年（1653）刊。船手頭屋敷の東側（図下方）まで水路が掘り込まれている

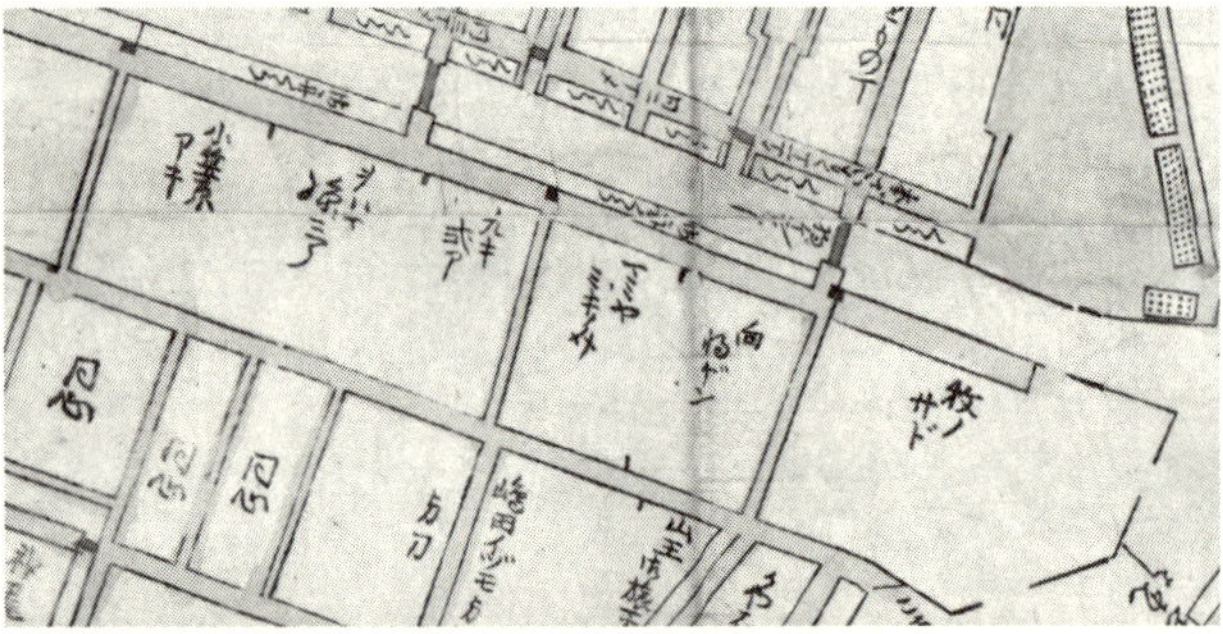

「新板江戸大絵図」 東京都公文書館。寛文10年（1670）刊。船手頭屋敷と楓川の間に「御舟くら（蔵）」が建てられている

とくに江戸町奉行の配下は、八丁堀埋立地の各所に屋敷を与えられ、やがて町奉行の同心は「八丁堀」と呼称されるようになる。近世を通じて、町奉行は非常時（洪水など）に船手頭から船を借りる

こともあったが、当初はより密接な連携が想定されていたとも考えられよう。

また、船手頭の屋敷が有した軍事拠点としての機能は、八丁堀屋敷に限定されたものではなかった。後述するように、隅田川河口部の各所には、他にも船手頭の屋敷・番所が点在しており、八丁堀屋敷と同様に、船蔵などの施設を備えて、江戸城下の警衛を水上で担っていた。

和田倉門と「龍口」

第三章でみたように、徳川将軍は狩猟時に和田倉門から乗船して、道三堀・日本橋川を下り、隅田川河口部に出ること、あるいは、帰路に乗船して和田倉門から入城することが多かった。こうした将軍の水上移動の運航・護衛も、船手頭の職責に含まれていた。隅田川河口部の諸施設（屋敷・番所・船蔵）の配置は、将軍の水上移動に用いる船団を編成することにも適しており、将軍もまた水上移動を通じて、直轄水軍の練度維持をはかっていた面がある。

江戸城の諸門のうち、和田倉門は道三堀と内堀の接続点であり、門前に架橋された和田倉橋と合わせ、「龍口《たつのくち》」とも称されていた。この龍口は、かつての日比谷入江の奥部西岸と重なっており、入江の埋め立てと道三堀の延長を組み合わせることで形成された空間であって、日本橋川・道三堀を水路として、江戸城を隅田川河口や関東内海につなげる役割を果たした。前述したように、和田倉門の「わだ」は、「ワダツミ」（海の異称）に由来しており、海への玄関口を意味した名称だった。

龍口が設けられた目的は、①江戸城に搬入する物資（普請の資材など）を積載した船舶を受け入れること、②将軍が江戸城下やその周辺を水上移動する際に、和田倉橋の橋際を乗船の発着地とすることにあった。船手頭の八丁堀屋敷についても、江戸城に向かう舟運を監察しつつ、将軍の乗船を運航・護衛するために、楓川と日本橋川の交差点を中心に展開された面があった。

また、龍口と道三堀の接続点には、時期によって異同があるものの、有力大名や幕閣の屋敷が並んでおり、やはり舟運を利用しつつ、監視にあたることを求められていた。とくに道三堀がクランク状となっている箇所の左岸に位置した福井松平氏の上屋敷《かみやしき》（龍口屋敷）は、壮麗な建物・門や四隅の矢倉を備えた構造となっており、その様相は「江戸図屏風」にも描かれている。

福井松平氏の上屋敷については、もともと松平忠輝（家康六男、越後国主）のものだったが、元和二年（一六一六）に忠輝が改易され、その旧領のうち、信濃《しなの》国川中島領が当時は福井松平氏の分家だった松平忠昌（家康の次男結城秀康の庶子）の所領となって、江戸屋敷も忠昌に与えられたという経緯があった。その後、忠昌は寛永元年（一六二四）に福井松平氏の領国を相続したが、江戸における上屋敷の所在は、明暦《めいれき》三年（一六五七）の江戸大火で焼失するまで変更されなかった。

また、忠輝の段階から、龍口屋敷は壮麗な装いで知られていた（『当代記』）。一門大名としての特権というだけではなく、龍口に出入する船舶に対し、一門大名の富貴と、より上位にある将軍家の権威を視覚面から強調する効果を狙ったものであろう。

隅田川河口部の島々

隅田川の河口には、三角洲や浅瀬などが点在しており、旧前島以東の埋め立てが進むとともに、造成が加えられ、海上軍事の拠点としての役割を付与されるものがあった。

たとえば、日本橋川の入口北側にあった中洲（日本橋中洲）は、隅田川と日本橋川の交差点に位置し、かつ北西側の箱崎川が小名木川《おなぎがわ》から運搬された物資を荷揚する行徳《ぎょうとく》河岸（小網町《こあみちょう》東端）や、東堀

1640年代の隅田川河口部周辺　「分間江戸大絵図　延宝四年」（東京都公文書館）をもとに年代を遡って作成

留川まで到達する稲荷堀への誘導路となっていた。そして、隅田川・日本橋川・箱崎川を接続させる地勢から、中洲は「三俣《みつまた》」とも称されていた。この中洲の南側には、成立時期は不詳だが、向井氏の下屋敷《しもやしき》が設置されており、八丁堀屋敷とともに日本橋川を両岸から監視した。

また、寛永三年（一六二六）には、船手頭の石川政次が隅田川河口部の三国島《さんこくしま》（森島・鎧島《よろいじま》とも）を屋敷地として拝領した。この三国島は、後に「石川島」と称されるようになるが、その由来は、政次の系譜である旗本石川八左衛門家（大隅守《おおすみのかみ》家）が代々の屋敷地としたことにあった。

石川政次は前年から船手頭に就いていたが、他の船手頭と違い、八丁堀屋敷ではなく、隅田川河口部に浮かぶ島を活動拠点の中心に指定されたことにも留意すべきである。江戸城下が拡張を続ける中で、海上警衛を従来よりも強化する措置が講じられたのであろう。政次自身も船手頭の職務に精励し、やがて徳川将軍家の海上軍事体制において、向井氏（江戸）・小浜氏（大坂）に次ぐ地位（伊勢山田奉行）を得ることになる。寛政改革によって、石川島には人足寄場が設置され、石川氏の屋敷は他所に移転されたが、本来は将軍家直轄水軍の重要な拠点であったのだ。

この石川島の成立前後から、八丁堀埋立地と日本橋中洲・三国島の間に広がる浅瀬でも埋め立てが実施された。これは、浄土僧の雄誉《ゆうよ》霊巌《れいがん》が教線を広げていた房総地域から信者を動員することで進められた事業であり、霊巌は造成した埋立地に寺院を開創した。後の霊巌寺（関東浄土宗の十八檀林の一つ）であって、埋立地全体が「霊巌島（霊岸島）」と称される由来となった。

こうした霊巌島の造成は、日本橋中洲とともに日本橋川の入口を挟み込む措置であった。さらに霊巌島には、向井一族の屋敷・番所・同心長屋などが設けられ、日本橋中洲の向井氏下屋敷と向かい合うものもあった。つまり、霊巌島の成立は、日本橋川の舟運に対する向井氏の監察能力をより強化する効果もあったのだ。もともと、霊巌島の前身である浅瀬は、向井氏下屋敷と近接しており、僧雄誉霊巌は向井氏から委託されて、浅瀬の埋め立てを施工したという伝承もある。

なお、霊巌島と八丁堀埋立地・日本橋中洲は、複数の橋で接続されるほど、近接する位置関係にあった。このうち、高橋《たかばし》は八丁堀船入の開口部に架橋されており、八丁堀埋立地側に下田奉行今村氏の屋敷が設置されていた。さらに霊巌島側にも、向井氏の番所があり、石川島とも向かい合う地勢を占めていた。明暦の大火で類焼し、霊巌寺は深川に移転したが、向井氏の番所は維持されている。あるいは、八丁堀埋立地の東岸にも、霊巌島との間に形成された越前堀に沿って、小浜氏の屋敷や、江戸町奉行と与力・同心の長屋が建ち並んでいた。船手頭・下田奉行・町奉行が共同して、八丁堀船入及び霊巌島の守衛に携わっていたことが窺える。

寛永一一年（一六三四）には、松平忠昌も霊巌島で新たに屋敷を与えられた。これは、霊巌寺と向井氏番所（八丁堀船入側）の中間に相当する空間だった。龍口の上屋敷と合わせて、海上から江戸城に至る水路（日本橋川と八丁堀船入）の入口と、内堀への接続点を扼した形であった。将軍家としては、有事の霊巌島守衛について、向井氏のみでは人数が不足すると判断し、福井松平氏の屋敷も配置して、舟運利用の便宜と引き換えに、霊巌島の守衛を求めたのだろう。実際、忠昌は正保《しょうほう》二年（一六四五）に霊巌島屋敷で死去しており、霊巌島の守衛を江戸在府中の自己の役割と考えていた模様である。

さらに石川島に隣接する佃島《つくだじま》も、海上軍事の拠点たる性格を帯びていた。佃島の成立は、摂津国の佃村・大和田村の漁師三〇人ほどが江戸に移住したことから始まる。両村は、天正《てんしょう》年間から徳川家康の上洛時に神崎川（淀川水系）での渡船を援助し、かつ魚介を献上してきた縁があり、やがて江戸でも漁撈の御用をつとめることを求められ、漁師の下向に至ったとされる。当初は、定まった住居を持たず、武家屋敷などに間借りしていたが、ある時期から石川島で活動するようになり、一六四〇年代中頃に徳川将軍家に願い出て、近辺の干潟を拝領したうえで、埋め立てをおこない、町家に仕立てたという。この佃村・大和田村の漁師衆には、大坂の陣に従軍して、羽柴方から奪った米を賜ったとの伝承があり、有事に軍役をつとめる要員としても扱われていたとみられる。石川島の近辺に居住地を形成したことにも、必要に応じ、石川政次の戦力補充にあてる意味があったのではないだろうか。

こうした佃島の成立をめぐる由緒がどこまで史実であったのか、その判断は難しい。それでも、動乱が収束していく中で、小規模な海上勢力が辿った道（軍役の可能性を残しつつ、海上活動の重点を商業・漁業に設定）の一例を示唆するものではあるだろう。

さて、本項では、石川島や霊巌島の軍事・監察における役割を論じてきた。但し、石川政次や向井氏は、石川島・霊巌島で船舶の往来に睨《にら》みを利かせるだけではなく、江戸城の普請が進行中の時期には、屋敷地の一部を諸大名に石置場として貸すこともあった。つまり、石川島・霊巌島については、海上輸送と江戸城下の接続を円滑ならしめる機能を担っていた面も指摘できるのである。

深川にも展開された海上軍事の拠点

本来、江戸城下は隅田川の右岸（西）で形成されたが、左岸（東）にも、一五九〇年代の段階から、下総《しもうさ》国行徳から江戸に塩などを廻漕するために、中川と隅田川を繋ぐ形で、小名木川（行徳川）が開削されていた。そして、一七世紀に入ると、城下の拡大は、隅田川の左岸にも及び、かつ小名木川の他にも、多数の水路が縦横に開削され、江戸の「水都」としての様相を一層濃くした。

隅田川下流の左岸一帯は、「深川」の地名でも知られる。もともと、この地域は低湿地であったが、水路の開削に加え、幾度も埋め立てを実施することで、城下を形成しうる空間として整備されていった。虚実は定かではないが、「深川」という地名の由来も、一五九〇年代後半に摂津国（伊勢国とも）から移住した深川八郎右衛門が開拓をおこなったことにあるという。

本格的な町場の成立は、寛永六年（一六二九）頃から進行したとされ、やはり摂津国から移住した漁師が徳川将軍家に対し、①魚介を上納すること、②海上御成に役船を出すことを条件に造成を願い出て認可されたという。実際、深川漁師町の漁師は、船手頭によって、しばしば軍船の漕手として徴発されている。摂津国から移住した漁師が造成を請け負ったという由緒も、佃島の成立と共通する。

大坂湾の海上勢力が存立を維持するうえで、江戸城下の拡張事業に参入することに発展の可能性を見出し、漁撈に重点を置きながら、軍役もつとめていた構図を読み取れる。

徳川将軍家もこうした深川における町場の形成に対応し、海上軍事の拠点を設定していった。深川漁師町を構成した八町のうち、佐賀町《さがちょう》には船蔵も備えた船手頭天野重房の屋敷が寛永一九年（一六四二）頃に配置された。この屋敷の場所は、一七世紀末頃に深川と日本橋中洲の間に架橋された永代橋の付近にあたる。また、永代橋の架橋以前は、渡船場（深川の大渡し）が営まれていたように、佐賀町と霊巌島・日本橋中洲は、隅田川河口部の東側隘路《あいろ》を構成していた。佐賀町の天野重房屋敷も、河口部の守衛・監視を東側から補強するために配されたものだろう。

なお、西尾市岩瀬文庫所蔵「続万世家譜」所収の幡豆《はず》小笠原氏の系図によると、小名木川河口部の南側には、佐賀町に先行して、寛永九年に船手頭小笠原信盛の屋敷が設置されている。下総国から江戸城下に物資を廻漕してくる川船を監察させるためだろう。さらに正保四年（一六四七）には、河口部北側にも船番所が増設され、行徳川と隅田川の接続を両岸から監察する態勢が整えられた。これは、中川船番所の前身にあたるが、当初から船手頭以外の旗本が番をつとめた。行徳川の舟運監察について、船番所が公式に関所の業務に携わり、小笠原信盛の屋敷は威圧を加えるにとどまるという役割分担がなされたのだ。後述するように、三浦半島でも、同時期に三《み》崎《さき》・走水《はしりみず》の関所の運営が向井氏の所管から独立している。戦国期以来の海上勢力（向井氏・幡豆小笠原氏など）に河海交通の監察を委託する態勢を止揚し、より官僚的な仕組に切り換えようとする将軍家の志向性が窺える。

さらに時期は不詳だが、小名木川河口部の北側には、安宅丸《あたけまる》や天地《てんち》丸《まる》をはじめ、大小の軍船を格納するための船蔵が複数建ち並んでいた。船手頭の八丁堀屋敷では日常的に運用しない船舶を保管しておく拠点を確保するための空間だった。小名木川河口部の小笠原信盛屋敷は、行徳川の舟運を監察するだけではなく、この船蔵群を南側から警衛する拠点という性格も兼ねたとみられる。

また、深川の船蔵群は、隅田川が行徳川や日本橋川・箱崎川と交差する空間（「三俣」）の近辺にあった。そして、有事に際しては、船蔵から引き出した軍船を基幹とした水軍を隅田川河口部に遊弋《ゆうよく》させ、八丁堀埋立地や石川島（及び佃島）・霊巌島に設けられた船手頭の屋敷・番所と組み合わせることで、江戸城と城下の水上交通を防護する態勢となっていた。海上の船団と陸上の城砦が連携して、海上からの攻勢に対処する方法論は、戦国期から存在して、対外戦争（朝鮮出兵）でより練り上げられた戦術であり、江戸においても、平時に適応した形で踏襲されたのである。

徳川将軍家の乗船

徳川将軍家の海上軍事直轄体制においては、将軍自身の乗船も定められていた。

第三章でみたように、船手頭向井氏の家伝には、徳川氏が一五八〇年代後半（東海大名期）に豊臣政権から三艘の船を提供され、そのうちの一艘を家康の乗船として、海賊衆の向井政綱に預け「国一《くにいち》丸《まる》」という船名もつけたという記事がある。そして、小田原の陣や関ヶ原の陣に際し、行程の一部で国一丸に乗船し、文禄《ぶんろく》の役では、肥前国名護屋からの帰途を国一丸で移動したとされる。この国一丸が、江戸城下で長らく運用された関船の国市丸《くにいちまる》と同一であるかどうかは定かでない。それでも、徳川氏が豊臣政権下で海上軍事の規模を拡張していき、朝鮮出兵への参戦もありえた中で、当主家康の乗船を定め、水軍を直接指揮しうる態勢もつくろうとしていた状況を示唆する伝承ではある。

将軍家の乗船に関するより確実な記録は、慶長一二年（一六〇七）に来日した朝鮮使節（回答兼刷《さっ》還使《かんし》）の帰朝報告書にあたる『海槎録《かいさろく》』である。これによると、使節一行は江戸参府後の帰途、駿河湾で家康の乗船に乗って、海上から三保の松原やヨーロッパの船舶（浦賀来航のスペイン船、あるいはアダムスが建造を指導した西洋船）を見物している。大御所期（駿府在城期）の家康は、おそらく駿府の外港たる清水を拠点として、駿河湾で乗船を運用していたのだろう。

天地丸　明治７年（1874）に撮影された天地丸。東京国立博物館

また、『海槎録』によると、朝鮮使節に提供された家康の乗船は、七二挺の艪《ろ》を備えていた。この艪の数は、徳川将軍家歴代の乗船として知られる関船天地丸の七六挺に近い挺数である。天地丸の船体は、全長三四メートル、肩幅七・六メートルであり、家康乗船の全長もほぼ同じだろう。

天地丸が建造された正確な時期は不明だが、確実な史料による初見は、寛永七年（一六三〇）六月二五日に江戸城下で催された三代将軍家光の船遊である。家康の没後にその乗船を江戸城下に廻航して改造したのか、家光のために新造したのかは確定し難い。後者の場合、家康の乗船を先例として、船体の規模（艪七〇挺立以上）を設定したという可能性も考えられる。

なお、徳川将軍家直轄の軍船については、安宅丸の知名度も高く、船体は天地丸よりも遥かに大規模（全長四七・四メートル、肩幅一六・二メートル）である。しかし、安宅丸の用途は、「浮かべる城」として、石川島・霊巌島と合わせ、江戸城下の海上防備を固めることにあり、将軍の乗船として、頻繁に用いることは想定されていなかった。

この安宅丸に関しては、巨体による鈍重さを指摘して非実用的とみなし、かかる軍船が建造された一六三〇年代における海上軍事の形骸化を論じる向きが多い。しかし、そもそも安宅船は、巨体を活かして堅牢さと火力の積載力を獲得しつつ、鈍重性を宿命づけられた船種である。安宅丸のみをことさらに非実用的とするのは、先入観（泰平の世による軍事の形骸化）を先行させた評価にすぎない。

その一方で、天地丸の船体は、全長に限れば、朝鮮出兵期に志摩九鬼氏が建造して、豊臣政権が諸大名に増産を指示した安宅船の日本丸（全長三二メートル、肩幅九・五メートル）と大差はない。徳川将軍家は安宅船の欠点を踏まえ、関船を大型化させた天地丸を乗船に定め、安宅船の特性をより追求した安宅丸を水上の移動城砦に位置付け、使い分けたと理解することもできよう。

実際、安宅丸は天和《てんな》二年（一六八二）に解体されたが、天地丸は幕末まで保持されて、将軍の乗船として運用され続けた。安宅丸の解体は、将軍家直轄水軍の縮小を象徴する一幕として語られるが、天地丸の保持は、直轄水軍の規模縮小を経た後も、また時期による厚薄はあったとしても、徳川将軍家が最後まで船上から直轄水軍を指揮する姿勢は棄てていなかったことを示している。

ところで、家康が駿河湾で朝鮮使節を接待した慶長一二年とは、西国の諸大名から安宅船を接収する慶長一四年の二年前にあたる。使節一行に提供された家康の乗船が天地丸のような関船であったのか、日本丸のような安宅船であったのかは不分明である。前者の場合、将軍家は初期から関船を重視しており、慶長一四年の大船接収以降は、諸大名にも関船を主力とするように求めたことになり、後者の場合、当初は安宅船を保有しており、大船接収の後は、安宅丸を例外として、安宅船の運用を自らも停止したことになる。現段階では検証しきれないため、記して後考を俟ちたい。

また、序章でみたように、天地丸の他に、隅田川の遡上時などに将軍の乗船となる大川御座《おおかわござ》・小川御座という川船も用意されていた。川船といっても、総矢倉の構造を備え、軍船としての機能を相応に備えており、隅田川河口部で都市的発展を遂げた江戸城下の環境に規定された船舶だった。

マスゲームとしての海上軍事

天地丸・安宅丸とも、吃水《きっすい》が浅く、江戸城下での運用に特化していた点は共通する。江戸常駐の船手頭は、船隊を率いて遠国に出張することもあり、全ての将軍家持船が江戸城下でしか運用できなかったわけではない。しかし、天地丸・安宅丸の構造は、徳川将軍家が江戸城下で自ら直轄水軍を指揮する姿を演出しながら、あくまでも江戸城下で完結し、自身が水軍を率いて、他の海域に出てゆく意思まではなかったことを意味する。海上軍事のマスゲーム化とでも評すべき姿勢だった。

マスゲームとしての海上軍事は、三代将軍家光の代から明確になる。よく知られるように、家光は「生まれながらの将軍」であって、家康・秀忠と違い、戦陣に立って、軍勢を指揮した経験がなかった。だからこそ、家光は自己を軍事的カリスマとして演出するうえで、鷹狩や武芸上覧を熱心におこない、海上軍事においても、直轄水軍の調練も兼ね、船遊を催したのである。

家光時代の最初の大規模な船遊は、寛永七年（一六三〇）六月二五日のことであり、前述したように、家光は天地丸に座乗し、さらに一門の徳川頼房（水戸家）や年寄の土井利勝・酒井忠勝などが乗り込んだ大龍丸《だいりゅうまる》が天地丸に随従した。当時在府していた松平定政（久松）が縁戚の土佐山内氏に報知したところによると、船遊のために三〇〇艘の船舶が動員され、そのうちの三六艘が「兵船」として艤装されていたという（「山内家御手許文書」）。「兵船」とは、将軍家が保有していた関船や小早船のことで、さらに江戸城下と周辺から臨時に船舶（おそらく漁船や廻船）を徴発して、天地丸・大龍丸の二艘を中心とする大船団を編成したものとみられる。

無論、家光自身に船団を運用する技量があるわけではなく、編成・航行の実務を担ったのは、船手頭の筆頭格である向井忠勝であった。寛永七年当時に江戸に常駐していた船手頭は六人（向井忠勝・向井直宗・小浜嘉隆・石川政次・間宮長澄・小笠原信盛）であり、全員が運航に携わっていた場合、一人につき平均五〇艘ほどの船舶を指揮していたことになる。向井氏が武田氏の海賊衆として活動していた時期に指揮したのは船五艘、小浜氏でも安宅船一艘・小舟一五艘にとどまったとされる（『甲陽軍鑑』）。将軍権力との結合によって、指揮する兵力が大幅に増えていたことが窺える。

このように、数百艘規模の船団を組織する事例の他にも、家光はたびたび和田倉門から小船に乗って日本橋川を下ったうえで、より大型の船舶（天地丸や大川御座）に移乗して、深川や浅草・葛西・品川に赴き、鷹狩をおこなった。また、こうした乗船を伴う遠出にも、複数の供船が随行して、相応の船団が編成されており、やはり船手頭一同が指揮にあたった。

そもそも、鷹狩は多数の勢子《せこ》などを指揮する軍事演習としての性格も備えていた。さらに家光は、船団による移動と組み合わせることで、江戸を中心とする海辺・川辺を巡見しながら、陸海双方に及ぶ武威を誇示しようとしたのである。また、大坂の陣以降に実戦を経験していない船手頭やその配下に調練の機会を与え、直轄水軍の練度を維持するための努力でもあった。このマスゲームとしての鷹狩・船団運航の組み合わせは、家光以降の歴代将軍にも、大なり小なり引き継がれていく。

海上軍事のマスゲーム化は、安宅丸の態様に如実に反映されている。

安宅丸の建造は、寛永九年（一六三二）から向井忠勝を責任者として始まり、伊豆国で必要な船材を伐採したうえで、同国（おそらく慶長年間に大型の西洋船が幾度か建造された伊東）で造船が進められた。さらに作業の進捗に応じて、安宅丸は伊豆国から江戸（あるいは向井氏が管轄する三崎番所とも）に廻漕され、仕上げの艤装がなされた。龍頭（船首）・彫刻（壁面）や漆塗などの華美な装飾を施すには、伊豆国よりも江戸（または三崎）の方が職人などを確保しやすかったことによる。

こうして安宅丸が完成すると、家光は寛永一二年に安宅丸の観覧を二回挙行している。まず初回の六月二日には、深川で安宅丸に乗り込み、石川島まで航行させたうえで、船上で酒宴を催した。前述したように、安宅丸を水上の「動く出丸《でまる》」と位置付け、隅田川河口部の防備に加える意図の表明だった。さらに同月二一日付で、家光政権は改定した武家諸法度を公布するが、慶長一四年の大船接収以降に慣習法となっていた五〇〇石積以上の船舶の建造禁止を新規に盛り込んだ。安宅丸の披露と合わせ、徳川将軍家のみが五〇〇石積以上の船舶を所有できることを世に示した形だった。

そして、二回目の八月三日には、在府の外様大名が招待され、家光とともに安宅丸に同乗することを許された。家光としては、諸大名に安宅丸の威容に直に触れさせて、かかる大船の運用を独占する将軍家の優越性を誇示する手段としたのだ。もともと、安宅船は鈍重性のために運用の幅がやや狭く、将軍家も関船の方を重視していたものの、家光はあえて過剰なまでに巨大・華美な安宅丸を一艘建造し、マスゲームとしての海上軍事において、効果的に利用しようとしたのであった。

按針町と八重洲河岸

徳川家康が用いたヨーロッパ人側近のうち、ウィリアム・アダムス（三浦按針、イギリス人）とヤン・ヨーステン・ファン・ローデンステイン（耶揚子、オランダ人）は、江戸城下で屋敷を与えられ、それぞれ按針町と八重洲河岸の名の由来になったとされる。とくに按針町は、向井氏の八丁堀屋敷からみて、日本橋川を挟んだ対角線上に位置した。そのため、アダムス屋敷の選地については、向井氏との提携関係を前提としたものであったと論じられることが多い。

もっとも、アダムスとヨーステンが江戸屋敷を拝領した時期・経緯は不明である。アダムスが建造を指導した洋式船は、江戸城下に繋留されたという伝承を重視するならば、徳川将軍家は洋式船を管理・整備するうえで、向井氏とアダムスの屋敷を近辺に設定し、相互協力を求めたという理解も成り立つかもしれない。しかし、前述したように、向井氏の八丁堀屋敷が成立した時期も、慶長一八年（一六一三）以降である可能性が少なくない。そして、アダムスが慶長一七年頃から平戸イギリス商館に勤務するようになり、帰国を見据えて、逸見《へみ》の知行地も、子息ジョセフ（二代目三浦按針）に譲渡する意向だったことも考慮すると、後に按針町となる区画に屋敷を与えられたのは、ジョセフの代であって、アダムスが江戸で屋敷を有したとしても、別の場所だったとも考えられよう。

また、按針町は伊勢町を介して日本橋川とつながっており、八重洲河岸は江戸城の内堀に沿っていた。つまり、アダムスにしても、ヨーステンにしても、江戸城が廻漕物資を受け容れる龍口《たつのくち》に至る水路に接続しやすい地所で屋敷を与えられたことになる。アダムスとヨーステンが徳川将軍家から課された役割の一つは、珍奇な舶来品を調達する「買物係」であり、九州方面（平戸など）から取り寄せた舶来品を江戸城に搬入しやすくするための配慮とも理解できよう。

ところで、八重洲河岸の立地は、「慶長江戸図」において、八丁堀屋敷の成立前に船手頭が拠点としていた「舟の御役所」が設置されていた空間とある程度重なっている。当初、アダムスやヨーステンなどのリーフデ号乗員は、江戸での居住地を「舟の御役所」の近辺に用意され、船手頭の八丁堀屋敷成立に伴い、アダムス（ウィリアムかジョセフ）は向井氏との関係から、後の按針町で屋敷を与えられ、向井氏との関係性が薄いヨーステンの屋敷は、後の八重洲河岸に引き続き所在し、やがて地名の由来になったのではないだろうか。記して後考を俟ちたい。

結局、アダムスとヨーステンの系譜が途絶えたため、両者が江戸城下で担っていた役割も、「鎖国」体制下で不分明となり、ただ屋敷を拝領したという記憶が地名に反映されるにとどまった。

関東近海に配置された海関

徳川将軍家は、江戸城下を水上軍事都市として整備する一方で、関東近海の海上警衛態勢も構築していった。すでに一五九〇年代から、海上軍役を担う三崎衆・上総《かずさ》衆の知行地が三浦半島や房総半島に設定されており、将軍家船手頭となった諸氏（向井氏・小浜氏・間宮氏・幡豆小笠原氏）は、江戸城下で海上軍事力を運用しつつ、引き続き三浦半島・房総半島の知行地も維持した。これらは、関東内海の海上交通を監察し、将軍家直属の水主同心とは別に、自前の兵力を確保する拠点となった。

また、一五九〇年代に海賊諸氏（向井氏・小浜氏・間宮氏・千賀《せんが》氏）が在番した三浦半島の三崎は、船手頭の江戸集住後も、海関に位置付けられ、向井氏がこの三崎番所を単独で管轄した。第五章でみたように、当初は政綱（三崎衆第一世代）が三崎に在番して、嫡子忠勝が江戸で活動したが、政綱が寛永元年（一六二四）に死去した後は、忠勝が三崎番所の管轄も掌握した。

また、時期は不明だが、三浦半島東北部の走水《はしりみず》にも番所が増設され、やはり向井氏の管轄下に組み込まれている。これによって、半島西南部の三崎番所と合わせ、関東内湾に出入する船舶の監察・検査をより効率的に実施できるようになった。さらに走水については、第三章でみたように、船手頭（元上総衆）の幡豆小笠原氏の知行地である上総国富津《ふっつ》と向き合う地勢となっており、向井氏と幡豆小笠原氏が共同して、関東内湾の出入口を扼する態勢が作り上げられたとも評価できよう。

実例として、阿波蜂須賀氏の船が富津で海難事故に遭った際に、幡豆小笠原氏の家臣大野織部が船員の救助と積荷の回収を差配しており、蜂須賀側は向井氏を介し、幡豆小笠原氏に礼を述べるとともに、船員の送還を促したことがあげられる（「蜂須賀家文書（忠英様御代草案）」）。船手頭の知行地が海上交通を監視・保護する拠点として機能していた状況を示す事例にもあたる。

ところで、大御所期に駿府を居所としていた家康が元和二年（一六一六）に死去して、江戸を居所としてきた将軍秀忠の親政が始まると、いよいよ江戸を全国政権の首府とする体制を海上軍事の面でも補強すべく、関東近海の防備はより整えられていった。

まず元和二年には、伊豆国に海上往来を監察する権限を与えられた下田奉行所が開設され、次いで元和六年には、駿河国清水に常駐の船手頭が配置された。下田奉行の場合は、関船の大福丸《だいふくまる》（六〇挺立）・海生丸《かいせいまる》（五〇挺立）と同心五〇人、清水船手の場合は、関船の吉岡丸《よしおかまる》（四六挺立）・小龍丸《しょうりゅうまる》（挺数不明）と同心五〇人を戦力の基幹としていた。これらは、江戸常駐の船手頭一人が指揮する戦力（向井氏を別格とすれば同心三〇人が標準）よりも規模は大きかった。

下田・清水は、戦国期に相模北条氏・甲斐武田氏が水軍運用や海上輸送の拠点とした経緯があり、徳川氏も両氏の没落後に適宜利用してきた。さらに秀忠政権は、三浦半島の三崎・走水に加え、伊豆半島の下田にも海上交通の監察機能を付与し、清水とともに直轄水軍を駐留させたことになる。家康の段階においても、畿内・西国から江戸に物資を廻漕する船舶の中に、江戸の安全を脅かす敵性勢力が混じる可能性が懸念されており、大坂の陣では、臨時に伊豆半島の各所で運航停止措置がとられた（『駿府記』）。そこで、秀忠政権は下田奉行・清水船手を創設することで、平時においても、伊豆半島から駿河湾にかけて、江戸に向かう船舶を監視する態勢を構築したのだ。無論、下田奉行・清水船手とも、江戸への資材廻漕を支援することもあり、その役割は監視にとどまらなかった。

なお、下田奉行に起用された今村重長、清水船手に起用された細井勝吉《かつよし》は、いずれも海上勢力（三崎衆・上総衆）の系譜を引かない旗本であった。これは、徳川将軍家が海上軍事体制の運営について、人事の対象を海上勢力以外に広げていく始点となる人事だった。同心・軍船を将軍家直属としたことで、海上軍事官僚の登用を海上勢力の系譜に限定する必要性は低下しつつあったのである。

海上軍事拠点としての館山①——徳川体制下の里見氏とその没落

房総半島においては、安房国館山も海上軍事の拠点として位置付けられていた。

一七世紀に入った段階で、館山は里見氏の本拠であった。関ヶ原合戦の後、里見氏は徳川方に味方した功績によって、常陸国鹿島郡で三万石を加増された。鹿島郡は常陸国沿岸の南部一帯と重なっており、里見氏の海上活動をより広域化させる可能性を帯びていたと考えられる。

これは、関ヶ原合戦以降に徳川氏・里見氏の関係性が変化したことを意味している。従来、徳川氏は豊臣政権の東国経営を支える立場、また上総国をめぐる潜在的競合から、里見氏を警戒の対象としてきた。しかし、関ヶ原合戦を経て、日本全域の政治秩序を主導する立場に転じると、里見氏が保有する海上活動能力を積極的に活用する方針に転換したのである。

里見氏の側も、徳川氏主導の政治体制に順応するための努力を払っている。

従来、里見氏は禅宗を信仰してきたが、慶長八年に浄土僧の雄誉霊巌を開山として、館山近辺の大網に大巌院を創建している。後に江戸城下で霊巌島を造成するあの霊巌である。もともと、霊巌は下総国衆の原氏が開創した下総国生実《おゆみ》（小弓）の大巌寺の住持であり、小田原の陣で原氏が没落した後も、五井《ごい》の松平家信、佐貫《さぬき》の内藤政長など、上総国に入封した徳川氏の大身家臣に帰依されて、房総地域西岸に教線を広げていた。里見氏の意図は、霊巌を介し、徳川氏と同じ浄土宗信仰を取り入れることで徳川氏に恭順の姿勢を示し、房総地域の徳川家臣と親睦することにあったと推測される。

さらに里見氏は、徳川体制下での最初の代替わり（義康→忠義）を経て、新当主忠義の妻に大久保忠常の息女桃源院を迎えた。この忠常は、相模小田原城主で将軍秀忠の年寄だった大久保忠隣《ただちか》の嫡子であって、忠常本人も秀忠から厚い信認を得ており、いずれは忠隣の地位を引き継ぐはずだった。里見氏としては、幕政の実力者たる大久保父子との縁組で、将軍家との親和性を高め、外様の立場でも、関東で存立を保っていくための条件を確保しようとしていたのである。

また、家康の別妻（側室）のうち、於万は里見氏重臣の正木頼忠（もと上総勝浦城主）の息女であり、家康との間に出生した頼宣（紀伊家初代）・頼房（水戸家初代）は、将軍家を支える一門として育成された。於万が家康の別妻に加わったのは、一五九〇年代のこととされるが、家康もすでに豊臣政権期から里見氏との緊張を緩和することを望んでいたのだろう。

このように、里見氏は徳川将軍家と良好な関係を築きつつあったが、慶長一九年九月に徳川将軍家から安房国を召し上げられた。当初は、鹿島郡の所領は安堵されていたが、一〇月には当主忠義を伯《ほう》者国倉吉《き》で蟄居《ちっきょ》させる方針に転じた。同年に徳川将軍家は大久保忠隣を改易しており、姻戚関係にあった里見氏も連座したのである。忠隣の失脚は、家康の信頼を損ね、謀叛の嫌疑を蒙ったことを起因としており、所領である小田原での抵抗を封じるべく、キリスト教摘発の指揮を理由に京都に出張させたうえで、改易を通告するという謀略的手法までとられた。かかる構図から、忠隣と姻戚関係を結んでいた里見氏は一転して警戒対象となり、処分も過酷さを増した模様である。

海上軍事拠点としての館山②――船手頭知行地の設定

里見氏の没落は、本拠の安房国館山が徳川将軍家の海上軍事体制に組み込まれる端緒にもなった。大坂夏の陣では、江戸から大坂に派遣される船舶の漕手として、向井政綱（船手頭）と中村吉繁（代官）の連署で、館山からも水夫が動員されている。たしかに里見氏は改易されたが、里見氏の海上軍事を支えてきた海民は、将軍家の海上軍事力の拡充に利用されたのだった。

やがて館山には、船手頭の知行地も設定されるようになった。確実な時期は不明だが、はじめに伊勢国白子《しろこ》に常駐する小浜守隆の知行地が配置され、寛永二年（一六二五）からは、船手頭の石川政次も館山で知行地を与えられた。とくに政次は、三崎衆・上総衆の系譜を引かない旗本から任用された最初の江戸常駐の船手頭であって、船手頭就任とともに館山に移封・加増されている。さらに政次の弟重勝も、寛永一一年に船手頭に就任すると、やはり館山で知行地を給付された。小浜守隆や石川政次・重勝に対し、同じ房総半島の富津を知行地とする幡豆小笠原氏や、三浦半島の三崎を知行地とする向井氏・間宮氏などと連携し、関東内海の出入口を警固する役割を課した措置と推測される。

また、石川兄弟の場合は、操船・造船などについて、先祖伝来の技能を持っておらず、船手頭の職務を十分に果たすには、将軍家から預けられた水主同心の補佐でも不足があるため、館山の知行地で自前の海上軍事力を涵養することを求められたとも考えられる。

阿波蜂須賀氏の発給文書の控には、向井忠勝と石川政次が知行地で捕獲した鯨の肉・内臓を贈ってきたことへの礼状が少なからず確認できる。捕鯨については、鯨の発見・追跡など、集団漁法で実施することが多く、志摩九鬼氏は捕鯨を通じて、領内で水軍の訓練を重ねていたとされる（豊田二〇二三）。向井忠勝や石川政次も、江戸在府を基本としつつ、それぞれの知行地で捕鯨を営み、家臣や領民に海上軍役を履行するに足る技量を研磨させていたのだろう。とくに政次の場合、館山における捕鯨事業には、里見氏の海上軍事を支えてきた旧臣・海民を把握する意味もあったと考えられる。

なお、石川政次は寛永一八年に江戸の船手頭から伊勢山田奉行に転任するとともに、伊勢湾の船手役を兼ね、指揮下の水主同心を七〇人に増員された。前述したように、これは向井氏（江戸常駐の船手頭筆頭格）の一三〇人、小浜氏（宗家、大坂船手）の一〇〇人に次ぐ規模であった。当時の政次は、館山の知行地支配を通じて、将軍家の海上軍事直轄体制で第三位に相当する戦力を統率するだけの地力を身に付けていると、将軍家から認識されていたのである。

その一方で、同じ館山に知行地を設定されながら、小浜守隆の系譜（小浜右京家）は、次代の安隆が江戸常駐の船手頭に起用されたものの、守隆に委ねられていた伊勢湾の海上軍事が山田奉行（石川政次など）に移管されたように、将軍家の海上軍事直轄体制における存在感は縮小した。後述するように、安隆は技量に少なからず問題があり、守隆の権限を引き継ぐことを将軍家から不安視された模様である。先祖伝来の海事技術や、海上軍事力の涵養に適した知行地があったとしても、当主が十分な資質を示さねば、先代の権限を維持できるとは限らなかったのだ。

水戸徳川氏の海上軍事

関東における徳川将軍家の海上軍事は、江戸と内湾の防備に重点を置き、かつ相対的にみて、西国に意識が向けられていたが、北関東でも、水戸徳川氏に水軍を編成させていた。

まず元和元年（一六一五）には、渡辺織部（喜兵衛の兄弟か）が水戸徳川氏の船奉行に起用された。水戸家の初代頼房（家康一一男）は、当時まだ一三歳であり、かつ駿府の家康膝下で成育途上にあった。よって、船奉行の人事も、家康の意向によるものであった。一六一〇年代前半から本格化したキリスト教弾圧によって、スペイン船が航行する太平洋方面への警戒感が高まった結果であろうか。また、ウィリアム・アダムスの証言によると、家康は蝦夷地を、大陸と地続きであって「モンゴル帝国」の周縁にあたると誤認するとともに、その「モンゴル帝国」の船が東北沿岸に出没していると考えていた形跡すらある。二度の元寇（文永・弘安の役）を経て、「モンゴル帝国」は対外的危機の象徴と観念されており、水戸徳川氏の海上軍事体制構築に若干の影響を及ぼした可能性も考えられる。

なお、水戸家の船奉行となった渡辺織部については、第三章でみたように、もともと伊豆国宮内（松崎）の土豪であり、関東に入封した徳川氏家中に参入して海上軍役をつとめてきた経緯があった。その実績により、海上軍事の統括者として、水戸家に付属されたのであろう。但し、水戸家付属前に課されていた海上軍役は船一艘分にとどまり、元来は有力な海上勢力というわけではなかった。それでも、一門大名の船奉行という地位を得ることで、格段に規模の大きい水軍を差配することになったのだ。将軍・大名権力と海上勢力の結合による海上軍事の大規模化の一例にあたる。

同じ徳川一門でも、尾張家・紀伊家と比較して、水戸家の海上軍事に関する情報量は少ないが、那《な》珂《か》を水軍の本拠に設定し、より北方の磯原と水木にも、船奉行の配下が駐在する船番所を設置していた。その意図は、奥羽方面から那珂湊に至る航路を監察しつつ、那珂川の舟運を介して、水戸（あるいはより遠方の江戸）に運び込まれる物資の廻漕を保護・中継することにあった。

ところで、水戸家の持船としては、二代の光圀《みつくに》が建造させた快風丸《かいふうまる》がよく知られている。船体は、全長約四一メートル、肩幅約一三・六メートルで、将軍家の安宅丸には及ばないものの、諸大名の持船に五〇〇石積以下という制限がかかっている中にあって、五六〇〇石積という桁外れの巨船だった。但し、快風丸の用途は、海上軍事ではなく探検事業にあり、貞享《じょうきょう》三年（一六八六）・同四年・元禄元年（一六八八）の三度に亘り、那珂から蝦夷地に渡航し、三度目で石狩川流域まで到達することに成功し、アイヌの調査などを進め、多数の海産物を持ち帰った。

光圀が蝦夷地探検を企図した理由は定かでないが、家康・秀忠時代の将軍家も、第五章で触れたように、北方航路の調査を計画したことがあった。光圀がどこまで自覚していたかはともかく、快風丸による蝦夷地探検は、初期の将軍家が北方に寄せた関心を引き継いだものであった。

旧海上勢力の技量低下

家光政権期の徳川将軍家は、「鎖国」形成に伴う沿岸警備体制の構築や、江戸城下における武威昂揚のマスゲームを展開していくうえで、直轄水軍を積極的に運用した。だが、将軍家の直轄水軍を統括する船手頭の技量は次第に低下しつつあり、その克服も家光期の課題となった。

船手頭の技量低下が如実に露呈したのは、寛永一九年（一六四二）五月六日におこなわれた鷹狩でのことだった。この日、将軍家光は隅田川周辺で鷹狩をおこない、復路は日本橋川を遡上して、和田倉門から江戸城に入ろうとしたが、船手頭たちが潮の干満を見誤ったため、日本橋川を遡上できず、家光は中途で下船せざるをえなくなった。潮の干満で水路の水位が変動する江戸の特殊な環境もあるにせよ、船手頭が川船の運航すら覚束《おぼつか》なくなっていたことを示す事件だった。

寛永一九年とは、寛永一七年から三ヵ年に亘って実施された船手頭による西国港湾調査の最終年度にあたり、事件当時には、船手頭のうち、向井直宗（忠勝後継）と小笠原信盛は西国に出張中だった。さらに小浜嘉隆が父光隆の重病をうけて大坂に出向中で、石川政次も前年に山田奉行に転出していた。そのため、江戸城下に残っていた向井正方（直宗弟）・小浜安隆・間宮長澄の三人が家光の乗船と供船の運航にあたったのだが、相対的に経験が浅く、失態を演じたのである。

また、船団の運航に失敗した三人の船手頭は、いずれも三崎衆（もと海賊）の系譜を引いていたものの、一五九〇年代に活動した第一世代からみると、孫以降の世代にあたる。大坂の陣にすら参戦しておらず、先祖伝来の海事技術を十分に活かすだけの経験が不足していたのだろう。海賊の系譜は、海上軍事官僚としての資質をかならずしも保証しないと言い換えることもできる。

もっとも、もと三崎衆第二世代の中心的存在で、大坂の陣でも活躍した向井忠勝ですら、寛永一九年一二月に八丁堀まで被災した江戸大火にて、指揮下の船舶を多数焼失させるという失敗があった。大坂の陣以降の平和によって、実戦の機会が遠ざかった結果、海賊の系譜は技量を次第に低下させていたのである。その一方で、海上勢力の系譜外から登用された石川政次は、大火時に指揮下の船舶に被害を出しておらず、適切な行動を褒賞されている。政次が山田奉行転任後に向井氏（江戸）・小浜氏（大坂）に次ぐ海上軍事力の運用を委ねられる前提とも考えられよう。

また、寛永一九年の事件の少し前に、溝口重長・天野重房が新たに船手頭に起用されていることにも注目すべきである。この両人は、いずれも石川政次と同じく、海上勢力の系譜に連なる旗本ではなかった。家光政権としては、海賊の系譜から任用した船手頭たちの技量低下にかねて危惧を抱いており、石川政次のように、先祖伝来の海事技術を持たずとも、将軍家から配属された水主同心を適切に使役して、職責を果たしうる船手頭を増やしていく方針を打ち出そうとしていたのだろう。より巨視的に論ずるならば、船手頭から属人性を払拭し、職制として確立させることが志向されたという評価も成り立つ。そして、こうした転換を可能としたのは、豊臣政権期の段階から、海上勢力の軍事官僚化を進め、人員や船舶を大名権力・将軍権力の直属としてきた積み重ねであった。

向井氏の衰勢

船手頭の人事改革に前後して、向井氏は衰退の時期に入っていった。

もともと、向井氏の繁栄は、政綱・忠勝二代の力量に依拠するところが大きかったが、忠勝が寛永一八年（一六四二）一〇月に死去したことは、向井氏の権限が縮小に向かう端緒となった。

忠勝の没後、向井氏の家督は、次男の直宗が相続して、水主同心一三〇人の指揮や、三浦半島（三崎・走水）と伊豆半島の番所（伊東か）を管轄する権限も引き継いだ。本来、向井氏の後継者は、忠勝の長男正俊だったが、不行跡のために廃嫡され、次男の直宗が代わりとなったのだ。

直宗は一六三〇年代から父とは別に船手頭に就任しており、忠勝の権限を引き継ぐに足る経験を重ねていた。ところが、その直宗も寛永二一年六月に死去して、子息が幼少だったために、正方（忠勝五男）が直宗の権限を代行して、後に向井氏宗家の家督も相続することになった。

しかし、徳川将軍家は直宗には認めた権限の全面的継承を正方には認めなかった。正方指揮下の水主同心の人数を一三〇人から七〇人に削減し、正保二年（一六四五）九月には、三浦半島の三崎番所と走水番所を向井氏の所管から外して、それぞれ専任の奉行（三崎奉行・走水番）をもうけた。両番所とも、長らく向井氏に属人的に運営されてきたが、機関として独立させる措置でもあった。伊豆半島の番所の扱いは不明だが、この前後に廃止された可能性が高い。

もともと、正方は直宗の家督相続後に船手頭に起用されていたが、前述したように、寛永一九年五月に将軍家光の御座船の運航を誤って譴責《けんせき》されている。そのため、徳川将軍家は正方に大きな権限を委ねることに不安を覚え、向井氏宗家の権限を縮小したのだった。

さらに慶安《けいあん》元年（一六四八）三月には、「江戸図屏風」に描かれた向井氏の八丁堀屋敷も召し上げられ、下総関宿《しもうさせきやど》城主の牧野信成《のぶしげ》に与えられた。この信成は、東三河の国衆から譜代大名となった牧野氏の傍流で、徳川秀忠のもとで大番頭（親衛隊長）をつとめ、オランダ商館から「閣僚」と称されるほどの立場にあった。これに加え、信成は幡豆小笠原氏と縁戚関係にあり、また大坂船手に当時在任していた小浜嘉隆の舅にあたった。嘉隆本人は大坂に在番していたが、弟の利隆や、従弟の安隆が江戸の船手頭に在任していた。小浜氏や幡豆小笠原氏と協力しながら、日本橋川や八丁堀の警備にあたることを期待され、牧野信成は向井氏の屋敷を与えられたのだろう。

但し、正方が召し上げられたのは、日本橋川に面した屋敷のみで、隣接する屋敷（忠勝の代に直宗が拝領）は保持しており、八丁堀の警固は継続した。また、江戸城下における船手頭筆頭の地位は、忠勝・直宗の代と同様に認められた。たしかに、徳川将軍家は向井氏の権限を縮小したものの、向井氏を直轄の海上軍事力の中核とする体制までは否定していなかったのである。

その一方で、正方による向井氏相続の後、江戸城下の海上軍事について、小笠原信盛が船手頭の次席格として位置付けられるようになる。信盛は三崎衆と対をなした上総衆の第三世代（安芸守信元の孫）にあたる。大坂の陣では、最前線に出なかったものの、向井政綱とともに三浦半島の海上警衛をつとめており、一六四〇年代中頃の段階では、最も経験豊富な船手頭だった。徳川将軍家としては、向井氏を含め、世襲の船手頭たちの技量低下という問題に対処するうえで、長老的な存在となっていた信盛を次席格に位置付け、直轄海上軍事力の練度を多少なりとも維持させようとしたのだろう。

なお、信盛の嫡子長住は、向井忠勝の息女と結婚していた。長住と忠勝息女の間には、正保三年に長男信光が出生しており、婚姻の成立は正保元年前後と推測される。向井氏もまた衰勢の克服を期して、信盛との提携をより深めることを望み、姻戚関係を結んだものと推測される。

家綱政権の課題

徳川家光は慶安四年（一六五一）四月二〇日に死去する。二月一三日にも、家光は江戸城の一橋から乗船して、隅田川河口で鷹狩をおこなっている。家光の生涯における最後の狩猟でもあった。家光は最晩年まで、マスゲームとしての軍事を通じた武威の演出にこだわっていたといえよう。

家光の死後は、嫡子の家綱が将軍家を相続した。家康・秀忠と違い、家光は男子の出生が遅く、生前に将軍職を譲渡し、大御所として新将軍を後見しながら、徐々に権力を移行させていくことはできなかった。しかも、当時の家綱はまだ一一歳であり、徳川将軍家における最初の幼年将軍だった。実質的にも、儀礼的にも、指導力を発揮しうる年齢ではなかった。そのため、家光政権期の閣僚に、一門の保科正之《ほしなまさゆき》（陸奥国会津。家光の弟）が加わり、政務の運営を維持する体制がとられた。

こうした政情の中で、同年七月に軍学者の由井正雪《ゆいしょうせつ》の一党による決起計画が露顕した。この事件は、窮乏していた牢人の救済運動という文脈で論じられる傾向にあるが、将軍家の代替わりを機に、より広い政治刷新を求めたものでもあった。もともと、正雪一党の謀議に先行して、準徳川一門の松平定政（三河国刈谷城主。家康の甥〈定行の弟〉）が遁世して、従来の政治運営による社会の疲弊などを批判しつつ、代替わりの改革を求める事件を起こしたが、家綱政権はこれを狂気によるものとして処理した。そして、正雪らも定政の捨身の建言を受け容れない将軍家の態度を非難していた。

正雪の計画では、江戸で同志の丸橋忠弥などが牢人を集めて蜂起し、自身も駿府で蜂起したうえで、久能山を占拠して籠城することになっていた。徳川将軍家にとって、久能山は家康の墓所であり、家康を神格化した東照宮が勧請された聖地だった。正雪一党は、同地に立て籠もる「ゴッド・ジャック」によって、将軍家に反省と改革を促そうとしたのである。

このように、家光の死去は、徳川将軍家の施政下で鬱積してきた不満が噴出する契機となった。その一方で、徳川将軍家は承応《じょうおう》元年（一六五二）に江戸の船手頭を九人に増員している（家光政権期は六〜八人）。江戸城下において、最も多くの船手頭が在任した局面にあたる。将軍家は江戸城下の治安を強化するうえで、船手頭による水路の監察をより密にしようとした模様である。

ところで、承応元年に起用された船手頭のうち、向井正俊については、先述したように向井忠勝の後継者でありながら、廃嫡された経緯があった。徳川将軍家は江戸城下の水上警固を充実させる一手として、正俊に分家を立てさせ、復権の機会を与えたのである。しかし、正俊は明暦二年（一六五六）五月に水主同心から無法行為を訴えられて改易された。かつて忠勝から後継者失格の烙印を押されたような人間を起用したことの無理が噴出した形であった。

将軍家綱の成人と海上軍事

家綱政権の初期には、将軍が年少のため、直轄水軍による船遊、御座船を用いた移動などは見合わされてきたが、家綱が成長してくると、こうしたマスゲームとしての海上軍事も再開された。

まず明暦四年（一六五八）五月三日に、一八歳となっていた家綱は、初めて江戸城の龍口《たつのくち》から乗船して、隅田川周辺で鷹狩をおこなった。船団の運航は、当時在任中の船手頭（向井正方・小笠原信盛など七人）が総出で担当した。江戸城下に甚大な被害を及ぼした前年の大火をうけて、将軍が自ら城下の復興を巡覧しつつ、武威を示す構造を世上に演出したのである。以後、家綱は年に数回の頻度で、乗船も交えた鷹狩を実施している。明暦の大火は、都市江戸の在り方に大きな影響を与えた画期とされるが、家綱政権がマスゲームとしての海上軍事を始動する画期にもなったのだ。

さらに寛文《かんぶん》二年（一六六二）六月一〇日には、安宅丸の観覧も執り行われた。家綱は沖合まで漕ぎ出した安宅丸の船上で酒宴を催し、その後は天地丸に移乗して、船行列を組んで、佃島まで航行させている。行列の中心は、天地丸・龍王丸・大龍丸の三艘であって、天地丸は船手頭筆頭の向井正方、龍王丸は船手頭次席の小笠原信盛が運航を担当した（大龍丸は不詳）。

そして、この安宅丸観覧の挙行を通じて、向井正方は成長を認められ、所属する水主同心を七〇人から一〇〇人に増員され、安宅丸・天地丸・龍王丸の指揮権も付与された。正方の成熟に応じて、権限の再拡大がおこなわれたのである。もっとも、忠勝・直宗の代と比較して、同心の人数は三〇人減少しており、完全に旧に復したわけではなかった。

なお、小笠原信盛については、八年後の寛文一〇年四月に船手頭を引退して、後任に嫡子の長住が起用された。一六四〇年代中頃からの課題だった向井氏宗家の立て直しが相応に達成されたことをうけての人事だろう。実戦の経験こそなかったものの、ほぼ半世紀に亘って、将軍家の海上における武威を支えてきた信盛は、戦国期以来の海上勢力の系譜がみせた最後の輝きだったのかもしれない。

その一方で、家綱政権は寛文七年に船手頭による江戸以西の港湾調査を実施している。家光が寛永一七年から同一九年にかけて実施した西国港湾調査を踏襲したものだった。もっとも、家綱期の港湾調査は、家光期よりも一層精密で、直轄領・大名領の枠組を越え、沿岸地域の行政・経済などについて、現状把握につとめたもので、後の海事政策（河村瑞賢《かわむらずいけん》を登用しての航路整備など）にも繋がっていく。代替わりの直後にうけた諸批判（社会の疲弊に応じた改革の要求）を家綱政権なりに受けとめ、将軍が親政姿勢を示しつつある局面で、政策に新機軸を盛り込んだともいえようか。

綱吉政権期以降の展望——海上軍事力の縮小と再整備

一六八〇年代の綱吉政権期に入ると、徳川将軍家の海上軍事体制は縮小に向かう。安宅丸などの軍船が多数解体され、三崎奉行・走水番・清水船手は下田奉行に統合された（下田奉行も吉宗政権期に浦賀奉行に移行）。船手頭の在任数も五人まで減らされ、幕末まで定数として固定した。

船手頭減員の過程で、小浜氏・間宮氏・幡豆小笠原氏は任用から外され、向井氏のみが世襲を継続した。家光政権期の後半頃から、海上勢力の系譜以外から登用される船手頭が増えつつあり、綱吉政権期には、ついに向井氏以外は非海上勢力の船手頭に占められることになった。こうした非海上勢力の船手頭は、かつての石川政次と違い、沿岸地域に知行地（独自の海上軍事力を構築する基盤）を与えられておらず、配属された水主同心に補佐されて職務にあたった。船手頭の属人性は、向井氏を除いて解消され、まさに将軍家の一軍事官僚としての職制が確立したといえる。但し、海上軍事の規模縮小によって、さらなる段階への発展、すなわち船手頭の就任候補に、より高度な専門的技量を習得させる教育機関や、船手頭の就任に向けた専門的な昇進過程の形成などはみられなかった。むしろ、番方（武官）の旗本が歴任するポストの一つに埋没していった観すらある。

さて、綱吉政権期に進行した海上軍事体制の縮小は、武断よりも文治を重んじた綱吉その人の個性で説明されることもある。しかし、綱吉以降の徳川将軍家が、家綱政権期以上に積極的に行政・財政の整備、民政の充実に注力していくことにも注目すべきである（綱吉期—天和《てんな》の治、家宣《いえのぶ》期—正徳《しょうとく》の治、吉宗期—享保改革）。無論、武威が放棄されたわけではないが、将軍家の正当性を支えるものとして「仁政」（諸階層の存立保証）がより重視される時代に移行しつつあったのだ。かかる構図の中で、将軍家直轄の海上軍事力は、維持に大量の船材（木材・鉄具など）を要することもあり、綱吉政権期に縮小の対象とされ、以後の諸政権もその方針を基本的に修正しなかったのである。

もっとも、六代将軍家宣の代には、新井白石の建言によって、マスゲームとしての海上軍事を再興する動きもあり、綱吉の代に整備された浜御殿が実践の場に利用された（御成と船の観覧）。さらに時代が下り、一一代将軍家斉の代から、マスゲームとしての海上軍事はより積極的・持続的に再興され、浜御殿への御成と船の観覧も、頻繁におこなわれるようになった。長らく運航されていなかった天地丸を修復して、運用を再開したのも家斉の代であった。

序章でもみたように、家斉政権期とは、対外情勢の緊迫（ヨーロッパ船舶の日本接近）が認識され、海防体制の構築が課題となり始めた時期にあたる。綱吉期以降の海上軍事力縮小は、警戒対象であったスペイン・ポルトガルの勢力減衰を前提としていたが、より大きな脅威（ロシア・イギリスなど）が日本周辺の海域に及ぼうとしていた。そこで、将軍もまた自己の軍事的カリスマ性を演出する必要性が高まり、マスゲームとしての海上軍事が再起動されたのであった。

しかし、家斉政権期以降に日本近海に現われるヨーロッパ船舶は、「鎖国」形成期よりも各面（船体・火力・推力など）で高性能化しており、戦国期の水準で停止している将軍家・諸大名の軍船では、もはや数的優位をもってしても、対抗しきれるものではなかった。その現実は、年代の経過とともに甚だしくなり、嘉永《かえい》六年（一八五三）のペリー艦隊浦賀来航でついに臨界点を迎える。その衝撃は、将軍家・諸大名をして、西洋の技術・制度を導入した海軍の創設に向かわせるにとどまらず、近世（幕藩体制）を近代（国民国家）に転換させる動力となっていくが、本書の主題からは外れる。

小括

江戸城下は、徳川権力の成長とともに、隅田川の右岸（西）から左岸（東）に拡大していき、河口部の各所には、船手頭の屋敷や、番所・船蔵などが設けられた。そして、船手頭と指揮下の船隊は、城下で治安維持の一翼を担いつつ、将軍家の武威を海上で演出する役割をも担った。江戸の「水都」「軍都」としての性格が船手頭の職務に色濃く反映されたともいえる。

関東の沿岸でも、やはり徳川権力が関東全体に統治を及ぼす過程で、三浦半島・伊豆半島・房総半島などに海関や船手頭の知行地が配された。これらは、水戸徳川氏の水軍と合わせ、江戸城下を心臓部として発展を続ける海運の監察にあたり、また有事の外敵侵入に備えた。

年代が経過すると、江戸と関東の海上軍事は、弛緩と陳腐化が進行していくが、戦国期から続く徳川権力の形成・確立段階にあっては、相応の水準を満たすものであった。

終章　東西ユーラシアの海上軍事と徳川権力

ここまで、徳川権力の海上軍事を通じて、一六、一七世紀の日本で、海上勢力（海賊や沿海地域の国衆）が陸上の領域権力と結び付き、その技量によって、将軍家・大名家が直轄する海上軍事力の充実を支え、結果的に編成される水軍の規模も大きくしていった状況をみてきた。

じつのところ、これは日本特有の事象ではない。同時代のユーラシア大陸の東西でも、陸上の国家権力と、海上勢力の結合に基づいて、海上軍事力が整備された事例を随所で見出せる。

西ユーラシアの状況――オスマン・トルコ帝国とヨーロッパ

一六、一七世紀において、世界最大規模の海上軍事力を有したのは、西ユーラシアの覇者であるオスマン・トルコ帝国であろう。一般に世界史の大転換と考えられているヨーロッパの「大航海時代」も、オスマン海軍の影響力が十分に及びにくい海域で展開されたのが実情であった。

このオスマン海軍は、アフリカ北岸のバルバリア海賊と提携することで成り立っていた。とくにバルバロス（赤髭）・ハイレディンは、オスマン・トルコ帝国に従属し、帝国から人員や資材を提供されて、地中海で数百艘に及ぶガレー船（艪走《ろそう》・帆走《はんそう》を併用した船舶）を指揮するとともに、アルジェリアの大総督などに任じられ、北アフリカの戦略を担う立場となった。その一方で、スペイン（ハプスブルク朝）の艦隊を率いて、ハイレディンと鎬《しのぎ》を削り合ったアンドレア・ドリアも、スペインに帰順したジェノヴァ出身の傭兵隊長であって、広義の海賊に該当する。ハイレディンにしても、ドリアにしても、国家権力を背景として、海上活動の規模を拡張したのである。

一五七一年のレパント海戦で、オスマン海軍はスペインなどの連合艦隊に大敗を喫したが、短期間で艦隊を再建し、地中海における海上の優勢を一七世紀までは概ね維持している。レパント海戦は、ヨーロッパ勢力がオスマン帝国に痛打を与えたという点で、重要な歴史的意義を持つが、地中海で欧亜の勢力図が直ちに逆転したと捉える理解は、かならずしも実態に即したものではない。

そして、オスマン海軍を建て直した立役者も、バルバリア海賊のウルチ・アリであり、従前よりも重武装化された艦隊を繰り出して、スペイン陣営を翻弄しながら、失地の回復を進めた。以後、オスマン帝国の勢威を背景としたバルバリア海賊の活動範囲は、地中海の外部にまで広がっていく。まさにオスマン帝国の国力とバルバリア海賊の技量が合わさったことによる展開であった。

また、一六世紀後半のイギリスも、フランシス・ドレークをはじめとする海賊の私掠《しりやく》行為（襲撃と略奪）を活用して、スペインに対抗した。もともと、ドレークはカリブ海遠征や世界周航にて、スペインの植民地・輸送船に対する私掠行為を繰り返し、その成果物でイギリスの国庫を潤しつつ、自身も財をなした。こうした実績から、一五八八年の戦役にて、ドレークはアルマダ（無敵艦隊）の迎撃を主導して、スペインのブリテン島侵攻を頓挫させるに至った。

しかし、レパント海戦におけるスペインの勝利と同じく、イギリスによるアルマダの撃退を過大評価することはできない。もともと、スペインは準備不足のうちに艦隊を出動させた経緯があり、本来の海上軍事力が十全に発揮されたわけではなかった。さらにスペインは、短期間で艦隊の再建と強化を果たしており、本国や植民地の沿岸防備も格段に充実させた。そのため、イギリス側私掠船によるスペインの植民地・船団に対する襲撃は、むしろ困難を増していった。ドレークも最後のカリブ海遠征（一五九五、九六年）で、スペイン側の防衛網を前にほとんど戦果をあげることができず、カリブ海で右往左往するうちに病死している。オスマン帝国の国力がスペインを圧倒していたように、スペインも国力でイングランドを上回っていたことを前提とする展開だった。

たしかに、アルマダの撃退は、イギリスが地球規模の海洋国家として発展していく一つの画期ではあった。だが、イギリスがすぐにスペインを凌駕《りょうが》したわけではなく、むしろ海賊の活動に依存した戦略の限界に早々に直面したのである。以後も私掠船の活用は継続するが、国王（または議会）に直属する常備海軍の整備も進められていき、その成果によって、イギリスはスペイン・フランス・オランダとの競合を制するとともに、地球規模の海上覇権を実現していくことになる。

東ユーラシアの状況——明・清帝国と海賊

東ユーラシアで活動した海賊としては、倭寇《わこう》がよく知られている。字義としての「倭寇」は、不法行為をなす日本人のことだが、実態は東シナ海周辺の海域で不法行為を働く海上勢力の総称だった。大多数は中国人であり、そこに日本人を含む多様な民族が複合した構成だったとされる。

元（モンゴル帝国）の時代に、中国は東ユーラシア規模の海上交易を隆盛させていたが、明は元を長城以北に追いやり、中国の支配を奪取すると、対外貿易全般を冊封《さくほう》体制（中国が周辺諸国に朝貢を受容させる国際秩序）の枠内で認める海禁政策を展開するようになった。そして、海禁の経済的な無理のために、体制の枠外で「自由」な海上交易を求めた活動こそが倭寇であった。

倭寇については、国家の枠組を超克しようとした動向と位置付けて、肯定的に捉える論調もある

王直像　平戸市。著者撮影

が、明との妥協をはかる勢力もいた。倭寇の頭目のうち、王直《おうちょく》は一五四〇年代に中国大陸・日本列島から東南アジアにまで及ぶ海上交易圏を築き、ポルトガル人を乗せて種子島に渡航して、日本に鉄砲をもたらしたことでも著名だが、一五五〇年代後半に明に投降した。そのうえで、王直は以前から帰順交渉を重ねてきた胡宗憲《こそうけん》（浙江《せっこう》総督）に上奏文を提出し、海上交易の公認を勧めつつ、穏当な取引と無法な略奪を分別する役割を請け合うことを申し出た。水軍の整備を進めていた明との対立に限界を感じての路線転換だった。結局、王直は提案を受容されずに刑死したが、同世代の頭目には、葉宗《ようそう》満《まん》・毛烈《もうれつ》など、明への帰順を果たして、倭寇の討伐に参加するものもいた。

倭寇の活動は、一六世紀後半に海禁の緩和や軍事的劣勢が相乗して、その規模を縮小させていく。明軍では、兪大猷《ゆたいゆう》・戚継光《せきけいこう》・劉顕《りゅうけん》などが顕著な戦果をあげたが、こうした諸将は「〇家軍《かぐん》」と称された私兵を軍事基盤としていた。とくに劉顕の私兵には、帰順した元倭寇も含まれており、兪大猷や戚継光の私兵も同様であったと推察される。倭寇勢力の中には、明との武力闘争に見切りをつけ、むしろ制圧に協力することで生き残りをはかるものも多く、明将からも活用されていたのだろう。

あるいは、倭寇の衰退期とされる一五七〇年代から一五八〇年代にかけても、林道乾《りんどうけん》という頭目が明の追撃を逃れ、東南アジアのシャム（タイ）やパタニ（マレー）に拠点を置き、交易活動を継続しており、パタニでは、大砲の鋳造を指導した功績によって、スルタンから港湾の管理を委ねられたという伝承すらある。国家から自立した海上活動に固執せず、むしろ権力機構に食い込むことで、勢力の保持や地位の向上をはかった点は、王直の路線転換と共通している。

さらに一七世紀前半には、中国大陸南岸で海賊の活動が再度活性化するが、鄭芝龍《ていしりゅう》は競合する海賊との抗争を繰り返す中で、明に帰順を受容され、福建《ふっけん》沿岸の治安維持を請け負った。その子息の鄭成功《ていせいこう》は、一六四〇年代中頃に明が崩壊すると、福建の厦門《アモイ》に割拠しつつ、清に抵抗する南明勢力の最大の指導者となった。この鄭氏勢力は、一六六〇年代から台湾を占拠して、同地に独自の政権を樹立し、対日交易などを展開しながら、長らく清と対峙した。海賊が国家の権力機構に参入するとともに、政権運営の方法論（官僚組織の構築など）を自家薬籠中のものにした事例である。

清は一六八〇年代に台湾の平定を果たすが、その軍事行動を主導したのは、鄭氏勢力から離反した施琅《しろう》であった。清は施琅を提督に登用して、質量ともに鄭氏勢力を圧倒しうる艦隊の編成を指導させることで、台湾の平定を可能にしたのである。そして、施琅もまた清の勢威を背景として、鄭氏を排除しつつ、制約を受けながらも、台湾の開発や海上交易を継続していった。

過酷な「海の軍事革命」から離れた近世日本

一六、一七世紀においては、洋の東西を問わず、国家権力が海賊の技量を取り込むことで、海上軍事力の整備を進めており、海賊たちにも、あえて陸上の権力と結び付き、海上活動の拡張や安定を希求する動向がみられた。徳川権力及び諸大名がおこなった海賊の軍事官僚化による水軍編成は、まさに世界史の潮流に合致したものであったと理解すべきである。

そもそも、一六、一七世紀とは、ユーラシア大陸の各地で、見方によっては地球全体で、火器の受容が急速に広まり、運用の試行錯誤が繰り返された「軍事革命」の時代であった。この「軍事革命」は、海上軍事でも進行し、大砲・鉄砲や堅牢な船体を備えた軍船を擁する艦隊が各国で編成されていった。近代ヨーロッパの海上覇権とは、こうした「海の軍事革命」に勝ち抜くことで達成されたものであった。その一方で、長期に及ぶ「軍事革命」に堪えきれず、社会・経済などを著しく疲弊させた状態で、近代を迎えた国家や地域も少なくない。

徳川権力が統治した近世日本の場合は、豊臣政権が朝鮮出兵に失敗して崩壊した経緯から、海外での武力行使に相対的に慎重なものとなった。そのため、戦国期から織豊期にかけて進展した「軍事革命」は、一九世紀まで凍結が続いた。海上軍事の面でも、軍船の規模は五〇〇石積以内に限定され、「鎖国」下のヨーロッパ船来航に対しても、武力行使は基本的に避けられた。無論、有事に水軍を結集する仕組は維持されており、「海の軍事革命」の成果を捨て去ったわけではない。とはいえ、軍船・火器などを大型化させ、それらを増産するという事象は停止したのである。

こうした「海の軍事革命」の凍結によって、人的・物的資源の浪費は抑えられ、そのエネルギーは海運・漁業などの発展に向けられた。そして、近代に向けて、東西アジアの諸大国が相次いで衰退していった中で、日本は社会・経済に相応の余裕を持たせ、近代のきわめて過酷な「富国強兵」にも適応しうる基盤がある程度形成されていったという見通しを提示しておきたい。

主要参考文献

【書籍】

安達裕之『異様の船　洋式船導入と鎖国体制』平凡社、一九九五年

同『日本の船　和船編』日本海事科学振興財団船の科学館、一九九八年

石井謙治『図説和船史話』至誠堂、一九八三年

同『和船Ⅰ』法政大学出版局、一九九五年

同『和船Ⅱ』法政大学出版局、一九九五年

石原道博『国姓爺』吉川弘文館、一九五九年

和泉清司『徳川幕府成立過程の基礎的研究』文献出版、一九九五年

岩生成一『南洋日本町の研究』岩波書店、一九六六年

同『日本の歴史14　鎖国』中央公論社、一九六六年

上田信『シナ海域　蜃気楼王国の興亡』講談社、二〇一三年

大石学『首都江戸の誕生　大江戸はいかにして造られたのか』角川書店、二〇〇二年

大石泰史『今川氏滅亡』KADOKAWA、二〇一八年

同『城の政治戦略』KADOKAWA、二〇二〇年

大久保俊昭『戦国史研究叢書5　戦国期今川氏の領域と支配』岩田書院、二〇〇八年

小笠原春香『戦国史研究叢書17　戦国大名武田氏の外交と戦争』岩田書院、二〇一九年

岡田章雄『岡田章雄著作集5　三浦按針』思文閣出版、一九八四年

岡野友彦『家康はなぜ江戸を選んだか』教育出版、一九九九年

小川雄『戦国史研究叢書15　徳川権力と海上軍事』岩田書院、二〇一六年

同『水軍と海賊の戦国史（中世から近世へ）』平凡社、二〇二〇年

小川雄・柴裕之編著『図説　徳川家康と家臣団　平和の礎を築いた稀代の〝天下人〟』戎光祥出版、二〇二二年

柏木輝久著／北川央監修『大坂の陣　豊臣方人物事典』宮帯出版社、二〇一六年

川名登『房総里見一族　増補改訂版』新人物往来社、二〇〇八年

同『戦国近世変革期の研究　房総の武家文書と検地帳から』岩田書院、二〇一〇年

神田千里『島原の乱　キリシタン信仰と武装蜂起』中央

公論新社、二〇〇五年（講談社学術文庫、二〇一八年）
北島正元『江戸幕府の権力構造』岩波書店、一九六四年
木村直樹『幕藩制国家と東アジア世界』吉川弘文館、二〇〇九年
同『長崎奉行の歴史　苦悩する官僚エリート』KADOKAWA、二〇一六年
倉地克直『池田光政　学問者として仁政行もなく候へば』ミネルヴァ書房、二〇一二年
同『江戸時代の瀬戸内海交通』吉川弘文館、二〇二一年
黒嶋敏『海の武士団　水軍と海賊のあいだ』講談社、二〇一三年
黒田日出男『江戸図屏風の謎を解く』角川学芸出版、二〇一〇年
同『江戸名所図屏風を読む』KADOKAWA、二〇一四年
黒田基樹『地域の中世1　扇谷上杉氏と太田道灌』岩田書院、二〇〇四年
同『地域の中世4　戦国の房総と北条氏』岩田書院、二〇〇八年
同『【図説】太田道灌　江戸東京を切り開いた悲劇の名将』戎光祥出版、二〇〇九年
同『敗者の日本史10　小田原合戦と北条氏』吉川弘文館、二〇一三年
同『増補改訂　戦国大名と外様国衆』戎光祥出版、二〇一五年
同『今川氏親と伊勢宗瑞　戦国大名誕生の条件（中世から近世へ）』平凡社、二〇一九年
五野井隆史『徳川初期キリシタン史研究』吉川弘文館、一九八三年
同『支倉常長』吉川弘文館、二〇〇三年
齋藤慎一『江戸　平安時代から家康の建設へ』中央公論新社、二〇二一年
佐々木徹『伊達政宗と慶長遣欧使節』大崎八幡宮、二〇一九年
同『慶長遣欧使節　伊達政宗が夢見た国際外交』吉川弘文館、二〇二一年
佐藤彰一『宣教のヨーロッパ　大航海時代のイエズス会と托鉢修道会』中央公論新社、二〇一八年
柴裕之『戦国史研究叢書12　戦国・織豊期大名徳川氏の領国支配』岩田書院、二〇一四年
同『徳川家康　境界の領主から天下人へ（中世から近世へ）』平凡社、二〇一七年

同『清須会議　秀吉天下取りへの調略戦』戎光祥出版、二〇一八年
柴辻俊六『戦国大名領の研究　甲斐武田氏領の展開』名著出版、一九八一年
同『武田勝頼』新人物往来社、二〇〇三年
同『中世史研究叢書25　戦国期武田氏領の地域支配』岩田書院、二〇一三年
清水有子『近世日本とルソン　「鎖国」形成史再考』東京堂出版、二〇一二年
下里静『姫路藩御船手組　改訂・増補版』私家版、一九八四年
下山治久『小田原合戦　豊臣秀吉の天下統一』角川書店、一九九六年
進士慶幹『由比正雪』吉川弘文館、一九六一年
杉浦昭典『海賊キャプテン・ドレーク　イギリスを救った海の英雄』講談社、二〇一〇年
鈴木暎一『徳川光圀』吉川弘文館、二〇〇六年
鈴木一夫『水戸黄門の世界　ある専制君主の鮮麗なパフォーマンス』河出書房新社、一九九五年
鈴木かほる『徳川家康のスペイン外交　向井将監と三浦按針』新人物往来社、二〇一〇年
同『史料が語る向井水軍とその周辺』新潮社図書編集室、二〇一四年
鈴木理生『幻の江戸百年』筑摩書房、一九九一年
鈴木将典『国衆の戦国史　遠江の百年戦争と「地域領主」の興亡』洋泉社、二〇一七年
須藤茂樹『戦国史研究叢書16　武田親類衆と武田氏権力』岩田書院、二〇一八年
関根省治『近世初期幕領支配の研究』雄山閣、一九九二年
千野原靖方『房総里見水軍の研究』崙書房、一九八一年
同『戦国期江戸湾海上軍事と行徳塩業』岩田書院、二〇〇一年
曽根勇二『近世国家の形成と戦争体制』校倉書房、二〇〇四年
同『秀吉・家康政権の政治経済構造』校倉書房、二〇〇八年
杣田善雄『日本近世の歴史2　将軍権力の確立』吉川弘文館、二〇一二年
高瀬弘一郎『キリシタンの世紀　ザビエル渡日から「鎖国」まで』岩波書店、一九九三年
滝川恒昭『里見義堯』吉川弘文館、二〇二二年
滝田英二『常滑史話索隠』私家版、一九六五年
武田万里子『鎖国と国境の成立』同成社、二〇〇五年

玉井哲雄『江戸　失われた都市空間を読む』平凡社、一九八六年
土屋比都司『駿河伊豆の城と中世』羽衣出版、二〇一五年
出口宏幸『近世史研究叢書28　江戸内海猟師町と役負担』岩田書院、二〇一一年
東光博英『マカオの歴史　南蛮の光と影』大修館書店、一九九八年
所理喜夫『徳川将軍権力の構造』吉川弘文館、一九八四年
同『徳川権力と中近世の地域社会』岩田書院、二〇一六年
外山幹夫『長崎奉行　江戸幕府の耳と目』中央公論社、一九八八年
同『肥前有馬一族』新人物往来社、一九九七年
豊田祥三『九鬼嘉隆と九鬼水軍　戦国最強を誇った水軍大将の興亡』戎光祥出版、二〇二三年
中嶋次太郎『徳川家臣団の研究』国書刊行会、一九八一年
永積昭『オランダ東インド会社』講談社、二〇〇〇年
永積洋子『近世初期の外交』創文社、一九九〇年
同『朱印船』吉川弘文館、二〇〇一年
長屋隆幸『山内一豊・忠義　播州以来、御騎馬は御身上に超過なり』ミネルヴァ書房、二〇二一年
根崎光男『将軍の鷹狩り』同成社、一九九九年
則竹雄一『戦国大名領国の権力構造』吉川弘文館、二〇〇五年
羽田正『興亡の世界史15　東インド会社とアジアの海』講談社、二〇〇七年（講談社学術文庫、二〇一七年）
濱田直嗣『政宗の夢　常長の現　慶長使節四百年』河北新報出版センター、二〇一二年
林順子『尾張藩水上交通史の研究』清文堂出版、二〇〇〇年
林田芳雄『鄭氏台湾史　鄭成功三代の興亡実紀』汲古書院、二〇〇三年
同『蘭領台湾史　オランダ治下38年の実情』汲古書院、二〇一〇年
平野明夫『三河松平一族』新人物往来社、二〇〇二年
平山篤子『スペイン帝国と中華帝国の邂逅　十六・十七世紀のマニラ』法政大学出版局、二〇一二年
平山優『穴山武田氏』戎光祥出版、二〇一一年
同『天正壬午の乱　本能寺の変と東国戦国史　増補改訂版』戎光祥出版、二〇一五年
同『武田氏滅亡』KADOKAWA、二〇一七年

同『新説　家康と三方原合戦　生涯唯一の大敗を読み解く』ＮＨＫ出版、二〇二二年
同『徳川家康と武田勝頼』幻冬舎、二〇二三年
弘末雅士『東南アジアの港市世界　地域社会の形成と世界秩序』岩波書店、二〇〇四年
同『海の東南アジア史　港市・女性・外来者』筑摩書房、二〇二二年
福田千鶴『御家騒動　大名家を揺るがした権力闘争』中央公論新社、二〇〇五年
藤井讓治『徳川家光』吉川弘文館、一九九七年
同『徳川家康』吉川弘文館、二〇二〇年
藤田達生『本能寺の変の群像　中世と近世の相剋』雄山閣出版、二〇〇一年
同『信長革命　「安土幕府」の衝撃』角川学芸出版、二〇一〇年
同『蒲生氏郷　おもひきや人の行方ぞ定めなき』ミネルヴァ書房、二〇一二年
同『城郭と由緒の戦争論』校倉書房、二〇一七年
同『藤堂高虎論　初期藩政史の研究』塙書房、二〇一八年
同『藩とは何か　「江戸の泰平」はいかに誕生したか』中央公論新社、二〇一九年
本多隆成『初期徳川氏の農村支配』吉川弘文館、二〇〇六年
同『徳川家康と武田氏　信玄・勝頼との十四年戦争』吉川弘文館、二〇一九年
松浦章『中国の海賊』東方書店、一九九五年
松尾晋一『江戸幕府の対外政策と沿岸警備』校倉書房、二〇一〇年
同『江戸幕府と国防』講談社、二〇一三年
松田毅一『南蛮のバテレン　東西交渉史の問題をさぐる』日本放送出版協会、一九七〇年
同『慶長遣欧使節　徳川家康と南蛮人』朝文社、一九九二年
真鍋淳哉『戦国江戸湾の海賊　北条水軍vs里見水軍』戎光祥出版、二〇一八年
丸島和洋『戦国大名武田氏の家臣団　信玄・勝頼を支えた家臣たち』教育評論社、二〇一六年
同『武田勝頼　試される戦国大名の「器量」（中世から近世へ）』平凡社、二〇一七年
水谷三公『将軍の庭　浜離宮と幕末政治の風景』中央公論新社、二〇〇二年
水本邦彦『海辺を行き交うお触れ書き　浦触の語る徳川情報網』吉川弘文館、二〇一九年

峰岸純夫『中世災害・戦乱の社会史』吉川弘文館、二〇〇一年
村井益男『江戸城　将軍家の生活』中央公論社、一九六四年（吉川弘文館、二〇二一年）
森良和『リーフデ号の人びと　忘れ去られた船員たち』学文社、二〇一四年
同『三浦按針　その生涯と時代』東京堂出版、二〇二〇年
盛本昌広『松平家忠日記』角川書店、一九九九年
同『軍需物資から見た戦国合戦』洋泉社、二〇〇八年
同『地域の中世6　中世南関東の港湾都市と流通』岩田書院、二〇一〇年
山内譲『海賊衆　来島村上氏とその時代』私家版、二〇一四年
同『豊臣水軍興亡史』吉川弘文館、二〇一六年
山口真史『戦国大名北条氏伊豆郡代清水氏の研究　戦国期南伊豆の実相』碧水社、二〇一二年
山田邦明『戦国時代の東三河　牧野氏と戸田氏』あるむ、二〇一四年
同『中世東海の大名・国衆と地域社会』戎光祥出版、二〇二一年
山本博文『寛永時代』吉川弘文館、一九八九年
同『幕藩制の成立と近世の国制』校倉書房、一九九〇年
同『鎖国と海禁の時代』校倉書房、一九九五年
同『江戸城の宮廷政治　熊本藩細川忠興・忠利父子の往復書状』読売新聞社、一九九三年（講談社学術文庫、二〇〇四年）
同『遊びをする将軍　踊る大名』教育出版、二〇〇二年
同『徳川秀忠』吉川弘文館、二〇二〇年
横田冬彦『日本の歴史16　天下泰平』講談社、二〇〇二年（講談社学術文庫、二〇〇九年）
渡辺尚志『海に生きた百姓たち　海村の江戸時代』草思社、二〇一九年
渡辺英夫『東廻海運史の研究』山川出版社、二〇〇二年
綿貫友子『中世東国の太平洋海運』東京大学出版会、一九九八年
トマス・オイテンブルク著／石井健吾訳『十六～十七世紀の日本におけるフランシスコ会士たち』中央出版社、一九八〇年
マイケル・クーパー著／松本たま訳『通辞ロドリゲス　南蛮の冒険者と大航海時代の日本・中国』原書房、一九九一年

フレデリック・クレインス『ウィリアム・アダムス　家康に愛された男・三浦按針』筑摩書房、二〇二一年
アンガス・コンスタム著／大森洋子訳『図説　スペイン無敵艦隊　エリザベス海軍とアルマダの戦い』原書房、二〇一一年
ルシオ・デ・ソウザ、岡美穂子『大航海時代の日本人奴隷　アジア・新大陸・ヨーロッパ』中央公論新社、二〇一七年
ファン・ヒル著／平山篤子訳『イダルゴとサムライ　16・17世紀のイスパニアと日本』法政大学出版局、二〇〇〇年
スタンリー・レーン・プール著／前嶋信次訳『バルバリア海賊盛衰記　イスラム対ヨーロッパ大海戦史』リブロポート、一九八一年
デイヴィッド・ブロー著／角敦子訳『アッバース大王　現代イランの基礎を築いた苛烈なるシャー』中央公論新社、二〇一二年
ロレンソ・ペレス著／野間一正訳『ベアト・ルイス・ソテーロ伝　慶長遣欧使節のいきさつ』東海大学出版会、一九六八年
ジャイルズ・ミルトン著／築地誠子訳『さむらいウィリアム　三浦按針の生きた時代』原書房、二〇〇五年
アンソニー・リード著／平野秀秋・田中優子訳『大航海時代の東南アジアⅠ　貿易風の下で』法政大学出版局、一九九七年
同『大航海時代の東南アジアⅡ　拡張と危機』法政大学出版局、二〇〇二年
同／太田淳・長田紀之監訳『世界史のなかの東南アジア　歴史を変える交差路　上・下』名古屋大学出版会、二〇二一年
マイケル・ルイス著／幸田礼雅訳『アルマダの戦い　スペイン無敵艦隊の悲劇』新評論、一九九六年
フィリップ・ジョージ・ロジャーズ著／幸田礼雅訳『日本に来た最初のイギリス人　ウイリアム・アダムズ＝三浦按針』新評論、一九九三年

【論文】

青木裕美「戦国の「半手」覚書」『中央史学』第二八号、二〇〇五年
石井謙治「巨船安宅丸の研究」『海事史研究』第二二号、一九七四年
同「『江戸図屛風』の船　船行列を中心として」『海事史研究』第七一号、二〇一四年
上野尚美「後北条水軍梶原氏と紀伊」『沼津市博物館紀

要』第二六号、二〇〇二年
大舘右喜「江戸幕府巡見体制の一考察」『帝京史学』第一九号、二〇〇四年
小川雄「戦国・豊臣大名徳川氏と形原松平氏　海上活動を中心として」戦国史研究会編『戦国期政治史論集【西国編】』岩田書院、二〇一七年
同「「提督」向井政綱・忠勝とアダムス」森良和等編著『三浦按針の謎に迫る　家康を支えたイギリス人臣下の実像』玉川大学出版部、二〇二二年
鴨川達夫「武田氏の海賊衆小浜景隆」笹本正治・萩原三雄編『定本・武田信玄　21世紀の戦国大名論』高志書院、二〇〇二年
工藤航平「公儀の庭・浜御殿の変遷と意義」『東京都公文書館調査研究年報』第三号、二〇一七年
清水紘一「西国探題の設置と諸過程　寛永十六年～寛文十二年」同編『江戸幕府と長崎政事』岩田書院、二〇一九年
清水有子「徳川家康のメキシコ貿易交渉と「鎖国」」荒川正晴等編『岩波講座世界歴史14　南北アメリカ大陸～一七世紀』岩波書店、二〇二二年
土屋比都司「高天神攻城戦と城郭　天正期徳川氏の付城を中心に」『中世城郭研究』第二三号、二〇〇九年
同「遠州宇津山城跡の総合的研究」『古城』第五五号、二〇一〇年
椿田有希子「資料紹介「小金原御狩記」」『神奈川県立公文書館紀要』第七号、二〇一九年
中川すがね「江戸前期瀬戸内東部の湊について」『愛知学院大学文学部紀要』第四三号、二〇一四年
夏目宗幸「江戸近郊における将軍家鷹場の領域形成」『日本歴史』第八九七号、二〇二四年
西田真樹「交代寄合三河衆中島家について　吉田・田原両藩主との交流を中心として」『桜花学園大学研究紀要』第一号、一九九八年
馬場憲一「諸国巡見使制度について　幕府政治との関連を中心に」『法政史学』第二四号、一九七二年
浜名敏夫「北条水軍山本氏について　里見氏水軍との海戦をめぐって」千葉歴史学会編『中世東国の地域権力と社会』岩田書院、一九九六年
針谷武志「軍都としての江戸とその終焉　参勤交代制と江戸勤番」『関東近世史研究』第四二号、一九九八年
古川祐貴「慶安期における沿岸警備体制」『日本歴史』第七五八号、二〇一一年
古田悦造「近世武蔵国佃島における集落の変容と空間認知」『歴史地理学紀要』第二七号、一九八五年

御厨義道「高松藩主の「舟遊」について」『香川県歴史博物館調査研究報告』第一号、二〇〇五年

同「高松藩船団の成立と展開」四国地域史研究連絡協議会編『「船」からみた四国　近世～近現代の造船・異国船・海事都市』岩田書院、二〇一五年

水野伍貴「秀吉死後の権力闘争からみる家康の国際外交」『十六世紀史論叢』第八号、二〇一七年

村井益男「水軍についての覚書」『日本大学文学部研究年報』I、一九五一年

望月保宏「伊豆西南海岸の海城　安良里城と安城山城を中心に」『古城』第六一号、二〇一七年

同「北部駿豆国境の城館跡　伊豆徳倉城と「伊豆佐野城」遺構を中心に」『古城』第六三号、二〇一九年

柳田光弘「近世「鎖国期」における長崎の台場・遠見番所」清水紘一編『江戸幕府と長崎政事』岩田書院、二〇一九年

吉田洋子「大坂船手の職務と組織」『大阪の歴史』第七三号、二〇〇九年

吉村旭輝「和歌祭御船歌を歌い継ぐ人びと」和歌山大学紀州経済史文化史研究所編『和歌の浦　その原像を求めて』清文堂出版、二〇一一年

同「紀伊藩御船手方と御船歌　旧藩領内の御船歌と浦組制度を中心として」藤田達生編『歴史遺産が地方を拓く　紀伊半島の創生』清文堂出版、二〇二二年

小川雄（おがわ・ゆう）
一九七九年、神奈川県に生まれる。日本大学大学院文学研究科日本史専攻博士後期課程満期退学。現在、日本大学文理学部准教授。博士（文学）。専門は日本中近世移行期史。主な著書に、『水軍と海賊の戦国史（中世から近世へ）』（平凡社）、『徳川権力と海上軍事』（岩田書院）などがある。

徳《とく》川《がわ》海《かい》上《じょう》権《けん》力《りょく》論《ろん》

二〇二四年　九月一〇日　第一刷発行

著　者　小《お》川《がわ》　雄《ゆう》

発行者　森田浩章

発行所　株式会社 講談社
東京都文京区音羽二丁目一二―二一　〒一一二―八〇〇一
電話（編集）〇三―五三九五―三五一二
（販売）〇三―五三九五―五八一七
（業務）〇三―五三九五―三六一五

装幀者　奥定泰之

本文データ制作　講談社デジタル製作

本文印刷　信毎書籍印刷 株式会社

カバー・表紙印刷　半七写真印刷工業 株式会社

製本所　大口製本印刷 株式会社

ISBN978-4-06-537141-1　Printed in Japan　N.D.C.210　316p　19cm

講談社選書メチエの再出発に際して

講談社選書メチエの創刊は冷戦終結後まもない一九九四年のことである。長く続いた東西対立の終わりはついに世界に平和をもたらすかに思われたが、その期待はすぐに裏切られた。超大国による新たな戦争、吹き荒れる民族主義の嵐……世界は向かうべき道を見失った。そのような時代の中で、書物のもたらす知識が一人一人の指針となることを願って、本選書は刊行された。

それから二五年、世界はさらに大きく変わった。特に知識をめぐる環境は世界史的な変化をこうむったとすら言える。インターネットによる情報化革命は、知識の徹底的な民主化を推し進めた。誰もがどこでも自由に知識を入手でき、自由に知識を発信できる。それは、冷戦終結後に抱いた期待を裏切られた私たちのもとに差した一条の光明でもあった。

その光明は今も消え去ってはいない。しかし、私たちは同時に、知識の民主化が知識の失墜をも生み出すという逆説を生きている。堅く揺るぎない知識も消費されるだけの不確かな情報に埋もれることを余儀なくされ、不確かな情報が人々の憎悪をかき立てる時代が今、訪れている。

この不確かな時代、不確かさが憎悪を生み出す時代にあって必要なのは、一人一人が堅く揺るぎない知識を得、生きていくための道標を得ることである。

フランス語の「メチエ」という言葉は、人が生きていくために必要とする職、経験によって身につけられる技術を意味する。選書メチエは、読者が磨き上げられた経験のもとに紡ぎ出される思索に触れ、生きるための技術と知識を手に入れる機会を提供することを目指している。万人にそのような機会が提供されたとき初めて、知識は真に民主化され、憎悪を乗り越える平和への道が拓けると私たちは固く信ずる。

この宣言をもって、講談社選書メチエ再出発の辞とするものである。

二〇一九年二月　　野間省伸